U0542818

eye

守望者

——

到灯塔去

Francisco Umbral

洛尔迦，
被诅咒的诗人

［西］弗朗西斯科·翁布拉尔 著 李卓群 译

Lorca, poeta maldito

南京大学出版社

献给玛丽亚-埃斯帕尼亚

生命不高贵,不美好,也不神圣。

　　　　　　——费德里科·加西亚·洛尔迦

目　录

序言 ·· i

1. 传记画像 ·· 10
2. 魔灵 ··· 26
3. 《诗集》 ·· 35
4. 《深歌集》 ······································ 56
5. 《最初的歌》 ···································· 72
6. 分裂与个性 ······································ 79
7. 《歌集》 ·· 84
8. 客观抒情和主观抒情 ····························· 93
9. 吉卜赛人 ·· 99
10. 安达卢西亚和超现实主义 ······················· 135
11. 浪漫主义者 ····································· 141
12. 黑人 ··· 153
13. 同性恋者 ······································· 181

14. 多余的恶 …………………………… 193
15. 《塔玛里特短歌》 …………………… 199
16. 散诗 ………………………………… 210
17. 指小和美感 ………………………… 219
18. 悲剧主义 …………………………… 229
19. 安达卢西亚少爷 …………………… 256
20. 费德里科 …………………………… 284

附录1 译名对照表 …………………… 294
附录2 洛尔迦主要作品 ……………… 308

序　言

读者朋友们（我知道，应该加上"女性读者朋友们"[1]），呈现在大家眼前的是有关费德里科·加西亚·洛尔迦的最具新意、尖锐、有趣、透彻、果敢的研究之一。作品于1968年在马德里出版，意在给彼时尚不了解洛尔迦的人们一记猛烈的冲击和一股巨大的震撼。付梓之时，佛朗哥将军还余七年寿命（按照去世时间算），审查制度依然在施行，加之其他诸多阻碍，因此尚无法出版真正意义上的洛尔迦全集。得益于阿图罗·德尔·霍约[2]付出的巨大努力和恳切指导，于1954年开始编写、后续经过不断扩充的阿吉拉尔出版社（Aguilar）版本在佛朗哥在世时是绝无可

---

1 西班牙语名词有阴阳性之分，表泛指时通常使用阳性形式。近些年，受女权主义的影响，口头和书面表达中常会单独强调阴性形式。（若无特别说明，本书注释皆为译者注。）

2 阿图罗·德尔·霍约（Arturo del Hoyo, 1917—2004），西班牙作家、评论家、散文家，阿吉拉尔出版社文学作品集出版发展过程中的奠基人之一。

能出版的。

《洛尔迦,被诅咒的诗人》曾经是并且仍是一部充满斗争性和批判性、观照现实的作品,对当时的政权而言,无疑是具有颠覆性的,因此必然会遭遇破坏力巨大的审查,尽管当局可能没有意识到这一点。回想起来,我们不得不钦佩编辑何塞·鲁伊斯-卡斯蒂略的大胆果敢。

弗朗西斯科·翁布拉尔给自己设定的使命——我想使用这个词是最合适的——是要打破长期累加的有关洛尔迦的神话、谬论、谣言和闲话,这些流言蜚语让我们无法,或者说很难走近真正的洛尔迦,深刻的洛尔迦。翁布拉尔甚至逐一击破了有关诗人善变无常的"陈词滥调"和将他比作"色彩斑斓的小鸟"[1]的比喻。对于洛尔迦来说,生活是一场持久的、无拘无束的狂欢(在没有被自己的鞋子绊到之前)。翁布拉尔在走向这段旅程终点的路上始终坚定地认为,他的目标就是"打破洛尔迦那尊被人们雕刻出的半身像——写诗的天才,安达卢西亚少爷"。

他的使命圆满完成。

在行文中,翁布拉尔把自己所写的杂文视为一本书。诚然,从"书"的普遍意义上说,它的确是书,但我认为更应将其看作杂文集或者论文集,旨在论证其观点的合理

---

[1] 出自维森特·阿莱克桑德雷(Vicente Alexandre, 1898—1984)对洛尔迦的评价:"那些看到他像一只色彩斑斓的小鸟一样度过一生的人并不了解他。(Quienes le vieron pasar por la vida como un ave llena de colorido, no le conocieron.)"

性。如作者所说，本书标题或可叫作《加西亚·洛尔迦的性与死亡》，因为翁布拉尔确信，性与死亡密不可分、错综交织，是"让一部作品从全景视角呈现多样变化的基本要素"。"又或许——他很机智地补充道——不是这两者中的任何一个，而是作为这两个主题的产物的第三个要素，神秘而无名。"

与翁布拉尔著书之时不同，如今我们可以读到洛尔迦全集，包括《黑暗之爱的十四行诗》和他体量恢宏的《青年文集》，有诗歌、散文和戏剧。翁布拉尔这位来自巴利亚多利德的作家虽然只读过这些作品的片段，却凭借敏锐的感知，在字里行间埋下伏笔，而我们也能看到他对诗人的理解是多么精准。洛尔迦的世界，无论是有生命的还是"无生命的"（从逻辑思维上说），都充满了性，也被永不熄灭的对性的渴望所折磨。《诗集》结尾那几行关键诗句中的山羊就象征了这种欲望，而洛尔迦笔下的女主人公则永远欲求不满。"乱伦、同性恋、通奸，所有禁忌的性行为形式都在诱惑着诗人——翁布拉尔的论断不无道理——至少在文学上的确如此。但我们知道，这绝不仅仅是文学作品。"翁布拉尔还补充了兽性，也就是雄壮的种马强大的性吸引力。从我们的视角，或许还会加上在《观众》中常见的施虐-受虐狂形象（该作品在出版两年后引发了翁布拉尔和该作编辑拉斐尔·马丁内斯·纳达尔之间的一系列争论）。

读完这部杂文集，我们就会明白，费德里科·加西亚·洛尔迦在自己的内心深处隐藏着"一个深刻的秘密"。

他是一个痴狂、执着、就单一主题反复进行创作的作家，在他的领域——他一直寻找但始终没有找到力比多，就像《黑色痛苦谣》中的索莱达·蒙托娅——他比以往任何诗人或剧作家都要更深入地探索。

对于如此吸人眼球又颇具挑战性的标题，翁布拉尔必定要论述其合理性。从撰写之初，作家就坦言做出如此论断的风险，以及在面对它时可能会感到的某种不安（但我们需要指出，这种不安并不妨碍其在文字中不时彰显出的自满，比如翁布拉尔声称自己是第一个发现洛尔迦的某种特质或者某个重要的细微差别的人，并攻击研究洛尔迦的专家、爱好者和洛尔迦的"诠释者"，称他们愚蠢的言行证明了"在西班牙的知识界，我们都是瞎子，缺少一个独眼恶人统领我们"）。无论如何，有一点翁布拉尔表达得很清楚：他不会通过外部传记或者逸事奇闻来接近那个深刻的洛尔迦——一个被诅咒的性异端，在一个高度不宽容的社会被迫戴着面具、过着分裂的生活的人。不，翁布拉尔会在洛尔迦的作品中寻找真正的洛尔迦（可能略做让步），因为无法坦率地生活的创作者除了在作品中表达情感、反复诉说之外，别无他法。至于通过女性角色的视角展现出的安达卢西亚男性的形象，翁布拉尔一再强调，"如果说洛尔迦在他的剧作中留下了如此宝贵的女性形象，那不是因为他在生活中用男性的目光观察她们，而是因为他进入了女性的内心来审视男性"。翁布拉尔还说道："洛尔迦痴迷自己所塑造的女主人公们，迷恋他在剧作中模仿的女性们……让自己被妒火中烧的女人们的精神所占据。"

这样的论断此前无人言及。我们得等到翁布拉尔来著述。

洛尔迦，被诅咒的诗人。当然，我们用该头衔首先指的是法国文学中的"颓废派"和"象征派"——是波德莱尔，"我们西方文明和文化中第一个伟大的反叛者"［我要补充一句，如其诗集《恶之花》（*La flores del mal*）的标题，他是所有天才中的天才］；是洛特雷阿蒙[1]，等等，特别是保罗·魏尔伦[2]。他自己不仅是被诅咒的诗人，还创作了在1884年出版、题为《被诅咒的诗人》的小书。正是这本小册子让"被诅咒的诗人"的标签流传开来（兰波[3]也属于"被诅咒的诗人"）。在翁布拉尔看来，是鲁文·达里奥[4]将洛尔迦领入被诅咒者的世界。达里奥本人与魏尔伦相识，用翁布拉尔的话来说，达里奥自己就是"一个可能被诅咒的诗人"（他的审丑情结、性欲狂潮、神秘主义、酗酒，以及他在"阿波罗与狄奥尼索斯之间永久的分裂"），

---

1 孔特·德·洛特雷阿蒙（Comte de Lautréamont, 1846—1870），法国诗人，代表作有长篇散文诗《马尔多罗之歌》，它以"恶"为主题，反人类、反伦理，并充斥着渎神的反叛，在写作手法上，它敢于对以往一切文学模式进行改造。
2 保罗·魏尔伦（Paul Verlaine, 1844—1896），法国诗人，象征主义文学的早期领导人。
3 阿蒂尔·兰波（Arthur Rimbaud, 1854—1891），法国著名诗人，早期象征主义诗歌的代表人物，超现实主义诗歌的鼻祖。
4 鲁文·达里奥（Rubén Darío, 1867—1916），尼加拉瓜诗人、散文家，现代主义代表作家。

作家对此并未详述。如今我们可以确切地知道，1916年早逝的达里奥是洛尔迦在诗歌和生活上的"老师"。我们知道——但翁布拉尔在著书时并不知道——年轻的费德里科像饿狼一般饱读了达里奥选编的《异人们》（*Los raros*）。这部作品汇集了法国20世纪头十年波希米亚主义、反派主义和风景画作家的略传，简短却热情洋溢，其中包括卡米尔·莫克莱尔、勒孔特·德·利尔、魏尔伦、维利耶·德·利勒-亚当、让·里切平、洛特雷阿蒙和拉希尔德［此外，还有几页专门介绍爱伦·坡、易卜生、欧金尼奥·德·卡斯特罗，以及德籍匈牙利医生马克斯·诺尔道，诺尔道在名作《退化》（*Entartung*）中对世纪之交的"颓废派"进行了无情的鞭挞］。《异人们》加强了年轻的洛尔迦的多愁善感，也给他的生活烙上了不可磨灭的印记，进一步确定了达里奥诗句对洛尔迦创作的影响。翁布拉尔套用《马太福音》中的经文说道，"凭着他们的影响，就可以认出他们来"[1]，并解释道，我们只能理解与我们本质相符的东西。初露头角的洛尔迦和时日无多的达里奥之间恰恰存在着这种相似性。翁布拉尔在无法掌握全部信息的情况下洞察到这一点。而这部文集最大的亮点之一便是指出，也许二人最引人注目的共通点是他们之间那种似阿波罗与狄奥尼索斯间的冲突，这是成为被诅咒者的必要条件：他们不断地与自己斗争，不断地处于分裂的状态，而且往往需

---

[1] 出自第七章第16节。

要隐藏最深刻的自我，不仅不让外界看到，甚至也不允许自己窥见。

翁布拉尔直言不讳地谈及洛尔迦是同性恋，但对此他的措辞非常谨慎。我们要记住他写作的年代，如今普遍使用的"同性恋"（gay）这个词在当时尚未流行开来。而在那个年代，如果家庭成员中有同性恋，仍是令人无法承受的耻辱。（顺便一提，我们国家有"娘里娘气的人"和"卑鄙下流的人"的说法，而人们说得最多的恐怕是"混蛋"[1]！）起初，翁布拉尔偏爱使用"性异端"来形容洛尔迦身上所体现（并遭受）的性取向。之后，他提出并主张使用"泛性恋"（pansexualismo）一词（"我们相信泛性恋，而非同性恋，是理解洛尔迦的性欲的必要词语"）。但无论如何定义，"当个体经历着内心隐秘的性悲剧时，根本无法与社会融合"，他内心深处隐藏着无法向任何人透露的秘密，只能向自己倾诉。或者说，他的爱是"那种不敢说出名字的爱"——就像对这一问题有切身体会的阿尔弗雷德·道格拉斯勋爵[2]下的定义——不论这种爱的形式如何。

因此，也就不难理解洛尔迦捍卫、歌颂和认同翁布拉

---

[1] 原文中三类人对应的西语分别为"mariconadas""putadas"和"putamadres"，旨在说明当时的西班牙社会虽没有普及"同性恋"的说法，却频繁用蔑称的衍生词进行指代。

[2] 阿尔弗莱德·道格拉斯勋爵（Lord Alfred Douglas, 1870—1945），英国诗人。曾与英国文豪王尔德是一对恋人，并为其翻译剧作《莎乐美》（Salomé），在王尔德死后陷入长期的精神问题。此处引用了道格拉斯勋爵在19世纪末针对同性恋的定义。

尔口中的"我们的文明中被忽视的三个种族":吉卜赛人、黑人和同性恋者。自然也就不难理解,洛尔迦本人是一个非常关注自己的梦境、潜意识的生活和"梦呓"的创作者。"洛尔迦激发幻想的能力揭示了他在两片水域之间、在现实与神秘之间的生活。"诚然,诗人自己不也说过"只有神秘才能让我们活着,只有神秘"这样的话吗?翁布拉尔继续论证洛尔迦所拥有的"双栖的本质",不断在有意识和无意识之间游移。正如和翁布拉尔关系甚密的维森特·阿莱克桑德雷[1]所看到的那样,洛尔迦是有着月亮般特质和大地属性的人,也是被魔灵附身的人。在尾声,翁布拉尔表示,他在《洛尔迦,被诅咒的诗人》中所说的一切,阿莱克桑德雷已经在费德里科被杀害后的一年所写的一页半的致辞中都说过了,这篇致辞也收录在阿吉拉尔出版社的洛尔迦全集末尾,作为"结语"。

在此我不做详述。我刚刚仔细重读了这部作品,又一次为之着迷,并且感受到,它深深影响了我对这位才华横溢的格拉纳达诗人、这位当今西班牙最负盛名的诗人的了解。在翁布拉尔的书中,让我印象最深刻的就是论及嫉妒的部分(只有几段内容,并非完整章节)。翁布拉尔直言:"西班牙人嫉妒他的邻居,就像嫉妒他自己。"这是对福音书中关于嫉妒的经文进行的另一种解读。而他的观点也与

---

[1] 维森特·阿莱克桑德雷(Vicente Alexandre, 1898—1984),当代西班牙著名诗人,1977 年诺贝尔文学奖获得者。

乌纳穆诺[1]等人不谋而合。达利[2]在《我的秘密生活》中写道，迄今为止唯一能让他嫉妒的，就是他们在马德里共度的夜晚中社交才华横溢的洛尔迦。我们有什么理由怀疑吗？在翁布拉尔看来，在西班牙这个满是嫉妒，甚至嫉妒可以让加尔多斯无缘诺贝尔文学奖的国家，洛尔迦深知他的诸多才华和天赋会让自己成为被嫉妒的对象。洛尔迦深谙这一点，也深知嫉妒会伪装成仇恨来杀人——这就是他笔下被自己的堂兄弟谋杀的安东尼托·艾尔·坎波里奥的遭遇。安东尼托说给他的创作者的话让翁布拉尔不寒而栗："他们不忌恨别人，/只忌恨我。他们忌恨绛紫色的鞋子，/象牙雕成的奖章，/还有我这一张用橄榄油/和茉莉花揉捏的面庞。"如今我们知道，在那些杀害洛尔迦的人中，有一些正是诗人在格拉纳达农村地区的表亲，他们是吉尔·罗伯斯[3]领导的西班牙右翼自治组织联合会（CEDA）的成员。

在翁布拉尔的写作中，常常会有一些惊人的言论，比如"罗茜塔也生活在持续不断的妒忌之中。罗茜塔是更虚荣的叶尔玛"；"我们说过，悲剧的结局总是不幸的。而洛

---

1 米格尔·德·乌纳穆诺（Miguel de Unamuno，1864—1936），西班牙著名作家、诗人、哲学家，"九八一代"的代表人物之一。
2 萨尔瓦多·达利（Salvador Dalí，1904—1989），西班牙超现实主义画家和版画家，是一位具有非凡才能和想象力的艺术家，以探索潜意识的意象著称。
3 何塞·玛丽亚·吉尔·罗伯斯（José María Gil Robles，1898—1980），西班牙第二共和国时期（1931—1936）的天主教政治家和领袖，1935年任命弗朗西斯科·佛朗哥为陆军总参谋长。

尔迦的悲剧则是以邪恶告终"；"饥渴的雌性始终在追求雄性的气息，并强烈地渗透到作品中"（出自《贝尔纳多·阿尔瓦之家》）；"洛尔迦始终注意维护外在形象"；"阿尔贝蒂是没有个人戏剧性的洛尔迦，而缺少个人戏剧性的张力便无法造就伟大的作品"；"洛尔迦是一个无缘无故的叛逆者或者有缘有故的反叛者"；等等。所有这些言论和观点甚至可以编纂成一部选集。

如果说翁布拉尔擅长用留存在记忆中的深刻且充满力量的语言来展现他的思想和洞察力，那么他同样善于从洛尔迦的诗歌和散文中提炼诗人的金句名言。无论是前人还是后来者，又有哪位诗人说过这么多令人难忘的妙语佳句？恐怕也就只有莎士比亚了。"我的痛苦，/要让它真切，/我必须装饰它，/带着红色笑容"[1]；"遥远的悲苦的国度"[2]；"血液最隐秘的深处"[3]（需要唤醒魔灵的地方）；"它们都来了，我必需的事物，/它们是副歌中的副歌"[4]；"格拉纳达就像讲述着在塞维利亚所发生过的事"[5]；等等。

我不得不说，也许作家本人正是有关洛尔迦的诸多混淆视听的研究的受害者，也或许是出于审慎——我们必须再次强调，本书创作于1968年——翁布拉尔有意低估了诗

---

[1] 出自诗歌《绿空之上》（"Sobre el cielo verde"），原诗最后一句应为陈述句，而非翁布拉尔转引的疑问句。

[2] 出自诗歌《弓箭手》（"Arqueros"）。

[3] 出自演说《魔灵的游戏与理论》（"Juego y teoría del duende"）。

[4] 出自诗歌《另一种方式》（"De otro modo"）。

[5] 出自散文集《印象与风景》（*Impresiones y paisajes*）。

人的政治承诺，对洛尔迦被"另一阵营"[1]视作敌对的仇人，也只是轻描淡写。他写道："在关于洛尔迦的中立或天真的态度中，所有人都生活在他周围，甚至他自己也是如此。"但我不这么认为。洛尔迦的作品（尤其是《叶尔玛》）深深地冒犯了右翼，他签署了《人民阵线宣言》，在之后的几个月里，还签署了其他明显带有反法西斯性质的宣言。此外，在内战爆发前夕，他还在阅读量极高的《太阳报》上说过，格拉纳达不仅拥有"西班牙最糟糕的资产阶级"，而且已经"开始动荡不安"。因此，洛尔迦持的态度毫无中立可言。加之，所有这些言论都没有考虑到他作为同性恋者的身份，而他的性取向在共和派的敌对媒体上经常被提及并大加嘲讽。如果法西斯主义发动政变，费德里科·加西亚·洛尔迦绝对在劫难逃。

翁布拉尔在创作本书时未能读到诗人的全集，这一点我们此前就已多次说明。如果他能读到《青年文集》这部全集，那他必然会意识到——正如后来欧蒂米奥·马丁首次提出——洛尔迦作品中所展现出的对基督的深刻认同。他认同与所有受苦受难的人在一起的基督，认同医治人们、宽慰人们、救赎人们、热爱孩子的基督。洛尔迦认同基督，但并非绝对意义上的认同（翁布拉尔对此也持相同看法），因为他十分排斥《旧约》中的上帝。

---

[1] 指的是在西班牙内战中支持法西斯势力、反对共和国的一方，也就是佛朗哥领导的民族主义势力。

我的评论点到为止，现在读者们（以及女性读者，我再次道歉）要做的就是深入研读这部文集，顺着翁布拉尔写作的思路形成自己的观点和看法，但请始终记住这部作品的出版年份。我可以保证，诸位将在阅读本书的过程中学到很多，不仅是关于洛尔迦和他的世界，还有西班牙，以及弗朗西斯科·翁布拉尔本人，即使他只现身在字里行间。

伊恩·吉布森，2011年10月于马德里，

与"纽约客"洛尔迦一起等待着交易所

即将成为"青苔的金字塔"1

1　出自诗歌《街与梦》（"Calles y sueños"）。

洛尔迦，被诅咒的诗人。我知道这句表述也许违反常情，令人震惊，让人觉得信口雌黄。何来信口雌黄？正是为了要证明它言之凿凿，我才撰写此书。这句话之所以令人讶异，主要是因为它的两个语境——其一是在西班牙文学中，在西班牙诗歌中，没有被诅咒的诗人；其二是费德里科·加西亚·洛尔迦自身的情况中，人们对洛尔迦的生平不断累加起来的信息和关于他的种种说法，与19世纪以来对"被诅咒的诗人"的认识并不相符。我们来分析一下这两种假定。

第一个被贴上"被诅咒"标签的欧洲作家可能是弗朗索瓦·维庸[1]。实际上，被诅咒的维庸先于"被诅咒"这个概念而存在，因为我们知道"被诅咒"是19世纪浪漫主义

---

[1] 弗朗索瓦·维庸（François Villon，约1431—1474），中世纪最杰出的法国抒情诗人，市民抒情诗的主要代表。

提出的一个概念。而在此之前，艺术家始终是社会无关紧要的装饰性群体，是贵族们从众多大神那里兜了一圈，转过头来才肯去相信，或者假装愿意相信的一个小神。法国大革命之后，艺术家和诗人在新生的资产阶级社会中开始感到难以适从。这个社会根本不需要他们，尽管资产阶级会缅怀他们所击败和推翻的事物——因为胜利者总是会怀念被自己所征服和推翻的。而被征服的人依旧延续着，或继续相信着他们正在延续某些艺术体验。他们强迫自己接受的美学趣味，不过是对旧时精英创作的伟大艺术的简单模仿。他们变得越来越不情愿，对这种不满也愈发不加掩饰。到了19世纪，这个社会革命和工业革命爆发的世纪，这个拥有科学虔诚[1]的世纪，艺术家们处于强大社会的边缘已是有目共睹，他们毫无身份地位可言。

知识分子和创作者以这种方式退休，既没有得到退休金，也没有获得感激，甚至连他们所提供的服务和价值也未被认可。日后却衍生出了两种对立的态度，所有现代艺术都诞生于此。一种是利未支派的创作者。他们想在新秩序中继续生存，重新吸收精华，皈依实用主义的新宗教。他们心想，可以通过侧门重新进入舒适的宫殿，就像当初通过大门进入一样。他们甚至可能会被机器、政治和社会的神秘感所吸引。这类艺术家或是出于利益，或是出于善

---

[1] 一个比喻性的表达，指的是人们对科学的高度尊敬、崇拜和信仰，以及对科学知识的绝对相信。

意，将引发所有后来被称为资产阶级艺术的流派，即新古典主义、印象派绘画、金塔纳[1]（反被诅咒的诗人的典范）的公民颂诗、施特劳斯的音乐，以及所有风俗主义文学和戏剧。艺术家甚至不再是一个小神，而是一个多愁善感的人，他向外缝合，在条件允许的时候——但几乎永远无法实现——向内清扫。资产阶级社会支付他们费用，这样一来他们便会觉得自己是天选之子，也好在操劳地建构和再拆散日后被称为资本主义结构的东西时有个事分神。

和我所说的"顺从的艺术"相对的是叛逆的艺术。被诅咒的诗人是叛逆艺术的极端情况，也是边界类型。这类艺术家决心不再为一个必定会死的雇主服务，而是创作反对社会或者支持社会边缘的艺术。"反对"和"边缘"的界定反过来催生了两种类型的创作，即两种创作者的流派：为社会边缘发声的有马塞尔·普鲁斯特[2]、英国诗人们、保罗·魏尔伦、圣约翰·珀斯[3]，以及几乎所有与费德里科·加西亚·洛尔迦同时代的西班牙诗人。边缘艺术后来被称为"逃避的"（de evasión）艺术，它几乎总是会演变为唯美主

---

1 曼努埃尔·何塞·金塔纳（Manuel José Quintana，1772—1857），西班牙著名浪漫主义诗人和政治家。
2 马塞尔·普鲁斯特（Marcel Proust，1871—1922），20世纪法国最伟大的小说家之一，意识流文学的先驱与大师，20世纪世界文学史上最伟大的小说家之一。
3 圣约翰·珀斯（Saint-John Perse，1887—1975），法国诗人和外交官，1960年获得诺贝尔文学奖。

义、精致优雅、神秘小众，以及一种贫瘠的、"邓南遮[1]式的"的"为了惊异众人而死"（morir por epatar）——或者调整表达，"因惊异众人而免于一死"（epatar para no morir）。无政府主义者和被诅咒的诗人反对社会。无政府主义者代表的是纯粹的政治活塞离心力，我们姑且对此不做讨论。而被诅咒的诗人是一种向心力，与无政府主义者不同，他们不会破坏或试图破坏社会，他们摧毁的是自己。无政府主义把恶视为一种净化，而被诅咒的诗人则是为了恶而恶——这是被诅咒者或明确表达或隐晦传递的神秘论。安德烈·纪德[2]在后来将其理解为一种"自发行为"：被诅咒者没有被诅咒的胆量，也没有被诅咒的环境，他们是迟缓的被诅咒者。

这样，被诅咒的诗人最终成为一个流离失所的人，一个没有明确社会阶层归属的人，一个饱受自我毁灭情结摧残的人，并将这种自我毁灭倾向转化为自己的艺术作品。这是一种源于浪漫主义的全新类型，尽管在此之前也偶有个例，比如上文提到的维庸。被诅咒者就自身而言，在某种意义上存在缺陷；而对社会而言，他具有一种溶解的力量，尽管这种力量是向心的。他对个体自身产生的影响远比对周围环境的影响更大，这也是后来将被诅咒者与自杀者相提并论的原因。但自我毁灭就像慢性自杀，可以让被

---

[1] 加布里埃尔·邓南遮（Gabriele d'Annunzio, 1863—1938），意大利 20 世纪初唯美派中最具代表性、最有影响的诗人、作家和剧作家。

[2] 安德烈·纪德（André Gide, 1869—1951），法国作家。一生著有小说、剧本、论文、散文、日记、书信多种，1947 年获得诺贝尔文学奖。

诅咒者进行自己的创作。他们的作品通常是仓促完成的，在转瞬即逝的念头中获得灵感，在作者有意或无意烙印在所有作品中的那个致命方向上被人为地诱发成形，直到最后用一种暴力的方式完成，或是他们干脆不了了之，任由其处于未完成的状态。因为艺术品的自我终结并不在于如何完成，而恰恰在于未完成本身。

在所有西方社会中，我们如今所说的无法融入的人已自动被时代淘汰，而艺术家最大的荣耀就在于适应他的时代，或者让时代来适应他，在我看来两者最终是一样的。从19世纪开始，一个伟大的不合群的族群诞生了，他们把与时代的格格不入转化成一种神秘主义和审美。被诅咒的艺术就此诞生。这些不合群的人的名字闪烁着耀眼的光芒，令人印象深刻。诗歌创作中有波德莱尔、魏尔伦、兰波、阿尔托、爱伦·坡、迪伦·托马斯、麦考斯基，等等。在绘画中有凡·高、图卢兹-劳特累克、莫迪利亚尼、高更等。在音乐中，也许被诅咒的除了弗雷德里克·肖邦之外，再无旁人。至于西班牙，我们之前说过，它是一个没有被诅咒者的国家，现在我们会试着去了解个中原因。但无论如何，戈雅[1]和索罗拉[2]或可被视为被诅咒的画家。而可能

---

1 弗朗西斯科·戈雅（Francisco José de Goya y Lucientes，1746—1828），西班牙浪漫主义画派画家。
2 华金·索罗拉（Joaquín Sorolla y Bastida，1863—1923），西班牙多产画家，留下的作品超过两千幅，其成熟时期的作品被认为是印象派、后印象派以及光影主义的杰作。

被诅咒的文学家有克维多[1]、拉腊[2]、巴列-因克兰[3]。当然,还有洛尔迦。

为何西班牙是一个没有被诅咒的诗人的国家?又为何在我们的文学中没有被诅咒的诗人?因为西班牙的社会结构缺少共鸣,它更多是受宗教、荣誉和尊严的禁忌所制约,传统的约束力超过信仰。这样的社会结构不利于形成意识形态的多样性。西班牙社会不够强大,因而也无法在其内部承受如抗体一般存在的被诅咒者。既然无法承受,自然也就无法生产,这几乎是一个生物学定律。另一方面,世界各地的革命和改革在这里被扼杀,变革也因为失去了毒性,因此也没能引发像被诅咒的诗人那样强烈的反应。在我们的社会中,艺术家从未像在其他国家那样被神化;因此,当他们被驱逐的时候,那种被驱逐感自然就没有那么强烈,这也合乎情理。自19世纪以来,实用主义就在世界范围内流行开来,它的广泛推行尚未给我们带来影响和后果。并且,在某种程度上,我们仍然生活在自身熟悉但现已无人能理解的价值观之中,继续尊重或忽视那个曾经是、现在也依旧被我们视作全部艺术所在的价值观。

---

[1] 弗朗西斯科·克维多(Francisco Gomez de Quevedo y Villegas,1580—1645),西班牙作家。生于官吏家庭。曾任外交官、国王秘书等职,代表作有《骗子,塞戈维亚的堂巴勃罗》。
[2] 马里亚诺·何塞·德·拉腊(Mariano José de Larra,1809—1837),西班牙浪漫主义作家,撰写了大量杂文。
[3] 拉蒙·德尔·巴列-因克兰(Ramón del Valle-Inclán,1866—1936),西班牙剧作家、小说家和诗人,西班牙"九八一代"的代表人物之一。

我知道，尽管做了一番论述，但关于为什么西班牙文学没有被诅咒的诗人仍然没有明确的答案，不过，这不是我要在本书中试图澄清的。此外，也许要得到明确的答案，只能去研究费德里科·加西亚·洛尔迦。因为这位伟大的诗人曾经是，或者可能成为最具代表性的被诅咒的诗人，无论是出于他自身的优点还是缺陷。洛尔迦身上散发的安达卢西亚的生命力将他神化成一个伶俐的安达卢西亚少爷的微笑半身像，而他身上也汇集了成为被诅咒的创作者的三个关键条件：在恶魔力量（或是歌德所说的"邪灵[1]式的"力量）中蕴藏的审美基础和人性根基；性异端和悲惨的过早死亡。

纵观整个人类艺术文化史，光与影交织的斑驳投射于其上。站在光明一边的是那些追求秩序和宇宙圆满，坚信万物和谐或者需要创造出和谐的创作者，譬如柏拉图、歌德、巴赫。而站在阴影一面的是那些或理解了或未理解世界是混乱的、无序的、充满偶然性的创作者，譬如黑暗的赫拉克利特、贝多芬、萨特。这种几乎像学校一样将善与恶作为作用力和宇宙概念进行的划分，这种对阿波罗和狄奥尼索斯之间所做的根本且必要的阐明，可能会衍生出历史维度之外的其他关于种族或地理的次级理论。超越那些备受争议的历史因素，这些次级理论可能会帮助我们理解，

---

[1] 即希腊文中的"daimon"，指邪恶的灵体，例如魔鬼等，在不少宗教以及世界各地的民间信仰中均被提到。

事物的发展如何进入这本书的讨论范围之内,即如何理解安达卢西亚这片土地的灵魂在本质上是狄奥尼索斯式的。安达卢西亚这片土地会召唤黑暗以及地下的生灵,能催生神秘和魔法。与所有有着浓厚宗教底蕴的地区和种族一样,安达卢西亚生活着魔鬼,它被亲切地称为"魔灵"[1]。

安达卢西亚的魔灵,费德里科·加西亚·洛尔迦的魔灵,不过是传统意义上路西法活泼可爱的具象演绎。安达卢西亚就是费德里科,费德里科就是安达卢西亚。但在阳光丰足又明媚的南部,安达卢西亚和费德里科却都生活在阴暗之处。

性异端——在之后的分析中我会称之为洛尔迦的泛性取向——将洛尔迦从根本上深刻地、秘密地置于他所生活的社会边缘。尽管人们笔下所呈现的他非常善于交际,但当个体经历着内心隐秘的性悲剧时,根本无法与社会融合。

最后,诗人充满悲剧性的过早的死亡进一步印证了他作为被诅咒者的厄运,即使是逸事,也以一种十分残酷的方式终结。

因此,如果我们接受这些先决条件——承认加西亚·洛尔迦的作品和生活可能与"恶魔"诗人或被诅咒的诗人相吻合,那我们就能大致看到他的生活轨迹与他的形象如何交叠在一起。要论证这一点,只须了解洛尔迦是我们的

---

[1] 西语原文为"duende",又音译作"杜恩德",意指灵魂、灵感、情感的表达。

文明中最被忽视和贬斥的三大种族——吉卜赛人、黑人和同性恋者——的赞颂者就足够了。在格拉纳达，洛尔迦与吉卜赛人一起对抗西班牙宪警，与既定的秩序抗衡。在纽约，洛尔迦与黑人一道，和兰斯顿[1]一起对峙华尔街。在《沃尔特·惠特曼颂》和未发表的遗作《黑暗之爱的十四行诗》中，洛尔迦歌颂他不敢言明的爱与激情。从根本上说，洛尔迦是一个热衷于反抗的人，骨子里没有一点那个弹着钢琴、听着吉他、反复无常的安达卢西亚少爷的秉性。而且，作为苦闷情感中的一个常量，心痛是洛尔迦所有作品的源泉，哪怕是最天真、最俏皮的作品。魔灵——安达卢西亚灵动的缩小的邪恶化身——之于恶魔，恰似心痛之于痛苦。如果说魔灵是身处黑暗中的诗人活力的外化，那么心痛则是诗人的神秘所在。这一切都太过唯美了吗？但准确地说，唯美主义恰是被诅咒者有力的控诉和深重的罪恶。对美的束缚，是最可怕、最痛苦的束缚。作为崇拜的美已然成为被诅咒的美。

在本书中，我试图在洛尔迦的所有作品中慢慢勾勒出他作为被诅咒者的生动瞬间。但我只谈论作品，因为具有启示性的作品必然会揭示出作者其人和他的生活。

---

[1] 兰斯顿·休斯（Langston Hughes，1902—1967），美国诗人、小说家和剧作家，20世纪美国最杰出的黑人作家之一，"哈莱姆文艺复兴"的中坚人物。

1
传记画像

本书不会按照传记的线索行文，也不会把各种逸事作为插曲，来论述洛尔迦身上潜在的恶魔主义理论。首先，因为外部记述的加西亚·洛尔迦逸事实际上与他作为被诅咒者的境况并不相符。此外，如果存在更私密、更有寓意的逸事趣闻，我们的目的也不是以病态的方式对其深入研究，而是更关注作品所呈现的各种征兆，因为我们关心的是被诅咒的个体，他们是通过自己的作品被定义的，或者说通过他们自身来定义他们的作品。我们想要表达的是，这个迷失的人在他自己所创作、描绘、谱写的作品中得到了救赎。

因此，我所做的不是在杂乱的历史里仔细翻找有价值的东西，而是将被诅咒的文学作为人类创造出的独特产物进行研究。更重要的是，研究一个人如何在沉沦毁灭中拯救自己，把自我的放纵消沉变成一件艺术品。即使是被绝对否定的艺术——洛尔迦并不在此列——就像戈雅的画作或是萨德的小说，也会因为被否定而成为艺术品，成为丰富了文化遗产的瑰宝，得到莫大的肯定。浩瀚无边的文化主体可以吸收一切，既然没有什么能够击垮它，一切便都会使它更强大、更多样，影响更加深远。

另一方面，人们认为艺术是个体唯一可能获得救赎的方式，而被诅咒者的境遇会印证这一点。我们这个时代里对社会艺术的所有假设和主张都是成立的，前提是要将复数改为单数。艺术的确应是一种救赎的手段，但它是对艺术家自己的救赎，其他一切都是抒情的空想。从未有一本书或者一幅画拯救过任何人，除了作者自己。艺术和文化要么为自己辩护，要么无须做任何辩解。艺术的伟大恰恰在于它对人类的切身利益和亟待解决的问题毫无用处。让艺术为某种事物服务，比如为政治或者为社会服务，就是把艺术变成附属的工具。这既是背叛社会，也是背叛艺术。最容易对此愤然作色的正是被诅咒的诗人，某种程度上，他对这种充满戏剧性的无用极为敏感，并将其视为一种诅咒——"我们将永远多余"，萨特写道。而他正是一个被理性所拯救，又因理性而迷失的被诅咒者，就像旁人出于激情迷失自我或得到拯救一样。

理解了这一点之后，我们对一部作品感兴趣，或者说我们对费德里科·加西亚·洛尔迦的作品感兴趣，是出于它本身，因为在作品中个体得到了拯救，尽管这是一个注定要迷失的人所创作的作品，但其中蕴含着一个独特生命的毁灭和救赎，这也正是作品引人入胜之处。我们对洛尔迦的生活没有太大兴趣，因为生活是通过作品呈现的。如果我们接受生活只是外部现象，而作品是唯一可能的内在体现，那么这两者是无法互置的。也就是说，生活无法反映创作。艺术和文化以超自然的方式集结并构建了在纯生物学或存在层面上可能会消失的内在性，从而使作品成为个体生命中唯一可能的内在性的体现。诚然，我们将从生活到作品来撰写费德里科·加西亚·洛尔迦的传记，但会更多关注、更深入分析其作品。回顾洛尔迦的生平只是按照时间顺序完成平面的草图，要赋予他鲜活的血肉和实质还需要依托诗人的作品。

1898年，费德里科·加西亚·洛尔迦出生于格拉纳达的富恩特-瓦克罗斯小镇，1936年在内战伊始不幸去世。他生前就读于文哲系和法律系。1919年，洛尔迦抵达马德里的学生公寓[1]，一直在那里住到1928年。洛尔迦身为一位马德里-安达卢西亚少爷的形象也自此形成，他弹钢琴、唱歌、作诗、朗诵、即兴创作，总是能逗笑公寓的同伴，时不时给大家带来一些惊喜。我们已经看到，也会继续认清，这一形象对于深刻地理解诗人来说是多么匮乏无力。1930年，洛尔迦绕道前往美国，而这段旅程也催生了诗集

---

[1] 学生公寓建于1910年，效法英式学院制教育，秉承开放自由理念，是当时西班牙首屈一指的文化中心。

《诗人在纽约》。这位深受法雅[1]和胡安·拉蒙[2]影响的安达卢西亚抒情诗人和音乐家在诗歌中突然摇身一变,展现自己的反叛,成为了不起的社会反对派和超现实主义先锋派诗人。《诗人在纽约》这部诗集就足以抹去仍想展现出自己温顺一面的费德里科的形象,因为它并非一时兴起而作,也非题材多变的民俗猎奇。在《吉卜赛谣曲集》中可以找到《诗人在纽约》的前身和相似之处。这两部孪生诗集歌颂了两个被诅咒的种族,二者之间的唯一区别就在于形式。(除了韵律,二者在形式上也并非大相径庭。)据我所知,此前没有人对这两部诗集之间的并行关系进行研究,这实属费解。我们会择机再进行论述。

西班牙第二共和国成立后,加西亚·洛尔迦创立了茅屋剧团(La Barraca)。这个小型大学剧团日后在西班牙上演了《羊泉村》《人生如梦》《塞维利亚的爱情骗子》等剧目。洛尔迦所做的努力体现出的对社会的深刻忧虑显而易见,这对总是害怕拥有——让我来诠释这位当代诗人的话,我会称之为——"有目共睹的天赋"的诗人来说难以坚持。但这似乎也足以反驳所谓的洛尔迦的浅薄轻浮。另一方面,对于被诅咒者而言,这一革命的前期阶段具有典型性,甚至可能会伴随他一生,即使他唯一的武器就是艺术。但实

---

[1] 曼努埃尔·德·法雅(Manuel de Falla, 1876—1946),西班牙古典音乐作曲家。

[2] 胡安·拉蒙·希梅内斯(Juan Ramón Jiménez, 1881—1958),西班牙诗人、散文家,曾于1956年获得诺贝尔文学奖。

际上在其中隐藏着比单纯的社会因素更深层的不满。被诅咒的人或是隐藏这种不满,而后再全盘托出;或是消散这种情绪,有所欺瞒。

洛尔迦凭借《吉卜赛谣曲集》的大获成功,其作为诗人的地位得到认可,他进而转向戏剧创作并在马德里首演了《血婚》。然而,他的戏剧主题充满强烈的性暗示,形式上也富于抒情,未能获得马德里公众的认可。他们已经习惯了唐哈辛托·贝纳文特[1]剧本的轻快流畅、诙谐风趣,以及市井中蕴藏的哲理意味。自此之后,费德里科都会这样回应劝他保持耐心并确信马德里民众最后一定会去看他的戏剧的人们:"是的,但我担心他们是一个接一个来的。"

1933年至1934年间,洛尔迦前往布宜诺斯艾利斯讲授诗歌,同时指导了洛佩·德·维加[2]的剧作《傻女人》的排演。回到西班牙后,玛格丽塔·西尔古[3]首演了他的剧作《叶尔玛》。《血婚》中的性主题在《叶尔玛》中进一步得到延伸。一年后,《单身女子罗茜塔或花语》首演。

《贝尔纳多·阿尔瓦之家》是洛尔迦生前创作的最后一部戏剧。洛尔迦去世后,该剧在布宜诺斯艾利斯首演,同

---

[1] 哈辛托·贝纳文特(Jacinto Benavente y Martinez, 1866—1954),西班牙剧作家,1922年获得诺贝尔文学奖。
[2] 洛佩·德·维加(Félix Lope de Vega y Carpio, 1562—1635),文艺复兴时期西班牙黄金世纪最重要的诗人和剧作家。
[3] 玛格丽塔·西尔古(Margarita Xirgu, 1888—1969),西班牙-乌拉圭籍女演员和剧院导演,20世纪初至中期西班牙和拉丁美洲剧院界的重要人物之一,为推广和演出洛尔迦的剧作做出了重要贡献。

样由玛格丽塔·西尔古出演。在这部结构完美的作品中，被压抑的身体所发出的性呐喊已昭然若揭，伴随着始终如宗教审判般的对西班牙无声的批判。西班牙就是贝尔纳多·阿尔瓦，但费德里科不会像罗马人佩佩那样逃脱贝尔纳多·阿尔瓦之家的悲剧宿命。

在《费德里科其人》一书中，豪尔赫·纪廉[1]向我们展示了他与加西亚·洛尔迦之间的书信往来。洛尔迦似乎想借着与纪廉之间的友谊，在"二七一代"诗人团体或者同代人中寻找最权威、最成熟的导师，一个亦父亦友般的人。他所寻找的导师，毫无疑问，比他真正的父亲——大庄园主人堂费德里科——更能贴近、理解他的焦虑不安。费德里科是个孩子。说他是个孩子是因为他还是个稚嫩的诗人，无依无靠，面对这个世界感到焦虑不安，又在生活中迷失了方向。这种充满悲剧色彩的无所适从日后让他变成孤独的成年人，而其源头似乎可以追溯到童年时期的无助。通过洛尔迦写给纪廉的信——此时的纪廉已是大学老师，无论在生活中还是创作中都早已成熟——我们看到这个来自格拉纳达的年轻人对一切都毫无安全感可言：他的诗歌，他的剧作，他的未来，他的生活。而瞬间爆发出的自我狂热只会进一步证实这种不安全感。不，费德里科并不是一个强大又完整的存在，不是人们从表象上肤浅描绘出来的

---

[1] 豪尔赫·纪廉（Jorge Guillén, 1893—1984），西班牙诗人、"二七一代"的成员、大学教师、学者和文学评论家。

那个幸运儿。豪尔赫·纪廉在《费德里科其人》这部传记散文集中,似乎刻意强调了洛尔迦的坦然率真和简单质朴,与吉卜赛人传说形成鲜明对比,双方在通信中都驳斥了个中不实。但纪廉太过乐观了,他并没有深入了解费德里科的不安,而这种焦虑在一个天赋异禀的人身上是令人担忧的。洛尔迦请纪廉帮自己准备大学教职的录用考试,以进入大学任教,就像纪廉本人和"二七一代"其他许多当教授的诗人一样。洛尔迦的家人一直催促他做些实在的事情,那些在大多数家庭看来很实际的事情,甚至还流传着洛尔迦购买档案的逸事。在这份注定无法获得大学教职的档案中,洛尔迦试图掩盖他独特又充满戏剧性的诗人身份,可能连他自己对此也毫无觉察。当然,这些档案永远都会是空的,洛尔迦的教职规划也到此终结,他甚至还将新创作的诗句、他的文学作品和所有创作都交给纪廉,寻求指导和意见。可以说,诗人富有创造力的青年时期笼罩着一种谨小慎微的氛围,它在暗中消解着他令人激动的光环和荣耀。

刚刚说过,纪廉从早期的费德里科身上汲取了充满年轻活力的光芒。而我的老师杰拉尔多·迭戈[1]则在诗歌和对谈中,向我们吐露了他记忆中的洛尔迦,其随和的态度,还有把烟灰掸在肩上的率性等细节。这是善于刻画的诗人迭戈对洛尔迦非常生动的观察。这些描绘和记录都可以慢

---

[1] 杰拉尔多·迭戈(Gerardo Diego,1896—1987),西班牙诗人和作家,被认为是"二七一代"中最具象征意义的成员之一。

慢累加堆叠，成为洛尔迦的见证，从可信度高的第一手信息到最私密的部分，所有这些都编织成了洛尔迦充满人性、传记色彩和奇闻逸事的图景。这样的费德里科让我们激动不已，这个逐渐清晰的图景也会在我们对他情感丰富、色彩斑斓、充满民间风情、幽默、才华横溢的诗歌做浅显的解读后变得更加立体。这就足矣。

然而我们知道，我们也将试图证明事实并非我们以为的那样。特别是关于作品，因为作品总被视为承载作家、彰显其个性的真正的文学支柱。费德里科对生活总是充满不安，他从来都不是一个成功者。他有自己的疑虑、担忧，有自己的优柔寡断和恐惧害怕。费德里科是一个缺乏安全感的年轻人，一个不合群的幼仔。一定有人会说，这在特定的年龄是再正常不过的事了，哪怕在天才中也是一样。的确如此。但当日后的作品和作家的态度逐渐加深这种年轻时轻微的不合群，让它日渐凸显之后——尽管对于擅长交际的洛尔迦来说这一点总是很隐蔽——我们需要更严肃地看待这种不合群，而不是把它仅仅当成二十几岁的变幻无常。无论如何，我们在此呈现的关于那个充满不安的洛尔迦的所有证言，都只是为了驳斥关于洛尔迦是完美的这样轻率又肤浅的言论。

相比之下，维森特·阿莱克桑德雷[1]却用一种最具穿透

---

[1] 维森特·阿莱克桑德雷（Vicente Aleixandre，1898—1984），当代西班牙著名诗人，他的诗将超现实主义和新浪漫主义融为一体，在世界上享有很高声誉，其抒情风格对年轻一代的西班牙诗人产生了巨大影响。

力、最真实、最富幻想、引人深思的视角,通过诗歌般的散文片段,将加西亚·洛尔迦呈现在我们面前。在他的文字里,我们仿佛看到洛尔迦站在高高的月亮栏杆前,充满悲剧色彩,如梦游一般。这一切都颇具文学性,的确如此;但对杰出的文学家而言,文学是自然流露的,是质朴的。因此,通过对诗歌的认知,阿莱克桑德雷抵达了更真实的洛尔迦的内心。这种方式与学术化的或是陈词滥调的描述截然不同,更贴近文学的本质和内涵。

我们在不知不觉中已经审视了一番同代际诗人眼中的洛尔迦。现在我们继续将洛尔迦和他们中的一些诗人进行比较。这种对比可能会揭示出我们要研究的洛尔迦的人格和个性,也会为我们提供了解洛尔迦相较于其他诗人的优势所在,以及他能在一代伟大的诗人中脱颖而出的关键。在某种程度上,洛尔迦可谓承袭了胡安·拉蒙式的安达卢西亚主义,但洛尔迦与这位文学大师的根本性不同在于,后者追求绝对的美和完美,然而绝对的完美就像混乱无序一样令人不安。这就是为何混乱无章的洛尔迦无法理解这种绝对的完美,并用充满戏剧性、本土特色和魔幻色彩的元素让自己的作品更加复杂,在守护神灵(daimôn)的指引下进行创作。而引发我们最多深思的比较则是在洛尔迦与其同时代的、最亲密的同乡拉斐尔·阿尔贝蒂[1]之间:两

---

[1] 拉斐尔·阿尔贝蒂(Rafael Alberti, 1902—1999),"二七一代"诗人,西班牙文坛最杰出的诗人之一。曾到访中国。

者都受到格言派、夸饰主义和新贡戈拉[1]派的影响。但这些元素在洛尔迦身上被染上了血色,而在阿尔贝蒂的身上则被染上了水彩。两者都在发掘安达卢西亚人民的美德,但洛尔迦在寻找民族美德的过程中,找到的却是自己的心痛。阿尔贝蒂则不同,他留在了安达卢西亚的美德之中,过去是,现在是,将来也是。这是最根本的不同。尽管阿尔贝蒂是共产主义者,但他确是一位能写出好诗的安达卢西亚少爷。洛尔迦尽管有着安达卢西亚少爷的风度翩翩,又确是一位创作出了精妙诗句的诗人。阿尔贝蒂是没有个人戏剧性的洛尔迦,而缺少个人戏剧性的张力便无法造就伟大的作品。阿尔贝蒂和杰拉尔多·迭戈也许是当代西班牙诗歌中技巧最高超的大师,但他们是两位不受任何内在问题困扰的诗人,这也让他们无法在时代的洪流中迅速成就自己。(阿尔贝蒂诗歌中的政治问题是迟缓的,后来才出现,并且范围广泛,尽管他真诚又诚实。我们在此不讨论其准确性和真实性,但此争议与我们所说的深刻的、既已存在的问题无关。)

至于维森特·阿莱克桑德雷,我们刚刚分析了他与洛尔迦的世界有高度的、深刻的联结,但阿莱克桑德雷并没有像阿尔贝蒂和杰拉尔多·迭戈那样陷入虚空。他也是一

---

[1] 路易斯·德·贡戈拉-阿尔戈特(Luis de Góngora y Argote,1561—1627),西班牙黄金时代诗人、剧作家,著名文学流派"贡戈拉主义"(夸饰主义)的创始者。

位专注于诗歌创作的诗人,尽管在许多诗歌中他触及了宇宙本质的核心,但几乎从未在诗歌层面上与世界发生过真正的冲突。在那一代诗人中,唯一可能在存在的维度与洛尔迦抗衡的是路易斯·塞尔努达[1],他可能也是被诅咒的诗人。不善于交际、漂泊无根、怀疑一切、性异端倾向、孤独,这一切都拜塞尔努达的道德观念所赐,可以说道德拯救了诗人,也或许摧毁了他。因为塞尔努达的确是一位道德诗人,他的所有作品都只不过是将他的激情正当化——或者为了便于理解,我们也可称之为"他的罪过"——为他的性异端做辩白。他所做的一切长期的、持续的、令人钦佩的努力,都是为了让世俗的世界适应他的生理和情感上的特殊性,因为他无法适应世俗的世界。

塞尔努达需要一种辩护。他试图从自身难以摆脱的特殊性中创造一种秩序,乌托邦式地幻想着一种和谐,他的身体在其中不再像现在这般不和谐。用他自己的话来说,他幻想着一种"协调"。但对费德里科而言,他从不需要任何辩护,也从来就不存在道德冲突。费德里科生活在与自然力量的冲突和较量之中,但这种对抗从来都不是道德层面的,无论是多么高的道德要求。恰恰相反,费德里科令世人惊叹的不道德,甚至与纯洁本身融为一体。孩子们是不道德的。只有真正开始有了道德的意识,"不道德"的说

---

[1] 路易斯·塞尔努达(Luis Cernuda, 1902—1963),"二七一代"的代表诗人,1938年因西班牙内战开始流亡,此后二十五年辗转英、美、墨西哥直至去世,终其一生未再回国。

法才成立。可以说，这种对道德事实的无知或无视并不是被诅咒者的决定性特征，因为波德莱尔——被诅咒的创作者的原型——就生活在善与恶之间的持续冲突中。但我不这么认为。波德莱尔在写给母亲的信中展现的俄狄浦斯情结远比真正的悔罪要多。至于他的宗教诅咒，他的反神论，除了标志着我们西方文明和文化中第一个伟大的反叛者不可避免的天真的反叛之外，没有任何特别之处。如今，我们在波德莱尔的恶魔主义中发现的天真单纯，都是源自错误的时间视角。在那个时候，试图摆脱几个世纪以来的道德束缚的人别无他法，唯有与其斗争。从一开始就无视它，不经过任何前期的斗争，这在思想的历史演变中并不是正常的过程。即使是对天才也无法强加这步时间的飞跃。只有萨德侯爵预先知道并体验到了意志的绝对自由，也只有这种非同一般的先知，才更加凸显了这位留名青史的侯爵颇具欺骗性的形象和他无比平庸的作品。

　　洛尔迦和塞尔努达之间的对比的确很有意思。他们因相同的性取向而脱离了社会的正统观念，然而塞尔努达一生都为社会所奴役，正是因为他对社会的需求，需要为自己寻找合理的辩护，来面对那个似乎蔑视他的社会。而善于交际的洛尔迦，与每个人、与"整个马德里"、与人民相处融洽的洛尔迦，却与社会保持着绝对疏远的距离。面对这种奴役和束缚，洛尔迦表现出来的是无杂质的、纯粹的、绝对的无视。因为他的个人冲突是在远比社会更深的层次上形成的，这种冲突，我们称之为——回到一个老生常谈的词——存在主义。如果按照现行的哲学观点，存在先于本质，那么洛尔迦就生活在存在的混沌中，而塞尔努达则倚靠着孤独，通过写诗来净化本质。正因此，塞尔努达是一个有涵养的诗人，是后于存在的产物。正因此，塞尔努达是一个冷峻的诗人，即使他的戏剧性无比炽热。正如胡安·拉蒙·希梅内斯出色的评论所言，这种能力远远超过了纯粹的文体，塞尔努达像是"一个从英语翻译而来的诗人"。洛尔迦饱受生活折磨，而生活正是人类本身的源头。塞尔努达备受道德煎熬，而道德是有涵养、有文化的上层结构，是对生活的涤荡与清扫。

将费德里科·加西亚·洛尔迦与他那一代杰出的诗人群体逐一进行比较，我们会直抵诗人具有强大的普世价值的原因，其他所有诗人都为之倾倒。抛开政治、历史和神话等诸多不言自明的因素不谈——这些已是陈词滥调，与之相关的言论也常常引发争议——毫无疑问，费德里科似乎拥有比其他所有诗人更强烈的人性和艺术个性，因此必然在各个方面和方向上都占据上风。但我深信，洛尔迦的普世价值还有另一个源头，或高于或低于他的天赋，那就是他的西班牙主义。

西班牙，一个在欧洲和美洲历史上依稀可敬又可恨的神话，到了现代，却成为一个充满异国情调的国家。无论喜欢与否，我们这个民族都代表着欧洲的异国情调，像日本一样引人好奇。在此没有必要解释这种异国风情，原因所在无非是人人都能理解的地理因素和历史发展。正因为如此，塞万提斯、戈雅和洛尔迦都受到世人的关注，因为他们代表了西班牙，因为他们贩卖西班牙。塞万提斯笔下的乡绅和学士，戈雅绘画中混杂的人群，洛尔迦文字中的吉卜赛人和斗牛士，这些都构成了被西方其他国家甚至东方世界所关注的西班牙。

我们不是要反对这种观点。首先，因为它是一个文明的、有理有据的观点，在全球范围不断地被重新思考，而真理正需要经过这般反复推敲。塞万提斯研究者、西班牙语学者、艺术学者、文学大家仍然推崇这些经久不衰的名字。当然，在中世纪和西班牙的文艺复兴时期，也有与塞万提斯作品一样充满伊比利亚半岛风情的文学作品，甚至比当时更多。而秘密就藏在其中，藏在那些"更多"的作品里。马特奥·阿莱曼[1]和费尔南多·德·罗哈斯[2]，甚至洛佩[3]本人，都显得太过西班牙化了，过于局限在地方主义的观点之中。而塞万提斯超越了地方性，走向了普遍性，符合长期以来被接受的文学创作原则。当然也有比戈雅的

---

1 马特奥·阿莱曼（Mateo Alemán，1547年出生），文艺复兴时期欧洲作家。他出生于塞维利亚，作品《古斯曼·德·阿尔法拉切》（1599年首次出版）是文艺复兴时期最伟大的流浪汉小说之一。

2 费尔南多·德·罗哈斯（Fernando de Rojas，约1470—1541），西班牙文艺复兴时期的作家，一说创作有对话体长篇小说《塞莱斯蒂娜》，该人物成为西班牙文学中的经典形象。

3 洛佩·德·维加（Lope de Vega，1562—1635），西班牙剧作家、诗人，西班牙黄金时代最重要的作家之一，世界文学中最多产的作家之一。他被一些人称作"天才中的凤凰"，而塞万提斯则称他为"大自然的精怪"。他创立了西班牙巴洛克古典戏剧的准则，至今其作品仍在古典戏剧节里被排演。

马德里风俗主义更具风俗派特色的风俗主义画家,但戈雅超越了马德里的风俗主义走向了普遍性,他将普拉多大道上可怜的妓女描绘成邪恶的化身。正因此,当戈雅的画作在巴黎展出时,波德莱尔产生极为浓厚的兴趣。也只有波德莱尔对此饶有兴趣。而后到了现代,西班牙文学中的本土色彩逐渐消失,许多作家试图让西班牙不再过分突显本国特色,而是融入欧洲文化。然而,洛尔迦却回归了西班牙特有的文化,将其提升到更高的层次,使其具有普遍的文化价值。与他同时代并且结下友谊的诗人们,比如阿莱克桑德雷和塞尔努达,在创作风格上已经更加欧化;杰拉尔多·迭戈处在超现实主义的边缘,纪廉变得理性,阿尔贝蒂坚守地方主义。而洛尔迦在他们之中,创造或者说重新创造了一个充满悲剧性并且具有代表性的真实的西班牙形象。

在此文化层面,游客和纪念品的因素也促进了洛尔迦的传播,但这些太流于表面,无须进行分析。我们试图证明的事实是,西班牙仍然是一个充满异国情调的国家,无论这对西班牙人来说幸运与否。而洛尔迦的闻名于世并不仅仅是因为在内战中被枪决——他自身的被处决是典型的"西班牙个例",就像内战本身一样——最重要的是,洛尔迦身上散发着西班牙的味道,因为他出售西班牙。因为他充满异国风情。"异国风情"既包含这个词最浅显的、电影镜头中展现出来的意义,也包含它的语义中可以传达的最深层的含义。洛尔迦是新的民族诗人,可谓延续并继承了洛佩——但仅在民族性这方面，其他方面不是（比如戏剧化的抒情或抒情的戏剧性、浅显易懂等）；洛尔迦在本质上从来都不是洛佩的继承者：洛尔迦是一个被诅咒的人，而洛佩只是一个恶棍——而且"如果真的会再出现的话，一个如此富有冒险精神的安达卢西亚人需要等很多年才会降生"。

和洛尔迦一同被枪杀的还有他的两个朋友，其中一个是擦鞋工。那天洛尔迦戴着一只金手表和一条带金扣的腰带。他们可能是跪着从背后被射杀的，子弹穿过后颈。有人拿走了金表，却没有人注意到皮带扣也是金的。当有一天人们刨挖格拉纳达的土地，那个闪着光的破旧环扣或许是唯一能用来辨识身份的标记，让我们知道"费德里科在这里"。那个闪闪发光的、被掩埋着的金色标记，正是我们现在翻开洛尔迦的作品想寻到的。它是理解诗人的关键所在，也是无比宝贵的资料，找到它，我们就能说："斯人在此。"

2
魔灵

我们或可称为洛尔迦的恶魔主义或邪灵主义的关键就在于"魔灵"。费德里科·加西亚·洛尔迦在其著名演讲《魔灵的理论与游戏》中公开发表了他的魔灵附身[1]学说。所谓理论指的是虚构的巴洛克式地域影响论,而游戏则是与死亡本身有关的危险游戏。因为我们不能被安达卢西亚人对邪恶、魔鬼、不和谐的力量以及命运的轻视或淡化所欺骗,将这一切都归结为"魔灵"。魔灵之于恶魔就像基路伯之于大天使一样。魔灵之于恶就如同天使之于善。魔灵这个词,魔灵这个概念,就像是邪恶的缩影,或是邪恶的指小形式。从安达卢西亚往北,魔灵的形象甚至像卡通人物一样充满趣味和欢乐,一派天真无邪。因此,当人们说到"印刷品里的魔灵"时,说的正是那个制造了难以避免

---

[1] "恶魔主义""邪灵主义"和"魔灵附身"对应的西班牙语原文分别为:"demonismo""daimonismo"和"enduendamiento"。

的书写错误的魔灵。但另一方面，当一个安达卢西亚人说到"魔灵"的时候，他传达着一种非常严肃、非常深刻的含义。这正是费德里科在他的演讲中想要表达的，也是他试图避免的。但费德里科并没有成功，不是因为他缺乏才能，而是由于魔灵本身无可避免的天性。安达卢西亚所有来自大地和夜晚的强大而神秘的力量，以及这股力量在安达卢西亚人心中的投射都被归纳为一个特定的词和一个小小的人物形象，但我们这些不是来自安达卢西亚的人听到会想笑，或是觉得这是南方地区特有的华丽辞藻。洛尔迦谈及魔灵，就像波德莱尔谈及魔鬼一样：他们深知不存在这样的化身，却可以通过它象征性地代表阴影中的那一半人性、自然和世界。

洛尔迦在他的演讲中提到"血液里最有涵养的人"曼努埃尔·托雷斯说的一句话，我们在此引用，因为魔灵是洛尔迦世界的开端和象征。这是曼努埃尔·托雷斯在刚刚听完曼努埃尔·德·法雅[1]亲自演奏的《赫内拉利费宫夜曲》后对其的评价："有黑暗之声的一切里都有魔灵。"黑暗之声，洛尔迦对这一富有表现力的发现感到振奋。他的诗歌充满黑暗之声。在人们普遍认为的洛尔迦多姿多彩的世界中，真正传递出的只有一种并非色彩的颜色：黑色。他这样解释黑暗之声："它正是玄妙所在，植根于我们都熟

---

[1] 曼努埃尔·德·法雅（Manuel de Falla，1876—1946），西班牙古典音乐作曲家。

稔却也都忽略了的土地中,但正是在这里我们触及了艺术的本质。曼努埃尔·托雷斯对黑暗之声的看法与歌德在谈到帕格尼尼时对魔灵的定义相契合,他说那是每个人都能感受到,但没有哲学家能够解释清楚的神秘力量。因此,魔灵是一种力量,而非一种行为,是一种搏斗,而非一种思考。"魔灵是一种力量,是一种搏斗。它不是一种行为、一种意志,亦不是一种思考。洛尔迦否认魔灵的所有理性基础,否认他所理解、感受、忍受并践行的艺术,而是强调力量和斗争:非理性和具有冲突性的特质,自然并且充满活力。也许洛尔迦自己也没有觉察,他在演讲中做出了具有普适性、源自内心的诗意的自白。他将永远是一个属于黑暗的艺术家,他通向理解和沟通的唯一路径就是直观的知识。他与这股无名的力量无可救药地纠缠在一起,他不属于阿波罗神一般高雅而纤细的力量,而是属于混沌而热烈的狄奥尼索斯式的精英阶层。

在演讲中,费德里科进一步区分了魔灵与"充满怀疑的神学上的魔鬼"和"具有毁灭性、无知的天主教魔鬼"。怀疑便是理性,而天主教的魔鬼终究还是一个道德参照,一个负面的参照。洛尔迦对理性和道德都没有任何兴趣,无论是从他的言辞还是前文我们的推断中都可以印证。他在演讲中还说道:"每个人,在攀爬通向他的完美高塔的每一级阶梯时,都是以和魔灵的搏斗为代价的。他不是和天使搏斗,也不是与他的缪斯搏斗。"天使、缪斯女神和魔灵。对洛尔迦来说,福音派或文艺复兴时期的天使缺乏神秘感。寓意丰富而多变的缪斯女神缺少实际的存在。洛尔迦排斥天使，也就意味着他排斥良善。这样就只剩下在缪斯和魔灵之间的选择。我想，缪斯是从天而降的灵感，而魔灵则是从脚底板蹿上来的火光，诗人自己在引述安达卢西亚歌者的话时如是说。他无视缪斯，却臣服于魔灵。"天使和缪斯来自外部，"他说，"而魔灵需要在血液最隐秘的深处才能被唤醒。"简言之，魔灵是对自我的陶醉，是恶魔最显化的呈现。尽管洛尔迦在他的演讲中没有这样说，也从未如此明确表达。（事实上，这并不是他该说的，这是事实。）

"真正的搏斗是与魔灵对抗"，诗人这样说道，并且将此句单独成段，用句号收尾，仿佛用这句话确立了他人生和艺术的座右铭。这就好比在说，真正的搏斗是与自己进行的。"人们都知道寻找上帝的方式，"他又说道，"要寻找魔灵既没有地图可循，也无法加以练习。人们只知道魔灵会像一簇玻璃碎片一样炽热地灼烧着血液，让人筋疲力尽。它排斥所有令人感到愉悦的、习得的几何形状，打破风格的界限，让戈雅这位最擅长英式绘画中灰色、银色和玫瑰色的大师用膝盖和涂着恐怖黑色沥青的拳头来作画。"魔灵"将绿色的小丑服装披在兰波羸弱的身躯上，又或在清晨的林荫大道上赋予洛特雷阿蒙伯爵死鱼般的眼神"。魔灵的演绎不仅是在安达卢西亚，如我们此前的预想，洛尔迦在演讲中也让戈雅被魔灵附身，并隐晦暗示自己也属于兰波和洛特雷阿蒙等人的被诅咒者之列。一切都如此明确，但也非常隐晦，即使不再继续阅读本书来验证我们的观点，在洛尔迦的作品中追寻被诅咒的、被魔灵附身的洛尔迦也依然是一项令人兴奋的探索研究。

　　洛尔迦讲到了艺名为"梳子女孩"的表演者不得不靠着一口气饮下一大杯灼烈的茴香烧酒,才能唱出具有"魔灵"的感觉,演绎一出令人难忘的弗拉门戈。他用这则逸事说明了一个关于对潜意识的刺激和挑战的真理。而今对弗洛伊德的理论稍有了解的人都可以合理地推断出,这些事情可以被理解并解释,就像一些精神刺激被抑制,另一些是被激发的。她从那些最深层、最隐秘、最难以控制的地方激发出情感。洛尔迦如是评价"梳子女孩"在那个时刻的状态:"她必须收敛自己的才华,避开绝对安全的演绎",也就是说,她必须挣脱开她作为歌者有意识的所有条条框框,必须让自己失去控制,这样才能让另一个自我得以显现——因其神秘而未知的特质变得如恶魔一般——我们所有人的身体里都有这样一个存在。那个天才般才华横溢的加西亚·洛尔迦恰恰生活在另一个"自我"中,他想要生活在那里,也确实是这样做的。当洛尔迦为寻找自己的存在而喝得大醉时——如安德烈·纪德所说,"我宁愿陶醉于我自己的清醒"——他写出了比以往任何时候都更为出色的作品,我们也在他身上找到了那个真正被诅咒的洛尔迦。"被诅咒"的含义并非拜资产阶级文学所赐,而是被赋予了更加深刻、更有意义的内涵。

　　在谈论到对魔灵的研究之前(因为人们写东西会按照从头到尾的顺序,而不是反过来,这是许多不敢随性而写的理论家擅长的把戏,他们写的东西谨慎又乏味),洛尔迦就说过,德国有缪斯女神,意大利有天使,而"西班牙永远都是被魔灵所驱动"。这与我们所说的安达卢西亚是被邪灵统治的土地不谋而合。在演讲的后文中,洛尔迦将魔灵等同于死亡,但这是自相矛盾的,因为此前他想把魔灵刻画成一个"快乐的恶魔"。但费德里科最初的快乐、源自第一印象的乐观欺骗了他。这种快乐摘下面具并且显现原形。这个"快乐至极的恶魔",后来成为"梳子女孩"的黑暗力量;对戈雅和兰波而言,它则是"黑暗之声";最终——别再欺骗自己了——它就是死亡。而我们常常将死亡视为大地上持续存在的邪恶。对费德里科而言,在被诅咒者和神秘主义者的身上,魔灵和死亡是混淆在一起的。在那些设法扯掉理性的传统帘布,好用最原始的方式展现最易被忽视的存在的人身上,两者也混为一谈。

费德里科以斗牛节为例,用一种非常西班牙的方式论证了魔灵与死亡的同一性。在演讲最后,他发问:"魔灵在哪里?一阵心绪之风吹进空荡荡的拱门,拂过亡者的头颅……"他的演讲充满巴洛克风格的构思,可以说费德里科在其中做出了很清晰,又或者说很模糊的声明——这种矛盾和混乱也与他自身以及他谈论的主题相契合——他属于被魔灵附身的人。他公开表明了自己与神秘、无法控制的事物,以及我们所说的或高于或低于道德概念的邪恶的共鸣。在解构了演讲中呈现的所有美好、博学的形象之后,在我们眼前的是一个充满戏剧性的个人宣言——这在之前诸多对洛尔迦的审美解读中从未出现过——它鲜明地站在神秘和否定的一边，声明"真正的搏斗是与魔灵对抗"。

在我看来，费德里科对魔灵的召唤显而易见，魔灵必须在"最隐秘的内心深处"被唤醒，这正是路西法状态体现出的人格分裂特征。这种分裂让波德莱尔痴迷，希望通过这种状态来观察自己在各种情境下的生活、拥有爱人以及创作的过程。克尔凯郭尔[1]曾说，焦虑在性中产生，因为灵魂被迫目睹一些它并未参与的事情，目睹纯粹本能的性高潮瞬间。胡安·拉蒙·希梅内斯用令人心悸的诗句表达了这种焦虑，清晰地呈现了人格分裂的现象（坚持不懈进行创作的胡安·拉蒙被人们误解，就是因为如今人们把不负责当成负责的表现）：

> 我俩的
> 直觉多奇妙！倏尔
> 我俩变成了四个人。[2]

的确如此，对本能的过度激发总是伴随着人格的分裂，因为当非理性出现时，理性并没有消失，它只是呈现在另一个视角中，疏远地观望着，注视着另一个自我。站在客

---

[1] 索伦·奥贝·克尔凯郭尔（Søren Aabye Kierkegaard，1813—1855），又译作齐克果等，丹麦神学家、哲学家及作家，被视为"存在主义之父"。

[2] 西语原文为"¡Qué extraños/los dos con nuestro in stinto! De pronto, / somos cuatro."。

观的天空之上,目睹着内心最主观的混乱,也许会产生相反的情况:被控制和运用的个人主观性被普遍存在于所有人类和所有生物中的客观本质、直接本能所取代。分裂意味着焦虑,心理上的撕裂。而且,由于光明的一半被迫去见证被忽视、被诅咒、充满恐惧的阴影的一半,这个事实变得罪恶,变得邪恶。当这种情况发生时,它并非在个体身上偶然发生,而是断断续续地发生,或是持续不断地发生。可以说,这是生活在恶之中,或者用经院哲学的术语来说,这是处于恶的状态,处于永久的堕落之中。这种状态是被诅咒的创作者的特征——也是他们成为被诅咒者的原因所在,无论它是自然发生的,还是被寻找来的、被激起的,我们可以看到洛尔迦是多么深信必须寻找、唤醒魔灵。抑或这两种情况交替发生,也许在被诅咒者的心理活动中这种情况时有发生。这种危险的向内寻求会导致他激发出另一个自我,而后者一旦找到了出路,自己就会一次又一次地出现。相反,如果分裂是自然发生的,我们所说的被诅咒的人就会沉迷于焦虑,及充满暗示性的、迷人的、令人陶醉的双重性带来的狂喜——有时在艺术中展现出令人惊叹的效果——因此而失去理性,最终自愿引发这种状态。因为,归根结底,那个被诅咒的人发现了奥马尔·海亚姆[1]诗句中的智慧:

---

[1] 奥马尔·海亚姆(Omar Khayyám,1048—1131),波斯诗人、天文学家、数学家。

> 我派遣我的灵魂穿越无尽，
> 去解读彼岸的秘密。
> 我的灵魂回到我身边说：
> 在你内心只有天堂与地狱。

加西亚·洛尔迦这个挑衅魔灵又被魔灵所挑衅的人，将生活在几乎持续不断的艺术和人性的分裂中。因此他是从内在被撕裂的人，因此他是个天才，因此我们才敢说他是一个真正被诅咒的诗人。我们在他诸多的诗歌创作中挑选了一些最能揭示这一点的诗句，分裂在这些诗句中清晰可见，连诗人自己也意识到了。但他并不总是能意识到这种充满悲剧色彩的二元性，譬如他在诗歌中对自己的名字感到陌生，并且在魔灵的内心王国里，惊讶地凝视着那个迷失在大自然景色中的外在自我：

> 在暮色的芦苇丛中，
> 真奇怪我叫费德里科！[1]

---

[1] 出自诗歌《另一种方式》("De otro modo")。

3
《诗集》

费德里科在为《诗学：亲口对杰拉尔多·迭戈说》作序时坦言："……如果说我真的仰赖上帝——抑或是魔鬼——的恩宠而成了诗人……"洛尔迦这篇简短的诗论可以概括为他坦言对诗歌本身的无知，尽管他承认对一般的诗歌以及如何创作诗歌有相当的了解。但他文字中的闪光之处，他刻意回避去定义但又具有明确指向性的话语，恰恰就在于这种二元性——"仰赖上帝或魔鬼的恩宠"——尽管在写下此句的时候洛尔迦可能没有注意到这一点。但他知道一个人可以靠着魔鬼的恩典成为诗人，也可能是承蒙魔鬼的恩惠，就像得到上帝的恩赐一样。也或许是同时得到了魔鬼和上帝的恩宠。他没有明说的是，恰恰是因为这种二元性和冲突，他才成了他所属于的那种诗人，因为善也终将存在于注定要走向恶的人身上，反之亦然。因为没有这种两极的对立，没有互为对立的参照，也就没有善恶之分。或可说，两者同生共灭。（我要再次声明，"善"

"恶""罪"等术语虽是从道德的概念中借用过来,但不是作为一种价值来理解,而是为了帮助我们理解,因为这些概念指的是自然界的实在,而非伦理道德的价值观。)

《诗集》出版于1921年,整部诗集都散发出一种少年气。可以说,在其丰富的意象中所展现出的天真甚至笨拙,远比诗意更巧妙。我们无法把诗中流露出的单调的悲伤作为印证我们观点的论据,因为诗人自己在一些诗作中也坦言,这是属于青春时代的忧郁。但当我们熟谙洛尔迦的全部作品,并且看到那种飘忽不定的忧郁如何演变成充满张力的戏剧性时,我们就会深信,除了青春期歇斯底里的躁动之外,其中还涌动着更多情绪。它像极了生命走到终结时的怒吼,像极了两性在成熟时期以及女性更年期时的歇斯底里,因为人类正是在两次歇斯底里之间度过了极盛的岁月。

除了贯穿始终的消极文风和为赋新词强说愁的悲观色彩,这部掺杂着后现代主义、后鲁文主义、后贝克尔主义、后巴列·因克兰主义并透露着希梅内斯主义的作品中,还显现出了诗人在日后的诗歌创作中逐渐彰显的风格,尽管略有稚嫩。在诗集的第二首诗《蜗牛奇遇》中,一只年迈的青蛙就这样说过:

> 年轻时我曾以为,
> 若终有一天上帝听到,
> 我们的颂歌,必定会

> 心生怜悯。如今我的见识——
> 我已饱经沧桑——
> 使我不再憧憬。
> 我已不再歌唱……[1]

洛尔迦在整部诗集中都异常悲伤——这可以反驳他无法解释的色彩主义不过是艺术性的表现的说法——用这则充满童趣的寓言让自己摇身一变，成为反萨马涅戈[2]者，借由动物说出自己不可知的感受。甚至在这些好像是为学童写的会说话的动物游戏中，他也无法摆脱在内心深处开始发芽的东西。洛尔迦有时被称为儿童诗人，这是因为他作品中呈现出这样的特点，也因为他总是有一股温柔，及能将万物用朴素简单的方式呈现的能力。参考胡安·拉蒙·希梅内斯一本书的标题，我会称洛尔迦为没有心的儿童诗人。在诗的后面，老青蛙和它的同伴在向冒险家蜗牛传教后，坦言自己缺乏信仰，回忆起小青蛙们是如何向上帝呱呱叫的，于是宗教信仰被简化为纯粹的感性价值。后来，蜗牛遇到了一些蚂蚁，它们在虐待另一只蚂蚁，因为它说看到了星星。"劳动才是你的信条。"其他从未听说过星星的蚂蚁对其咒骂说。在这一事件之后，蜗牛进行了反思，就像诗人本人的反思一样：

---

1 本译文参考了赵振江译本，《深歌与谣曲》，上海译文出版社，2012年。
2 费利克斯·马里亚·萨马涅戈（Félix María Samaniego，1745—1801），西班牙新古典主义寓言家、音乐家。

> 这条路无穷尽，
> 或许它直通星星。
> 但我的笨拙
> 阻止我到达，
> 还是别去想它。

在诗的最后一节，为了证实非理性与人类之间的平行和相似，洛尔迦在对景象进行描述时说："远处传来的钟声/呼唤人们去教堂。"在这首披着动物皮囊的诗中，得到的结论是悲伤的："还是别去想它。"

在整部诗集中，我们能读到仅具有美学价值的新教伦理和神话典故。一些诗歌中的风月元素更多体现的也是美学价值，隐晦的情欲描写实则是青春的烙印，所以暂且不必从情欲的角度深入研究诗人，之后我们会详细展开。而创作于1920年8月的《月亮谣》流露出的对神明的大胆亵渎让人惊讶：

> 白色的乌龟，
> 昏沉的月亮，
> 你是如此缓慢地爬行！
> 闭上一幕
> 充满阴影的眼帘，
> 如考古者的双眸
> 凝视着。

或许它是……
（撒旦是独眼）
一件圣物
对无政府主义者
是生动的教训。
耶和华习惯
用死去的眼睛
和敌视他的士兵们
小小的头颅
耕种自己的领地。

以严苛的姿态
统御神圣的容貌，
披着冰冷的
雾做的头巾，
让没有生命的
甜美星辰
投射在白昼
金黄的乌鸦之上。
因此，月亮，
昏沉的月亮！
你默默抗议，
没有微风，
对那巨大的虐待

耶和华的暴政,
他引导你们
永远沿着
同一条路径!
而他自己却享受
与心爱的
死亡妇人相伴的
美好时光……

白色的乌龟,
昏沉的月亮,
贞洁的韦罗妮卡,
你在黄昏中
擦净他
泛红的脸庞。
要抱有希望,
即便是逝者,
因为伟大的列宁
将成为你的北斗星,
天空中
不合群的猛兽,
将平静地前往
用拥抱
辞别那位

六日的
年迈巨人。

那时，
白色的月亮，
灰烬的
纯净王国
将会降临。

（你们定能看出
我的信仰是虚无）[1]

　　这首诗在音乐性方面融入了魏尔伦的元素，年轻的诗人混沌的思想昭然若揭。在与"六天的年迈巨人"的斗争中，洛尔迦用独有的方式将月亮视为受害者和反抗的标志。他将撒旦与列宁混为一谈，最后用括号宣称自己是虚无主义者。一切都太稚嫩了——甚至在诗歌形式上也是如此——以至于我们无法用它来支持我们的观点。但这首诗仍然具有重要价值和启蒙意义，能帮助我们了解洛尔迦后来将成为什么样的人。另一方面，作为法国被诅咒的诗歌所产生的晚期影响，亵渎神明在20世纪20年代叛逆的年

---

[1] 此处为全诗引用，参考了赵振江译本，《深歌与谣曲》，上海译文出版社，2012年。

轻人中是很常见的，没有什么更深层的含义。因此，在一首关于沉默的诗中，我们读到：

> 如果耶和华已经入睡，
> 请登上他辉煌的宝座，
> 击碎他头上
> 一颗熄灭的星，
> 认真地结束，
> 伴着永恒的音乐……

如果不是在作品和诗人自身中找寻蛛丝马迹，那么我们得到的这一切都毫无价值。因为此时的叛逆和年轻气盛或多或少算是这位安达卢西亚少爷的咒骂，但在日后它会演变成冷漠、无情和疏远。它既不属于不可知论，也不属于虚无主义。日后的洛尔迦，真正的洛尔迦，沉迷的远非将虚无（比如沉默、月亮）歌颂为浪漫的理想，而是醉心于一切混沌的创造。信教之人都深知，冷漠的人比反叛者更可怕。尽管洛尔迦始终保持冷漠，却终究痴迷另一个自我，成为逆向的神秘主义者。现在，我们看到洛尔迦一腔热血地经历着向"天空的玻璃扔石头"这一不可避免的阶段，就像同期诗人维森特·阿莱克桑德雷的诗句所写，在这些玻璃"那里，没人能听到生命的呼声"。

作为对洛尔迦初期受到诅咒影响的一个例证——或许是受到鲁文·达里奥的影响——我们可以在这部诗集中找

到很多类似的呼应:

> 那些曾为耶稣和撒旦
> 散发芬芳的玫瑰在何方?

《序幕》是洛尔迦于 1920 年 7 月 24 日在苏哈伊拉山谷创作的一首诗,他用更高超的技巧和更激烈的方式演绎了萌芽中的被诅咒者的反叛:

> 我的心在这里;
> 我的上帝,
> 请将你的权杖降临,主。
> 这椴椁已过深秋,
> 一副腐烂模样。
> 拆散那些诗意的
> 雀鹰骨架,
> 它将椴椁肆意啄食,
> 如果你长着尖喙,
> 撕去它倦怠的皮相。
>
> 但若你不想这样做,
> 我也无妨;
> 藏好你的蓝天,
> 它过于无聊,

和星星的舞蹈。
以及你的无限,
我会向朋友
借一颗心脏。
一颗有溪流
和松树的心脏,
还有铁制的夜莺
在抵御
几个世纪的
锤击。

况且撒旦非常爱我,
他曾是我
在情欲考验中的
搭档,那个无赖
一定会找玛格丽特
——他已经应许了我——

皮肤黝黑的玛格丽特,
在古老的橄榄林深处,
梳着两条
夏夜的辫子,
好让我撕裂
她洁净的大腿。

那么，哦，主，
我会很富有，
甚至比你
更加富有，
因为空虚
无法和撒旦
款待好友们的
葡萄酒
相提并论。
用眼泪酿的酒。
它有什么不同！
它和三位一体
做成的酒
没有两样。

告诉我，主啊，
我的上帝！
你会让我们陷入深渊的阴影吗？
我们是无巢可归的
瞎鸟吗？

灯光在熄灭。
那圣膏油呢？

海浪在退去。
你想玩弄我们
好像我们
是小士兵一样吗？
告诉我，主啊，
我的上帝！

难道我们的痛苦
传不到你的耳朵？
他们亵渎过神明吗？
用来伤害你的
没有砖块的通天塔
不是在亵渎神明吗？
还是你喜欢呼喊？

你聋了？还是瞎了？
或是你的精神
错乱
用颠倒的眼光
看人类的灵魂？

哦，昏昏欲睡的主啊！
你看我那
寒冷的心

像已过深秋的
榅桲
它已腐烂!

如果你的光明将至,
请你睁开有神的双眼;
但如果你继续
昏睡,
来吧,流浪的撒旦,
血腥的朝圣者,
请你把我推向玛格丽特
橄榄林中的黑发女郎
她扎着两条
夏夜的辫子,
我定能燃起
她沉思的眼眸,
用我沾染了
百合花的吻

....

我们几乎完整引用了这首诗,因为我所说的洛尔迦亵渎神明的时期在这首诗中体现得淋漓尽致,甚至可谓达到高潮。在这类诗歌中,向神明的祷告和对神明的亵渎交织在一起，彼此加强了冲突的张力。向神明祷告仍然是家庭习惯和所接受教育共同影响下的最终结果，但在诗中已与诅咒交缠在一起。它代表对上帝最后的呼唤，也是最后念诵的经文。然而，正是这种充满了天真的最后呼唤，却通过对比和呼应进一步凸显了对神明的亵渎和诅咒。这首诗很少被洛尔迦诗歌的研究者们拿来评论，但它确是诗人走向自身宗教危机的顶峰，也成为之后决定其一生轨迹的十字路口。在这条轨道的岔路口，洛尔迦放弃了信仰的列车，转而选择了另一列——我们都知道是哪一列——而他唯一的行李就是将向朋友借来的那颗心。（那个朋友对诗人的建议有好有坏，但他总是在最后的防线下提出反对家庭和宗教戒律的建议。）

我们刚刚读完了一位在安达卢西亚天主教家庭的怀抱中出生并长大的孩子所做的最后一次宗教祷告。而这个已不再虔诚的祈祷仍然是向良善发出的最后一封紧急电报。或许，这只是下定决心走另一条路的人最后的告别仪式。从这个意义上说，《序幕》是主祷文和信条，是费德里科·加西亚·洛尔迦最后的祷告，亦是一位被诅咒者的祷告和信仰。所有被诅咒的人都经历过这个亵渎神明的阶段，甚至有些人永远也无法摆脱，比如波德莱尔本人，一定程度上说，还有兰波。但如我们刚刚所说，亵渎神明仍然是一种祷告的形式。因此，即使知道这是诗人道德发展过程中关键的一首诗，它仍然显得天真可笑，但暗示了诗人对走另一条路的决心。

洛尔迦的言辞具有引出他最美好或者最糟糕一面的能力。尽管是对神明的亵渎，但这种诅咒仍然拥有祷告的力量。而他的祷告充满勇气和真诚，诚挚地表明这就是亵渎。但很快，洛尔迦的诗句就不再是祷告，也不再是亵渎。他的王国属于另一个世界，邪恶的世界。正因此，他对良善的最后一次呼唤令我们感动，就像叛逆期的孩子们总会让我们动容。假冒的被诅咒的诗人让·科克托[1]曾说："没有过叛逆的孩子们会是什么样？"在诗作《序幕》中，洛尔迦还称不上被诅咒，他只是个叛逆的孩子。

在1919年4月创作的诗作《海》中，洛尔迦再次向我们展示了善与恶、天堂与地狱、基督与撒旦的二元对立，以及对堕落天使的怜悯。这是浪漫主义和被诅咒的诗人典型的特征。索维隆[2]在他的著作《世纪王子》中详细研究了这一点。在诗中，大海变成了堕落的天使，堕落的天空，而真正的天空高在头顶正上方：

> 大海是
> 蔚蓝的路西法。
> 坠落的天空
> 渴望成为光明。

---

[1] 让·科克托（Jean Cocteau, 1889—1963），法国诗人、小说家、剧作家、设计师、编剧、艺术家和导演。
[2] 何塞·马里亚·索维隆（José María Souvirón, 1904—1973），西班牙诗人、作家、教授，"二七一代"成员。

可怜的大海
注定要永恒地运动……!

…………

忍受你的痛苦,
强大的撒旦。
基督为你前行,
潘神也曾如此。

金星是
万物的和谐。
闭上传道书的嘴!
金星是灵魂
深处……

……而可怜的人
是堕落的天使。
地球或许就是
失乐园。

在这首诗中,我们看到诗人对世俗信仰的另一番流露。他仍然在善恶的二元对立中徘徊,但似乎也天真并且过早地选择了后者。1920年创作的《秋韵》是对理想的一次美丽追寻，从大自然中的生物层层追问，一直到只有希望回应人类的心："你们创造了我，心啊。"而诗人却悲伤地呼喊道："我的上帝！"但他旋即又问自己："但是，我的上帝，是谁？／谁是我的上帝？"诗集以1919年创作的《公山羊》收尾。这首诗已然是一首坚定而有意义的赞歌，诗人歌颂着永远引领他的黑暗力量。

······我凝视着
那头巨大的公山羊。

致敬，沉默的恶魔！
你是
最狂猛的野兽。
永恒的
来自地狱的
肉欲神秘主义者······

你的胡须
散发多少魅力，
你宽阔的额头，
粗鲁的唐璜！
你邪恶
而热情的
目光多么狡黠！

你与你的群羊
在原野徜徉,
做了羯羊,
当了苏丹!
你对性的渴望
永不熄灭;
你真得了
潘神的真传!

....

但你的热情永不满足;
古希腊
定会理解你。

哦,深刻的
神圣传说中的人,
嶙峋的苦行僧和撒旦,
手持黑石和粗糙的十字架,
带着驯服的野兽和深邃的洞穴,
人们在阴影中看到你
吹动了性欲的火焰!

…………

公山羊！

…………

你们在释放贞洁的淫欲
仿佛没有其他动物在场……

在这首诗的形式和主题中，我们能看到鲁文和巴列-因克兰的影响。但我们知道，这两位作家对诗人的影响只是一些相似之处。这是一种模糊的模仿，半透明的模仿，好让光线能够透进来。费德里科·加西亚·洛尔迦不仅挑选模仿的老师，也挑选主题；也不仅是主题，还有作品中的态度和道路。在我看来，人们很少提及鲁文·达里奥对洛尔迦产生的早期影响，以及巴列-因克兰对稚嫩的洛尔迦所产生的影响。无论如何，鲁文可能也是一个被诅咒的诗人。无论是出于家庭和种族的复杂性、审丑情结、性欲的狂怒和酗酒症、魏尔伦主义的影响，还是生活上的经济拮据，抑或是精神上在阿波罗式和狄奥尼索斯式之间永久的分裂。他对成为被诅咒的人感到失望，最终成就了自己——也许是毁灭了自己——成了一位大使。至于巴列-因克兰，他与被诅咒者的关系已经在本书中提及过。那些推崇影响论的人会说这首公山羊的诗明显受到现代主义影响，什么都无法证明。但恰恰是这种影响可以证明一切。为什么是这些影响而不是其他影响？正是通过这些影响，诸位才能更好地了解他们。我们有理由相信，这一时期的洛尔迦——我们刚刚也提到，这首诗创作于1919年——读过的作家并不只有鲁文和巴列-因克兰。

歌德曾说，"我只是我伟大的遗产"。每一位艺术家，哪怕是最着眼于未来的艺术家，都是在总结过往的艺术。但每个人天生都在这份文化遗产中承担着使命。洛尔迦所做的也不过是领受了他的那一部分。艺术、思想或人文的影响只能通过共鸣来解释。人在感官和心理上都有强烈且有限的接受能力。正是这种限制在筛选。所以人们只喜欢能够领会的事物，其余的永远都是陌生的，即使他们的意愿或意识很想去靠近它。因为在我们的内心，有一种比意愿更有效、更多产、更具行动力的东西，并且与意愿背道而驰，那便是接受能力。人类是一种乐于接受的动物，人类大部分，也是最好的那部分，都是通过这种接受来实现的，尽管人类的虚荣更愿意说服自己这些都是意愿的功劳。

费德里科·加西亚·洛尔迦非常乐于接受，并且选择与或亲近或疏远的恶诗人在一起。这一点无须多做解释。他的《诗集》以我们刚刚重读的那篇诗作结尾。这个早熟的人，这个天才，没有轻易选择公山羊作为他命运的象征。因为就像人们所写的绚丽多彩的传奇中所展现的，费德里科并非善变无常之人，相反，他是一个反复又固执的人和诗人，总是专注并痴迷于相同的主题：性和死亡。这部书的标题或许也可以叫作《加西亚·洛尔迦的性与死亡》。死亡和性是这部视角看起来如此不同的作品中最基本的元素。或许，甚至并不是这两个主题，而是第三个主题，它神秘，也没有名字，但它正是性和死亡共同作用下产生的结果。

4
《深歌集》

意愿力和接受力。意愿力是主动的，接受力是被动的。在任何情况下，意愿力都是对接受力所积累的内容发挥作用。而当意愿力试图占据高位时，它最好的体现并非意愿力本身，而是接受力，它是存在的雷达。当乐于接受的费德里科说灵感"必须让他努力工作时"，他指的不是别的，正是意愿力。

灵感可以是——也确实是——接受力。人们不会总是处于接受状态，因此必须依靠意愿力和努力，让接受的状态、灵感能在付出努力的过程中产生令人惊讶的结果。也只有这样，接受力所带来的收获才得以被充分利用，而不是停留在模糊的、主观的、没有实质成果的存在中。有了意愿力，接受力才能落地生根。

加西亚·洛尔迦的接受力被误解，导致我们将这种接受力与其他东西混淆，认为他是善变的。洛尔迦非常善于接受音乐、诗歌、绘画、戏剧、朗诵……因此人们得出结论，认为洛尔迦是善变的。并且从这里演绎出关于他的癖好、公子哥派头和艺术狂等种种传说，这些都让我们难以更深刻地理解诗人。

不，洛尔迦并非善变之人。即便他善变，和他的天资相比，那也无伤大雅。但我们现在正尝试打破所有的刻板印象，因此必须坚持强调这一点，并将接受力和善变区分开来，因为人们无法忍受蠢货的善变，却总是为天才的善变开脱。这种言论已经造成了很大的影响，如我们刚刚所说，也导致了人们对洛尔迦的失实定论。这种影响严重到，如果我们试图将诗人理解为可能的被诅咒的诗人——我们不会试图绝对化本书中的任何内容——我们在论证理论和观点时发现的第一个也是最严重的问题就是这些不实传说，愚蠢又肤浅地宣判洛尔迦是个反复无常、阴晴不定的人。洛尔迦拥有最强大的艺术和人类的接受力，为了避免个人才华带来的可能的善变，他依赖自己的意愿力：他是一位伟大的创作者，却几乎是在一个方向上耕耘——除了可以在任何人身上找到的无足轻重的审美转移〔比如他可能有好几幅《安格尔的提琴》(*Violines de Ingres*)，不止一幅〕。

我们此前已经说过，人的接受力是强烈且有限的。没有强烈接受力的人往往都是平庸之辈。具有强烈而广泛接受力的人——当然也有局限性——比如歌德是其一。费德里科·加西亚·洛尔迦的接受力，既有天生的局限性，也有人性的局限性。随着他逐渐经历了海德格尔所说的个体化过程，他的接受力也集中在唯一的方向上，即性和死亡的二元性。甚至是对于外在的、形式上的、模棱两可的元素，对于单一主题的艺术发展，也在洛尔迦的身上受到了限制。他放弃了浅显的神话隐喻，也将不再谈论潘神和狄奥尼索斯。他几乎不再使用圣经、福音派、宗教、基督教或天主教的指涉。他不需要再谈论潘神，因为此刻他已经成为一个深刻的、不可逆转的泛神论者。他不需要再谈论撒旦，因为他的生活和写作完全处在隐秘的撒旦主义轨道上——也许洛尔迦自己都忽略了这一点。他不再仰赖学识，就像他给我们讲述的关于梳子女孩的故事一样。对洛尔迦而言，他只需要和他的安达卢西亚以及他的同胞一起召唤魔灵就足够了。他只需要和他的世界、他的这片土地在一起，只需要最直接、最深刻的情感。

《深歌集》就此诞生。洛尔迦在上一本诗集中所祈求的黑暗力量都在格拉纳达的废墟上显现出来，为何还要在遥远的地方，在其他作者、其他文化、其他时代、其他主题中寻找它们？《深歌集》创作于1921年，诗集中的前几篇诗作已经向我们展现了安达卢西亚的风景中充满黑暗和戏剧性的景象，和《银儿与我》中紫红色、粉红色、带有莫格尔[1]特色的安达卢西亚形成鲜明对比。

在著名的诗篇《吉他》中，风景和灵魂、气候和感受融为一体：

---

1 莫格尔（Moguer），位于西班牙安达卢西亚自治区韦尔瓦省，是诗人胡安·拉蒙·希梅内斯的家乡。

吉他的

呜咽开始了。

黎明的酒杯

破碎了。

吉他的呜咽

开始了。

要止住它

没有用。

要止住它

不可能。

它单调地哭泣,

像水在哭,

像吹起的风

在雪地上哭。

不可能

止住它。

它哭

遥远的东西。

南方的热沙

渴求白色的山茶。

它哭无靶的箭,

没有破晓的黄昏,

撞死在枝头上的

第一只鸟。

哦吉他！
心脏里刺进
五柄剑。[1]

吉他的呜咽唤起了弗拉门戈狂欢的最后毁灭和"黎明的酒杯/破碎了"。弗拉门戈阴郁狂欢的黑暗氛围业已形成。之后是重复"要止住它没有用""要止住它不可能"，这种无法摆脱的重复也预示了充满戏剧性的"在下午五点钟"和"啊不，我不要看它！"[2] 的回旋，而它影射的正是伊格纳西奥·桑切斯·梅希亚斯的鲜血。

如果韵律依赖记忆，那么重复亦是如此，但给人的感受会更强烈，几乎带着愤怒，读者被迫断断续续地阅读、重读同一句话，直到自己也产生和诗人在创作时感到的相同的愤怒。或者，至少是一种类似的愤怒，因为艺术几乎总是需要通过类比或替代来产生效果。

韵律取悦记忆，但重复会伤害记忆，这就是二者的区别所在。韵律是为了让人愉悦，重复会激怒人。因此颂歌多押韵，挽歌多重复。加西亚·洛尔迦一定对此熟稔在心，于是为桑切斯·梅希亚斯写下了频繁使用重复的伟大的挽歌。

《吉他》是一首带有魔灵的诗，或者说它描述了吉他如

---

1 译文参考了戴望舒、北岛、王家新、汪天艾译本。
2 出自诗歌《伊格纳西奥·桑切斯·梅希亚斯的挽歌》("Llanto por la muerte de Ignacio Sánchez Mejías")。梅希亚斯（1891—1934）是西班牙传奇斗牛士。

何祈求或召唤着魔灵。吉他"哭遥远的东西",哭"撞死在枝头上的第一只鸟"。而这只鸟很可能就是所有恶魔仪式和神秘主义所需要的无辜牺牲品。最后,这首诗结尾的两行诗句——"心脏里刺进/五柄剑"——让我们想起了被利剑刺心的七苦圣母的形象,以及卡斯蒂利亚和安达卢西亚宗教游行队伍的场景,这也让诗歌成为萨埃塔[1]的写照。但是,我们观察一下就会发现,作为一种审美冲击,在像安达卢西亚这样有着宗教游行传统的土地上,宗教祷告已经不可避免地发生了变化,变得离人们愈加遥远。

之后的诗歌中充满险恶的景观,勾画出与阳光灿烂的安达卢西亚不同的异常景象:"人们从洞穴里/探出他们的灯盏。"[2] "在黑色的蝴蝶中,/走着一位黝黑的女孩/她的脚步伴着/一条迷雾的白蛇。"[3] "盲眼少女们/向月亮发问,/空气中升起/哭泣的螺旋。"[4] "只剩下/沙漠。"[5] "油灯/和苦难的/古老/土地。/深幽水池的/土地。/无眼的死神/和箭矢的/土地。"[6] "村庄啊,淹没在/安达卢西亚的哭泣中!"[7] "匕首/刺进心间/如同犁尖/耕进荒原。"[8] "街上/绷

---

1 即"Saeta",安达卢西亚宗教歌曲的一种,在塞维利亚圣周期间歌唱。
2 出自诗歌《叫喊》("El grito")。
3 出自诗歌《西吉莉娅的脚步》("El paso de la Siguiriya")。
4 出自诗歌《过后》("Después de pasar")。
5 出自诗歌《再后》("Y después")。
6 出自诗歌《干燥的土地》("Tierra seca")。
7 出自诗歌《在光秃的山上》("Sobre el monte pelado")。
8 出自诗歌《匕首》("El puñal")。

紧的/弦/在颤动。"[1] "叫喊在风中留下/一片柏树的影子。"[2] 或者是《意外》这首诗的最后三行诗句，三处重复使用了相同的引导词[3]，这种表达是通俗的，带有弗拉门戈节奏的，充满安达卢西亚特色的，在这首诗中，也是充满戏剧性的：

> 他死在街头，
> 胸口插着匕首，
> 没有人认识他。

之后，洛尔迦看到了"身披黑色斗篷"的"索雷阿"[4]。而在诗歌《洞穴》中："从洞穴里传出/悠长的啜泣。"还有萨埃塔："弓箭手昏暗的身影/向塞维利亚靠近。/他们从遥远的/悲苦的国度而来。"[5] 以及塞维利亚："伤于塞维利亚，/死于科尔多瓦。"《队列》："沿着街巷他们来了/奇异的独角兽。"（诗歌中宗教游行的意象在《深歌集》中频繁出现，费德里科以某种方式将我们带回了他对宗教的玩味，但现在它早已能够被理解为一种悲剧形象，如同介于唯美主义和风俗主义戏剧的黑色西班牙一样。）在《佩特内拉速写》

---

[1] 出自诗歌《路口》（"Encrucijada"）。
[2] 出自诗歌《啊咦》（"¡Ay!"）。
[3] 诗歌原文每行开头都重复了引导词"que"，加强语气。
[4] 索雷阿（soleá）：安达卢西亚的一种凄婉的民间歌舞。
[5] 出自诗歌《弓箭手》（"Arqueros"）。

中，这种对安达卢西亚愤怒的视角达到了极点：

> 上百个哀恸的骑士，
> 去往何方？
> 沿着橙园
> 斜倚的天穹。

或是在诗歌《六弦》中：

> 吉他
> 惹梦哭泣。
> 迷途灵魂的
> 啜泣
> 从它的圆嘴里
> 逃离。

或是《佩特内拉之死》：

> 一百匹骏马转过身，
> 骑士们已经死去。
>
> 蜡烛的繁星
> 眨着眼睛，
> 她的云纹裙摇曳

在铜色的大腿间。

在《旋律》[1] 中,他对死去的姑娘说:

你的葬礼
尽是邪恶之人。
他们的心脏
长在头上。

这几首诗都带有些许悲伤的基调,与其他几首不那么悲惨的风月诗歌交替出现。在《弗拉门戈肖像画》中,洛尔迦在谈到弗朗科内蒂[2]时说,他的声音能让"镜子里的水银裂出缝隙";谈到胡安·布雷时说,"他像荷马一样歌唱/双目失明"。在《歌厅咖啡馆》中,帕拉拉"正和死神交谈"。在《死神怨》中,洛尔迦写道:"我健康地来到这个世界,/离去时却失去了双眼。"在《符咒》中,我们读到权杖王牌和十字剪刀的游戏(这首诗突出表达了撒旦主义的诱惑)。《深歌集》中几乎所有的诗作都谈及死亡,比如死亡贯穿《纪念》一诗全篇。在《马拉加之歌》中,我们读到:

---

[1] 西语原文为"Falseta",是弗拉门戈音乐的一部分。通常是吉他手在演唱的诗句之间演奏的简短旋律。
[2] 弗朗科内蒂和下文的胡安·布雷、帕拉拉都是安达卢西亚著名的弗拉门戈歌手。

> 死亡
> 进进出出，
> 在小酒馆中
> 去了又来。

在《科尔多瓦的街区》中，洛尔迦写道："屋内一个死去的姑娘/将一朵红玫瑰/在秀发里珍藏。"当卡门在街上翩翩起舞时，"一条金蛇/盘绕在头上"。在《油灯》中，火焰窥视着"死去的吉卜赛孩子/圆睁的眼睛"。

我们有必要像噬尸一般对这部诗集中的死亡主题进行回顾，这样也会让我们得到更多启发。如若安达卢西亚确实生活在黑暗和死亡中，只有费德里科知道如何正视它，或者比其他人更早地看到并说出来，那么我们也要思考一下相反的情况：诗人在多大程度上创造了他的安达卢西亚，将安达卢西亚塑造成这样。此前我们曾说，安达卢西亚到处阳光明媚，却生活在阴影之中。

但所有的概念都是双向的，所有的真理也都需要正反两面地审视。安达卢西亚的确充满悲剧色彩，特别是费德里科的安达卢西亚。或者说，费德里科是这样看待安达卢西亚伟大的悲剧作家的。当然，诗人并没有歪曲它，而是将自己的感情投射到它上面，或者更确切地说，是他对悲剧的接受力为自己烙上了在其他诗人身上前所未有的内化的安达卢西亚印记。我们想一想就会发现，胡安·拉蒙的安达卢西亚其实和洛尔迦的安达卢西亚是一样真实的、本质的、具有装饰性的。但两者又是如此不同。胡安·拉蒙的安达卢西亚是多么忧郁，但又多么缺少戏剧性，毫无波澜。这代表着，呈现在我们眼前的并非两个不同的安达卢西亚，而是说，和所有事物一样，有多少个诗人就有多少个安达卢西亚。这一不言而喻的结论，可以帮助我们了解那个充满悲剧性的安达卢西亚的关键，其实就是费德里科本人。戏剧即诗人，悲剧就在诗人身上。那个悲剧的真实性只留给了洛尔迦，或者说是洛尔迦把它变为真实，因为真理在被人思考或感觉到之前，都不是真实的。《深歌集》中所有与死亡的游戏呈现出的并非仅仅具有美学价值的安达卢西亚风景，而是一个以这片土地作为隐喻、诉说自己秘密的人内心的呼声。

《国民警卫队中校之剧》中的《旗帜厅》是一段对话，预先为此后创作的《吉卜赛谣曲集》确定了基调。这是加西亚·洛尔迦对既定强权的抒情式反叛，也展现了其诗意的颠覆。面对横加施威的强权，洛尔迦对这片土地上"不幸的人民"的拥护在此前已有流露，在这组对话中更是体现得淋漓尽致。这种拥护不仅是社会或政治层面的，更是一个被诅咒者对社会的受害者和被抛弃的群体特有的共情。因为他们之间拥有隐秘的共同之处，也因为这种态度体现了他们与自己无法融入的社会进行着对峙。我们已经把无政府主义者的无政府主义与抒情诗人的无政府主义进行了区分，但无政府主义者常怀抱着诗意的理想主义，诗人也拥有理想的无政府主义，因而这两种无政府主义自然而然被混淆，相伴相随。以下是《国民警卫队中校之剧》的节选：

> 中校：我是国民警卫队的中校。
>
> 吉卜赛人：是。
>
> 中校：你是谁？
>
> 吉卜赛人：吉卜赛人。
>
> 中校：吉卜赛人是什么？
>
> 吉卜赛人：是什么都行。
>
> 中校：你叫什么？
>
> 吉卜赛人：就叫这个。
>
> 中校：你说什么？
>
> 吉卜赛人：就叫吉卜赛人。
>
> 中士：我发现了他，就把他带过来了。
>
> 中校：你以前住哪儿？
>
> 吉卜赛人：在河边的桥上。
>
> 中校：哪条河？
>
> 吉卜赛人：所有河。
>
> 中校：你在那里干吗？
>
> 吉卜赛人：做一个桂皮的塔楼。

对话一来一回铺展开来，充满匪夷所思的逻辑和胡言乱语的抒情。最后，中校在断断续续的隐喻中倒地而死，他的"烟草和牛奶咖啡的灵魂"从窗户飘走了。四个国民警卫兵棍打吉卜赛人，事件以"被殴打的吉卜赛人之歌"收场。在这一幕剧中，费德里科·加西亚·洛尔迦似乎第一次有了政治意识，而且是在"政治"一词最深层的意义上而言。他所展现的并非乡绅地主的态度。事实上，洛尔迦身上的一切都凸显了至高无上的美学，但我们并不能因此就陷入纯粹的唯美主义当中。正如我在本书开篇所说，洛尔迦是三大被禁忌或被诅咒的种族的歌颂者。眼下，他还是"不幸的人民"的歌颂者。但从这一刻起，洛尔迦不仅是歌颂者，还是捍卫者。因为不仅有一个依托着他的悲伤而存在的黑暗世界，而且——我们也刚刚发现——还存在着一个敌人，一个镇压者，也许是造成这种痛苦的罪魁祸首。当然，我们也强调过，一个被诅咒者对政治和社会的不满其实与另一种更深层、更本质的不满相一致，这也是使其成为被诅咒者的原因所在。

至于在这一幕剧中体现的技巧和设置的对话，身为剧作家的洛尔迦已经充分展现出他在不削弱犀利的前提下将现实诗化的能力。带着一种在那些年开始变得先锋的诗意的荒诞感，洛尔迦和亚历杭德罗·卡索纳[1]一道，坚持不懈地传播这种戏剧风格。他们的影响仍在尤内斯库[2]和如今的所有戏剧中有所体现，也为戏剧的论辩提供了宝贵财富。

1　亚历杭德罗·卡索纳（Alejandro Casona，1903—1965），西班牙诗人和剧作家，同为"二七一代"成员。
2　欧仁·尤内斯库（Eugène Ionesco，1909—1994），罗马尼亚及法国的剧作家，荒诞派戏剧最著名的代表之一。

(因此,无论是否受到时代的影响,洛尔迦在此意义上也是一个先驱,就像在其他许多事情上一样。天才总是如此。)除了匪夷所思的逻辑和充满压迫的蛮力之外,权力别无其他可以论辩的缘由,被压迫者除了含糊其词的抒情之外也别无其他应对的方式。但在现实中并非如此——至少对民众而言是这样——在对立双方的对话中,诗人借用人民的声音表达自己,或者说,他把自己的声音借予民众来发声,因为人民没有发言权。他也借此制造了失实的场景,把我们都带偏了。我们开始通过将自己的语言注入人民的语言来诗化它,进而继续诗化人民本身,这是所有戏剧和所有社会文学伟大的诡辩,尽管它有各种理由,但即使是在最热爱戏剧的人身上,它也总是会留下一股虚假的余味。人民就是现实,少数的压迫者也是;但艺术家在演绎他们的时候,会自然而然地将自己化身为人民。因此,艺术家尽管试图保护他们,却也使他们受到了扭曲,从而在一定程度上削弱了他们的辩护。洛尔迦从一开始就进行这种演绎,或者说是在辩护发生质变之前,因此他的辩护无论在社会层面还是艺术维度都是成立的。

在我们刚刚分析过的一幕剧之后是《阿玛尔戈的对话》,一个名叫阿玛尔戈的年轻人和一名神秘骑士进行交谈。骑士给了阿玛尔戈一把金刀并邀请他骑马到格拉纳达。对话是在夜里发生的,充满诗意,也令人毛骨悚然。洛尔迦在这里营造了日后达到炉火纯青的噩梦般的氛围——让我们联想到《梦游人谣》里的回忆——也在诗歌中贯穿了一个有些梦幻的主题,那就是无法到达一个想去的、需要去的地方,每每都在路上,却永远无法抵达。在这首诗中,这个无法达到的地方是格拉纳达;而在著名的《骑士之歌》中,无法抵达的地方则是科尔多瓦:

> 尽管我知道怎么走
> 都到不了科尔多瓦。

梦境中的死亡,或者说梦作为死亡中唯一可能的生存状态,在洛尔迦的诗歌中反复出现。死亡的概念是如此强烈地存在,甚至可以打破所有装饰性元素,揭示出作品真正的本质。通过《阿玛尔戈母亲之歌》中的神秘对话,我们进一步确信了一个已知的事实:骑士用金刀杀死了年轻人。

> 他被带到我的被窝
> 我的夹竹桃和手中。
>
> 八月二十七日
> 用一把金刀。

床单、夹竹桃和手掌这几个意象简洁地为我们呈现了太平间的景象。"八月二十七日。"这种对精准时间的热衷,还有对赋予日期意义的痴迷,也是当地人独有的特色:人们总是用充满幻术的方式处理无法理解但又令人着迷的时间，就像不为人知的一切都令人着迷一样。"用一把金刀"，寥寥几词非常克制，但足以让我们了解故事如何收尾，又是如何发生，以及与神秘的夜行骑士的相遇如何结束。

《深歌集》就此收尾。

被超现实主义召唤并注定朝着超现实主义发展的洛尔迦——之后他必将成为超现实主义者——用阿玛尔戈充满魔幻的片段结束了这本关于性、死亡和幻术的诗集。诗歌中的一切都是真实的，一切也都是虚幻的。洛尔迦最终将我们引入了他的诗歌所处的炼狱中。也许，与其说是炼狱，不如说这更像是另一个真正的"地狱一季"[1]。

---

[1] 此处指法国诗人阿蒂尔·兰波于 1873 年出版的散文诗集《地狱一季》(*Une saison en enfer*)。

5
《最初的歌》

这本诗集可以追溯到 1922 年,是一部短诗集,几乎所有的诗都属于题目中"歌"的范畴。在这本小书中,我们可以捕捉到乐于接受的洛尔迦的另一个方面——次要但也同样重要的方面——即他对女性和孩童的接受力。我们愿称其为洛尔迦的泛性取向,能够让他理解并诠释女性的情感。洛尔迦的温情脉脉以及他的孩子气,可能正是这种对女性或女性化的接受力的产物。无论如何,洛尔迦的这一面与在他身上占据主导的悲剧色彩,甚至是被诅咒的一面,形成鲜明对比,用两种艺术的、审美的、充满表现力的方式结合在一起,即指小和美感[1]。

如果我们将诗人对女性的接受力——它与其对悲剧、狂欢、狄奥尼索斯、法乌努斯[2]甚至是浮士德(非常男性化

---

[1] 原文使用的表达分别为"minimización"和"primor"。指小词是词的一种形式,通常带有"小"或"微"意的指小后缀,有时有昵称或爱称含意。

[2] 希腊神话中的森林之神。

的特质）的接受力共存在诗人身上——追溯到泛性论，那么我们就能解释清楚这种二元性，而对立也就不再是对立。最具冲击力、最戏剧化、最有男子气概的洛尔迦身上总是带着一丝指小性和美感，一种女性化的质感。譬如《深歌集》中的《死神怨》一诗，开篇是副歌和充满戏剧性的两节：

> 我愿到达
> 好人去的地方。
> 我已在其中，上帝啊！……
> 可之后，
> 一根蜡烛，一件斗篷
> 就在地上。

然而，在对死亡清醒的预测——非常普遍并且具有强烈的美学冲击——之后，洛尔迦出乎意料地用了一处带有女性化的指小表达：

> 黄色的小柠檬[1]，
> 卖柠檬的人。
> 将小小的柠檬
> 丢到风中。

---

[1] 此处原文使用了"柠檬"（limón）的指小词"小柠檬"（limoncito）。

而后诗又回到了上一节中的蜡烛和斗篷，这两个意象勾勒出了死亡鲜明的印记。至此，眼下充满生命力的柠檬和不可遏制的死亡结局形成完美对比。但我们有理由相信，如果只是为了传递令人愉悦的生命力，根本不需要使用指小词"小柠檬"，何况还使用了单数和复数两种形式。在费德里科的所有作品中，美感和指小都频繁出现、形成对比，其运用也向我们展现了洛尔迦双重半身像的另一面。但我们不要忘记，安达卢西亚的人民就是如此。在安达卢西亚这片土地上，到处可见形式上的美感和辞藻的指小表达，也许这里本身就散发着女性的气质，因为安达卢西亚是一片充满女性魅力的土地。正因此，安达卢西亚的非理性和黑暗是先于精神层面的，因为我们知道，女人的本质更接近自然。因此，安达卢西亚人身上普遍存在这种女性主义的特征，即使是在斗牛这一安达卢西亚最具男子气概的冒险中也是如此。而这种女性特质在费德里科·加西亚·洛尔迦的身上呈现得更为独特。这种特质源自他非凡的接受力（比起"敏感度"，我更喜欢"接受力"一词，因为它所传达的更精准，但鲜少被谈论），并通过他独特而强大的泛性取向得以强化。

然而在《最初的歌》中几乎没有对比，没有任何二元性，也几乎没有诗意的同性之爱，因为它是一本关于指小和美感的诗集。这部女性化的诗集展现的是男性所能呈现出的女性特质。正如一位西班牙作家所说，最女性化的女性可能拥有"船长般的夜晚"[1]，而另一方面，当女性以其女性身份写作时，写出来的东西截然不同。《最初的歌》展现的是男性的女人味，而非女性的女人味。因此，对这本诗集可能给予的负面评价也就无法成立。诗集的开篇有一首题为《第一页》的诗，洛尔迦将其献给"我的教女伊莎贝尔·克拉拉"：

喷泉。
天空。
噢，麦子
这般娇嫩！

天空。
喷泉。
哦，麦子
这般油绿！

这是诗的后半部分。可以说这首诗在整部诗集中非常具有代表性，我们一下就能捕捉到诗中充满民间特色也颇具胡安·拉蒙风格的游戏。胡安·拉蒙从民间特色中选取了大自然的几个元素：喷泉、天空和麦子。但若说这首诗

---

[1] 出自西班牙文学家胡安·巴莱拉（Juan Valera, 1824—1905），指的是女性在特定情况下展现出的坚定和果断的特质，与通常表现出的温柔和柔弱形成鲜明对比。

呈现出了胡安·拉蒙主义,恐怕诗中还缺少美学的寓意,因为胡安·拉蒙·希梅内斯是一位讲求美学寓意而非伦理道德的诗人。而洛尔迦并不注重道德,总是选择回避。因此,鉴于游戏风格化的呈现,应当首先关注诗中体现的民间特色,而后是胡安·拉蒙,最后才是文雅。归功于洛尔迦大天使般的妙笔,这首小诗并没有失去淳朴的自然味道。但正如我们此前的分析,诗中有一些出人意料的元素,让它读起来非常文雅,与民间诗歌的基调并不相符。可以说,这是一种诗歌的风格化,特别是使用了西班牙人从不会说的"噢!"(Oh)。对于这个感叹词,胡安·拉蒙本人已经对撒克逊人所说的"噢!"和西班牙人使用的"啊"(Ah)进行了区分。"噢,麦子这般娇嫩!"这句诗在卡斯蒂利亚语中的结构并不完美。从句法上看,它很像是从另一种语言翻译过来,或是直接取自其他语言。或许洛尔迦是出于诗歌节律的需要。无论如何,这些异质的元素赋予诗歌一种颇具安达卢西亚特色的味道,非常民间,非常接地气(我们一下子就能感受到),最后也非常女性化。从洛尔迦戏剧中的姑娘口中说出这些诗句再适合不过了。(尽管那些姑娘和她们口中的诗句,如今在我们看来不免太过传统,但那是另外一回事。)

指小和美感是安达卢西亚和加西亚·洛尔迦的两个外在的常量。在安达卢西亚和这片土地上的诗人当中,这两个外在的常量对创作来说是永不枯竭的泉源。

在这部诗集的最后几页中,我们会读到上乘的十四行诗《亚当》和两三首继续深入探讨诗歌的主题而不再属于"歌"的范畴的作品。诗集的最后一篇诗作题为《歌》,两只神秘的鸽子飞过,它们分别是太阳和月亮:

> 小邻居们,我对它们说,
> 我的坟墓在哪儿?

洛尔迦在这场关于神秘和死亡的怪异游戏中再一次使用了指小词。指小的使用仿佛在淡化与未知的危险游戏。而后,诗人同样用指小词来指称两只大理石做的鸽子:"小鹰们,我对它们说。"诗中还有一个裸体少女。最后,两只鸽子再次出现,而空中则回荡着充满悲剧色彩的问题——"我的坟墓在哪儿?"——鹰和鸽子给出了奇怪的回答,而鸟儿们像在梦境中一样融为一体:

> 一者即他者,
> 二者皆非其一。

诗人以走路把"大地携在腰间"贯穿全诗,赋予诗歌鲜明的梦幻特质。梦境再一次成为占卜死亡的介质,演绎了在梦境中死亡。

洛尔迦激发梦境的能力揭示了他在现实与神秘这两片海洋之间的生活。"在生活与梦幻之间/有第三种东西。/猜猜吧。"安东尼奥·马查多如是说。因是安达卢西亚人,有时马查多也会变得迷人起来。而加西亚·洛尔迦就生活在这第三种东西当中，总是在生活与梦幻之间。

梦境是通往地狱的唯一之门，无须通过药物或酒精来激发它。多少次我们做的梦于我们而言才是真正的地狱一季……这一次次逆向的旅程，将梦幻带入生活，让它施加魔法，就像洛尔迦所做的一样。它已然是狄奥尼索斯酒醉的馈赠，是能与潜意识不断对话的人所具备的能力。

诗人加西亚·洛尔迦与死亡和梦境的持续互动充分揭示了他的双栖本性，只有平庸之辈或者刻意保持沉默的人才会对此熟视无睹。他们被我们所说的"对洛尔迦的赋魅"所蒙蔽（顺便一提，关于其黑暗的起源也很值得深入研究）。不管我们是否愿意承认，洛尔迦都是一位把"大地携在腰间"的诗人，总是陷入本性和存在的地下深处。

6
分裂与个性

　　陷入本性和存在的地下深处。这不仅是一种文学上的表达方式，尽管我知道它与诗人的外部传记并不完全相符，也没有必要保持一致。我们是如此肤浅，如此虚荣，以至于我们几乎无法区分行为和生活。关于洛尔迦的内心生活，关于他最隐秘也最真实的特质，我们又了解多少？只有去看他在作品中向我们表露了什么——这些已经不少了——而他的作品无疑属于一个坠落的灵魂，而非升到空中的灵魂。至于行为，不过是纯粹的外在表现，还不足以让我们在把洛尔迦视为被诅咒的诗人的时候厘清一些线索。事实上，他的传记并不完全符合"被诅咒的诗人"所体现的含义，也不符合资产阶级文学所理解的内涵。但现在这些并不重要，因为我称洛尔迦为被诅咒的诗人，是基于他与有意识或无意识的邪恶力量之间越来越深刻的联系，而非基于他充满浪漫主义的、持续不理智的行为，比如兰波和魏尔伦之间由苦艾酒引发的争斗[1]。虽然对于那些被病态吞噬和用肉眼批评的人来说，也可以从洛尔迦的传记中获得一些细节——比如始终存在的性向歧视和悲惨的死亡将洛尔迦变成社会的殉道者，就像所有被诅咒者一样——这些细节对论证我们的观点当然非常重要。

但我们更愿意深入后者，忽略那些细节。因为后者的关键——我们有必要不断去论述，在此只是简单阐述（阐明费德里科的灵魂）——集中在诗人的人格分裂上。这种分裂可能是逐渐形成的，也或许是突然产生的，但无论是哪一种情况，它都带着必然的早熟，就像洛尔迦在关于魔灵的演讲中所论证的那样，他明确表示要在必要时刻去"血液中最隐秘的深处"唤醒潜意识，因为只有从潜意识中他才能获得创作的原料（也许也是为了给他的生活提供养分）。

这种在意识和潜意识中产生的自觉或无意的人格分裂，在变成慢性长期或间歇性发作的时候，会在人格中产生持续的紧张状态，让人格永远变成撕裂的。费德里科本人的人格撕裂是三重的：性别的撕裂、心理撕裂、道德撕裂。

性别的撕裂是从潜意识屈服于最隐秘的爱欲欲望而产

---

[1] 兰波和魏尔伦是苦艾酒的拥趸，两人之间的情愫可谓由苦艾酒促成。在两人的一次争吵中，兰波的左手被魏尔伦持枪击伤，兰波也就此戒掉了苦艾酒。

生的。马拉尼翁[1]医生曾经说过,每个男人的血液中都携带着女人的幽灵,反之亦然。这个观点指的仅仅是荷尔蒙及其在人类身上体现的两性平衡,但它同样适用于心理。虽然这样的类比没有太多必要。有些人身体中的幽灵以一种有形的、迫切的方式出现。这类人将永远被他们的性两极、被他们的双性恋撕裂,无论他们是否真的是双性恋。在我看来,加西亚·洛尔迦便是如此。抛开他个人的风月往事不谈,他作品中我们称为"指小与美感"的部分就是他身上女性幽灵的显现。洛尔迦作品中的性主题令人着迷并且经久不衰,在歌颂女性和男性的迷人时一样频繁地出现(尽管在后一种情况下几乎都是借由女性之口来传达),凸显了他身上性别的撕裂。洛尔迦在文学上对它进行了升华,也引发了我们所说的泛性主义。当然,这种泛性主义不仅是文学层面的,而且是非常真实的,或许洛尔迦对人类和艺术的非凡接受力正是源于此。

心理撕裂发生在现实与梦境之间。这场与潜意识的持续拉扯,在梦境中支配着存在,让诗人习惯于在梦境的周边生活或者身处梦境之中。这或许是出于内在需求,或许是出于艺术创作的倾向。加西亚·洛尔迦在捕捉和概括外部现实方面非常高效生动,他将自身的这些特质与对梦幻般的神秘的偏爱融合在一起,有时还会把这些元素糅合在

---

[1] 格雷戈里奥·马拉尼翁(Gregorio Marañón y Posadillo, 1887—1960),西班牙医生、科学家、历史学家、作家和哲学家。

同一首诗中。

这种撕裂会让心灵永远产生幻觉，不仅是在中间地带不断徘徊，而且具有悲剧色彩，充满痛苦，因为与其说它是现实与梦境的二元性，不如说是生命与死亡的二元性。人内心深处最隐秘的确定性便是对死亡的确定，对自己的死亡的确定，而这种确定虽然被压抑着——不断谈论死亡正是对它进行最极端的压抑——但在梦境中无法避免地浮现出来。经常活在梦境中意味着让自己一次又一次地被深渊的巨兽、被死亡充满黑色的确定性所困扰。在费德里科的梦游诗中，死亡已经浮出水面（比他著名的"谣曲"还要多得多）。

这种与死亡和梦境的频繁接触最终让现实变得苍白无力，或者说与现实形成了颇具冲击力的对比，因此我们会在费德里科的作品中慢慢追随梦境和死亡的水域在生命的斜坡上缓慢而无情地蔓延，直到《塔玛里特短歌》的诞生。

道德撕裂是在善与恶之间自然产生的。因为道德是一种精神层面的理性习得。当道德试图显得深刻的时候，就会从潜意识中获取可以被呈现为积极的东西。而事实上，在潜意识面前，它采取的是激进的防御和否定态度，因为正是道德在潜意识中安置了恶魔和邪恶的地狱王国。难道还能有其他地方吗？当一个人的潜意识是清醒的——我知道"清醒"这个词并不准确，因为清醒的潜意识将不再是潜意识——当另我（alter ego）生活在存在中时，道德观念就处于危险之中。它不断地进入无法解决的境地，更糟糕的是，它会呈现出片面、不完整的状态，因为在阴影中有一个完全无法定位的部分，也就是说，这一半世界对道德是永远关闭的。我们看到，加西亚·洛尔迦很快就抛弃了他所承袭的家族道德观念，但在他心中，始终会保留一种天然的道德感，因为良善永远不会从他的意识中消失，即使它只是作为邪恶的对立面而存在。我不知道相反的现象是否会发生在圣人身上，邪恶是否会从他们身上消失。因此在洛尔迦身上存在善与恶之间的对抗和撕裂，尽管它没有心理撕裂和性的撕裂那么剧烈、那么痛苦，而且几乎没有实际作用。

在这三重撕裂中，我们可以解密人格分裂所带来的多重破坏。加西亚·洛尔迦强烈地感受到了这种三重的、统一的撕裂，荒谬的是，也正是这种人格的分裂将洛尔迦人格化、具体化。

7
《歌集》

我们可以用威廉·布莱克[1]对弥尔顿[2]的评价来形容洛尔迦:"他是恶魔派的伟大诗人却不自知。"不自知是因为据我们所知,洛尔迦从未参与过黑弥撒[3]和玫瑰十字会成员幼稚的化装晚会。所有那些反向的礼拜仪式,所有那些幼稚的撒旦崇拜——常常是那些离经叛道的神职人员主领的——盛行于18世纪和19世纪的贵族之中,特别是在英格兰、爱尔兰等地,而其实质如今看来却会令我们忍俊不禁:这是一种对罪孽有着充分自觉的淫欲,是一群虔诚信徒在教条狭窄的范围内唯一的罪孽玩具。有点像孩子们趁着父母不在的时候在屋子里玩恶作剧,但父母的存在会对

---

1 威廉·布莱克(William Blake,1757—1827),英国第一位重要的浪漫主义诗人、版画家,英国文学史上最重要的伟大诗人之一,虔诚的基督教徒。
2 约翰·弥尔顿(John Milton,1608—1674),英国诗人、政论家,民主斗士。代表作品有长诗《失乐园》《复乐园》和《力士参孙》。
3 指的是通常由撒旦崇拜团体举行的,形式上类似于罗马天主教脱利腾弥撒的仪式。

他们施加无形的压力。也许这些来自各省教区的路西法的反叛正在以某种方式为20世纪的无神论做准备，虽然我相信这种无神论更多是通过哲学和科学的途径，而非像信奉天主教的作家和历史学家论述的那样，是通过黑弥撒怪异的形式完成的。实际上这些仪式荒谬无比。

除了在我们称为"亵渎神明的阶段"，费德里科·加西亚·洛尔迦这位未来势必会成为"恶魔派的诗人"，依然与这些仪式（在他的时代存在，在我们的时代仍然存在）保持距离。然而，我们必须承认，他对那些仍然信奉神秘主义的族群——如吉卜赛人、黑人——的偏爱中可能隐藏着一种深沉而难以启齿的倾向，对邪恶的仪式的偏好。

无论如何，我们相信，也正如本书中一直强调的那样，洛尔迦与黑暗之间的关联，他在关于魔灵的演讲中谈到的根植于土地，体现的是一种更深层的性格，它流淌在他的血液中，是由我们刚刚分析的二元性、双重性或分裂的状态在心灵中产生的。我们也说过，这种戏剧性的状态在诗人身上是循序渐进的，因此在洛尔迦的青年岁月里尚未占据主导地位。而另一个费德里科，那个被赋予了传奇色彩的人（我们已经知道它源自指小和美感，但这两者的起源又无从考据），依然给我们呈现了像《歌集》（1921—1924）这样一部在很大程度上是纯粹形式的游戏之作。在这部诗集中，他的魔灵仍然是洛尔迦自己所说的"极快乐的恶魔"，或是这个小恶魔已经与另一个恶魔和睦共处。

在这部诗集中有一首不可思议的诗《公蜥蜴在哭叫》，

是"致演奏六音阶钢琴的小特蕾莎·纪廉小姐"的。诗中费德里科娴熟运用指小和美感的能力,他与自然界万物还有像蜥蜴这般袖珍的野兽交流的泛神论,以纯粹的方式呈现出天才的极致(我们此前分析过,费德里科在某种意义上像孩子一样纯洁,也像孩子一样没有道德观念):

> 公蜥蜴在哭叫。
> 母蜥蜴在哭叫。
> 公蜥蜴和母蜥蜴
> 系着白色小围裙。

然而,在一些诗歌中,我们可以窥见安达卢西亚的悲剧色彩,这成为诗人灵魂的一个重要象征:

> 黑色的小马,
> 你驮着死去的骑士去哪里?
> 寒冷的小马,
> 刀子开出的花是怎样的香气!

上面这首《骑士之歌》也是洛尔迦梦游诗的最佳创作之一。我们此前分析过,它有典型的梦境主题,即始终无法抵达马上就要到达的地方。

> 尽管我知道怎么走

都到不了科尔多瓦。

《三幅带影子的肖像》是诗集中的一个章节，它汇集了仍深受"公认"的被诅咒崇拜的魏尔伦，代表着地域主义和享乐主义（撒旦的异教形式）的酒神巴科，还有胡安·拉蒙·希梅内斯和德彪西。（《巴科》一诗像是对《魏尔伦》的注解；《维纳斯》是对《胡安·拉蒙·希梅内斯》的注解；《那喀索斯》则是对德彪西的注解。这些注解或"影子"都恰如其分。）在《不男不女者之歌》中，洛尔迦草草尝试了对深层事物的指小表达，对于这种表现方式，他在日后创作的《沃尔特·惠特曼颂》中会有更宏大的理解：

南部不男不女的人们
在屋顶唱歌！

《露西亚·马丁内斯》是一首情感强烈又富于"男子气概"的诗，将我们带回洛尔迦的《深歌集》，对费德里科表达出的强烈的性欲具有重要意义：

你的大腿如傍晚，
从光明走到昏暗。

稍后我们会从"性别撕裂"的概念解读费德里科的性欲，但现在我们必须强调，在诗人的创作中，最常出现的人体部位竟是大腿。玛格丽塔洁净的大腿，佩特内拉铜色的大腿，露西亚·马丁内斯"如傍晚"一样的大腿，不贞少妇"像受惊的鱼儿"的大腿；还有《吉卜赛谣曲集》中大天使阳刚的大腿……大腿就像是拥有强大力量的性爱闸门，用最直接的方式让洛尔迦为之着迷。另一方面，正如擅长描绘肉体的大诗人巴勃罗·聂鲁达[1]所说，大腿是纯粹的肉体，而洛尔迦总是在存在的泥沼中一探究竟。说到底，大腿在某种程度上是无性的：它也许是男性最女性化的身体部位，也是女性身上最不女性化的部分。大腿中潜藏的性矛盾也暗示了洛尔迦的泛性恋倾向。

在这首诗之后是《做弥撒的处女》，诗中的宗教气氛完全被绝对的无礼和冒犯所打破——称其为不道德的行为远远不够，它早已超出不道德的范畴——是刻意为之的情色描写：

把你双乳的黑色甜瓜
献给弥撒的窃语。

……你的臀部
如同大理石雕像中的谷神。

---

[1] 巴勃罗·聂鲁达（Pablo Neruda，1904—1973），智利诗人、外交官，1971年诺贝尔文学奖得主，智利共产党党员。

大腿和臀部——人类生命的肉体，盲目的物质——让诗人的情欲两极化。或许我们有更充足的理由用"大腿"影射出的两性矛盾来解读臀部的意象，它也能很好地解释洛尔迦对情色的钟爱。

《最初的愿望短歌》中有一句看似平淡无奇，实则意味深长的诗句：

在活泼的清晨，
我愿是我自己。

"我愿是我自己"这句诗暗示了诗人人格的分裂以及对异质性的意识。在我看来，这类诗人呈现出的人格分裂通常会被演绎为他们作品的主题，比如美国文学中伟大的被诅咒者埃德加·爱伦·坡的短篇小说《威廉·威尔逊》[1]。而且一般来说，人物的另一个自我是魔鬼——对我们而言就是潜意识，未被开垦的"恶魔"的部分（因为未知而令人畏惧）。除了波德莱尔在他的生活中出于自愿和痴迷造成的人格分裂外，这些或通过真实生活或通过文学作品所呈现的最典型的分裂就在散文中，在陀思妥耶夫斯基塑造的一些人物身上，尽管我们不该将对魔鬼的虚构、戏剧化或诗意的拟人化（塞尔努达），与在所有文学作品中大量出现

---

[1] 这部1839年的作品讲述了威尔逊和他的替身的故事，表现了现代人格的分裂及双重人格中善恶两方的对立与统一。

的长着角的恶魔的讽刺形象相混淆。因为这类形象夸张怪诞，没有任何魔鬼的特质，当然也不会制造任何心理层面的恐惧。"在消沉的傍晚，/我愿是我的声音"，洛尔迦在同一首诗中重申。他的分裂是简单的、真实的、自然的，因此也不足以令人讶异。或许这正是洛尔迦的研究者没有关注此点的原因所在。在之后出现的《那喀索斯》一诗中，这一切会变得更清晰：

> 那喀索斯。
> 我的痛苦。
> 以及我的痛苦本身。

如果说人格的分裂是由自恋产生的——尽管事实总是相反，因为没有预先的分裂就不会有自恋——那么我们所看到的那个人便是他自己和他的镜子。他就是他自己的镜子。作为自恋的人格分裂在波德莱尔身上得到了最佳印证。而在陀思妥耶夫斯基身上，分裂则是痛苦。波德莱尔的分裂是路西法式的，而陀思妥耶夫斯基的分裂是道德层面的。毋庸置疑，洛尔迦的分裂更接近波德莱尔的，而非陀思妥耶夫斯基的。

在《格拉纳达，1850年》中，洛尔迦再次通过喷泉的意象用马查多式的演绎触及梦境的主题：

>我
>梦着我不在做梦,
>在喷泉的里面。

在《前奏曲》[1]中,我们能读到诗人自己揭示了他呈现出的微笑神情和我们看到的他阴郁的面孔之间的所有冲突:

>我的痛苦,
>要让它真切,
>我必须装饰它,
>带着红色笑容。

那些虚假的红色笑容骗过了所有甘愿上当的傻瓜,于是一个虚假的费德里科的形象就这样诞生了。

在《另一种方式》一诗中,我们可以找到能够印证洛尔迦人格分裂的关键诗句,此前我们也已引用过:

>它们都来了,我必需的事物,
>它们是副歌中的副歌。
>在暮色的芦苇丛中,
>真奇怪我叫费德里科!

---

[1] 此处翁布拉尔引用的出处有误,应为诗歌《绿空之上》("Sobre el cielo verde")。

"真奇怪我叫费德里科!"名字本身令人焦虑的陌生感可能是人格分裂的顶点,也或许只是开端。我们都曾经历过那种充满眩晕的陌生感。在《枯橙树之歌》中,我们发现这样一个问题:"我为何诞生在镜子中间?"我们也得到了肯定的回答:"……夜晚映照我/在所有的星星上面。"我们又或看到一个已然很痛苦的诗人,使用枯橙树的声音,或是把自己的声音投射到枯橙树上:"我愿在生活中看不到自己。"我们在诗中读到分裂的主题,也看到诗人用痛苦的方式对待并感受着对自体的观窥。这个复刻出另一个自己的人,突然感受到双重自我面面相觑时的眩晕、痛苦、撕裂和张力。他想消除这个双重的自我,于是发出"我愿在生活中看不到自己"的呼声。一个愿成为自己的人,那喀索斯和他的痛苦,一个梦着自己不在喷泉里面做梦的人,一个觉得自己叫费德里科真奇怪的人,终于无法忍受这充满悲剧性的分裂,无法忍受看到自己的样子,于是想要在生活中看不到自己。和所有着了魔的现象一样,人格的分裂让人精疲力竭、消耗殆尽。

8
客观抒情和主观抒情

研究文学的教授和传统的批评家常常会对客观抒情和主观抒情进行区分。

我们所理解的客观抒情来自对外部——自然或生命——的观赏,或是在其中发生了两极分化,催生了诗人的吟诵。毋庸赘言,这种抒情会出现在描述性诗歌中,呈现在或真实或想象的风景画里。它只出现在诗人创作的早期阶段,出现在永远停留在那个阶段的诗人身上,可以说他们患有慢性幼稚症。我们在一些希腊经典著作中可以找到这种幼稚的表现方式,但如果我们将希腊视为西方的童年——一个非常早熟的童年,也的确如此——那么这种幼稚得到了抵偿。事实上,纯粹的客观抒情几乎不存在,诗人所做的是将他的心境投射到风景之上,或者将风景作为隐喻进行铺垫,再用来呈现那种心境。对此,我们不再举例展开,因为这些例子都像是来自教科书。客观抒情就是从外到内或从内到外,而不是仅限于客观的描述、叙述或对自然的记述。（艺术态度另当别论，因为在人去想如何做，甚至在做这件事的过程中，主观性已经起到了决定性的作用。）

如果所有的抒情诗都是主观的，那么要如何区分抒情的客观性和主观性？客观抒情是一种由外而内或由内而外的抒情，而主观抒情是由内向更深处的抒情。

这并不意味着纯粹的主观抒情诗人——也许并不存在，因为他的外在的天性总是会背叛他——会完全忽视周围的世界，生活中的风景、美好或恐怖。相反，这意味着主观的抒情诗人在他的作品中带着自白色彩，并且在不落入伪哲学或诗歌中的概念主义的同时，知道如何摒弃反复出现的隐喻，始终以自己为代价。没有隐喻就没有抒情，无论它是多么主观，也许主观抒情的关键就在于内在的隐喻，而客观抒情的特征——当然我们所说的客观主义和主观主义是被普世理解的相对价值——可能是外在的隐喻。当诗人用一朵玫瑰做隐喻，通过替代的手法让我们感受它的美（隐喻就是替代，所有艺术都是伟大的隐喻，因为它是对现实的伟大替代），我们可以说他是客观的抒情诗人。而当诗人在隐喻玫瑰时，甚至都没有提到玫瑰，而是将其作为一种已被理解的价值来使用，作为诗意的俚语（所有诗歌都不过是一种崇高的俚语，万事万物在诗中的命名是约定俗成的、随心所欲的、不加限制的；有时，这些叫法只是纯粹的拟声词，就像通俗俚语一样），我们可以说他是一个主观的抒情诗人。这就是花艺比赛中唱诵的玫瑰和里尔克[1]的玫瑰之间的全部区别所在。

崇高的俚语，的确如此，诗歌与通俗俚语的共同之处就在于它的非理性、直觉性，以及对重新命名或者用另一个名字来称呼事物的钟爱。诗歌不依赖任何语义成规，正相反，它借助的是思想、图像、声音的相似性和联想。反之，这也是为什么任何通俗俚语总带有一些诗意。帕皮尼[2]把钞票叫作"粪土"（estiércol），就像在俚语中，西班牙人把钱称作"通心粉"（pasta）一样。帕皮尼这种充满蔑视的比喻建立在二者视觉的相似性之上，把钞票的金黄色和粪土的黄色联想到一起。民众颇具讽刺意味的比喻是根据金属硬币的硬度，才把钱叫作"通心粉"。这是两个感官上的替代，是两种隐喻。

因此，当诗歌更具有俚语特质的时候，就会更抒情、更主观；在不那么具有俚语特质的情况下，当事物的命名不那么随意，更符合其本质和传统的语言定义时，就更为客观。客观诗歌是由外在的、理性的、合理的隐喻构成的——即使是在所有可能令人惊奇的表达中——而主观的诗歌则使用内在的、非理性的、通常不合理的隐喻。

---

1 奥地利诗人里尔克在代表作《玫瑰集》中，将玫瑰作为一种象征和隐喻进行了颂扬和思考。
2 乔万尼·帕皮尼（Giovanni Papini, 1881—1956），意大利诗人、记者、评论家和小说家，20世纪中叶最直言不讳、最具争议的意大利文学人物之一。

鉴于费德里科·加西亚·洛尔迦对描写的概括能力，他慢慢被视为一个客观的、叙事性的、戏剧性的抒情诗人。诚然，所有这些在他身上都有所体现，但他上演的无非是主观的、充满悲剧色彩的抒情性。这种抒情性并非我们之前所说的，从内心走向更深处，更多是从内向外。但我们不该被它蒙骗，因为尽管洛尔迦常被视为描述性和叙事性诗人，但他的隐喻总是内在的，而非外在的。也就是说，他描述的戏剧不是我们所看到的戏剧，而是他内在悲剧的外在流露。表面看来是戏剧诗人的洛尔迦，实际上是一个悲剧作家。戏剧不过是他赋予自己内在的、与生俱来的情节，这个情节在叙述和推理的所有意义上都是不可争辩的。洛尔迦的悲剧是无法叙述的，也是不合理的。它是无法言说的悲剧——无论是夸张还是字面意义上的"无法言说"——是不合理且非理性的悲剧。这就是为什么洛尔迦的诗，如达利评价《梦游人谣》时所言，似乎有情节，但实际上并没有。在洛尔迦身上，悲剧性带动了戏剧性，让它变得残缺不全，难以理解。（戏剧性的洛尔迦只有成为剧作家才能摆脱悲剧性的洛尔迦；但在戏剧性和剧作家的背后，悲剧性总是会流露出来，因为洛尔迦的戏剧创作——也是其伟大之处——只不过是他释放戏剧性的出口，而他的戏剧性，正是他的悲剧性的动力。）

让我们再从外向内梳理一遍：洛尔迦，一个客观的、描述性的、叙事性的诗人，他的这些特点只体现在他的戏剧性上，而他的戏剧性不过是他悲剧性的表现。因此，洛尔迦是一个悲剧诗人，一个主观的抒情诗人，他用吉卜赛人、黑人和不贞少妇的故事欺骗了我们。直到现在，我们始终相信所有这些故事，并由此产生了对洛尔迦的错误认识，认为他是一位纯粹的视觉诗人——尽管没有人会是纯粹的视觉诗人，洛尔迦尤其不是，尽管他在这方面非常擅长。

我们可以通过之前所说的俚语理论从外部和形式上找到证实，在洛尔迦的作品中证实我们对他的判定。洛尔迦总是或几乎总是用崇高的抒情俚语来写作，并且不局限于通过简单或巧妙的隐喻模仿来再现自然或描述感受。他的命名方式总会出人意料，但又恰到好处。洛尔迦曾说，"诗歌就是及时的言语"，这是对诗歌一个非常具体的定义，与马查多所写的体现存在的"时代中的言语"无关。洛尔迦隐喻的丰富性和新颖性，被误解为一种外化的、诗意的感性征兆。这种误解来自我们之前所说的一个事实：他对事物的命名是没有章法可言的，甚至是乖僻的（就像民间语言一样，但朝着另一个方向），因为他总是凭直觉写作，但又没有达到锡耶纳的圣凯瑟琳[1]那般机械自如，而是靠他之前诱导出的魔灵所驱动。洛尔迦曾说过应当这样做，并且这也符合他黑暗诗人的身份。随便一个例子都能加以证明：

---

[1] 圣徒凯瑟琳以其神秘主义经历而著称，她声称自己领受了基督的新娘神恩，与基督结为精神婚姻。在她的神视中，她犹如自动书写一般，口授数百封书信和其他作品，这些作品后来被编集成书。

刀子开出的花是怎样的香气!

那是一匹冰冷的黑马,驮着死去的骑士。刀子开出的花是被刺破的伤口流出的鲜血。让我们回到玫瑰的比喻:在诗歌中,玫瑰和鲜血总是互相替代。但欧亨尼奥·德·奥斯[1]曾说过,当诗人说到"一朵血玫瑰"时,他不仅在建立一种对等,而且创造了一个新的对象,一个诗意的对象,一个不同于现实的现实:一朵血玫瑰。也就是说,他创造了一种不可能;或言,他创造了一种诗意。因此,费德里科·加西亚·洛尔迦卓越的发现让传统的花与血之间的比喻焕发新生,不仅让我们看到伤口是一朵被刀撬开的花,而且创造了一种新的、超自然的、诗意的现象:刀可以结出花朵,就像杏仁花或樱花那样。这把杀人的刀因此得到了救赎,被赋予了诗意。"刀之花"是富有诗意的俚语。它不仅仅是外在的描绘,可以说,它是主观的抒情诗。正因此,我们原本也知道,费德里科·加西亚·洛尔迦是一位主观抒情诗人。

---

[1] 欧亨尼奥·德·奥斯(Eugenio d'Ors i Rovira, 1881—1954),西班牙作家、散文家、新闻记者、哲学家和艺术评论家。

9
吉卜赛人

加西亚·洛尔迦是安达卢西亚人,他的安达卢西亚使命感借由深歌和这片土地上的人民具象化于对吉卜赛人的两极分化中。就像我们在本书开篇提到的洛尔迦写给豪尔赫·纪廉的信中所见,洛尔迦否定创造出的"吉卜赛传奇"。但事实上,吉卜赛人的身影始终出现于洛尔迦的作品中。吉卜赛人也催生了诗人最重要的作品之一,那就是著名的《吉卜赛谣曲集》。如今,只有那些过分矫情做作的文化精英才会轻视这部诗集的巨大价值,只把它当成简单的民俗创作,而不去深入了解其中深刻的戏剧性层面。(我们在上一章刚刚分析过,戏剧性在洛尔迦身上不过是他悲剧性的表现。)

吉卜赛人对洛尔迦的吸引力可以从不同的层次来理解。其中一些最基本的因素包括这一种族的神秘性所带来的吸引力;纯粹的性吸引力;出于政治和社会因素对一个被贬低的种族可能产生的抗议性质的同情;等等。当然,所有这些原因和其他许多原因，大多是不合理的，有些是不理性的，它们在洛尔迦的吉卜赛主义中相互关联、相互交缠。无论如何，要证实洛尔迦的使命（如果可以这样说的话），作为一个被诅咒的诗人（正如我们在本书开头所说）的使命，知道他是我们的文明中三个被诅咒的伟大种族的歌颂者，这就足够了。而吉卜赛人正是其中一个种族，是洛尔迦能接触到的最近的种族。

和所有"恶魔派"的诗人一样，洛尔迦被魔鬼召唤并被吉卜赛人散发的神秘所深深吸引，于是在《吉卜赛谣曲集》中重现了他们的律动和神话。格拉纳达所拥有的吉卜赛特色（这片深沉的土地充满了活力和仪式感，就像莫洛亚[1]曾经描绘整个东方的时候说过的那样，它"既高尚又不拘小节"）深深地吸引了诗人。出于对神秘的向往和别的冲动，洛尔迦走向了吉卜赛人。但现在，我们还是想和以往一样，反过来看待这个问题。洛尔迦隐蔽的神秘主义将他与"青铜人""吉卜赛人的城镇"联系在一起。（"啊，吉卜赛人的城镇，/谁能见了你而又忘记？"）无论如何，洛尔迦对黑暗起源的深入，对吉卜赛种族返祖习俗的探究，都能清楚地表明他对魔力的喜爱和反复品味，他对生活的理解就像一场驱魔和宿命。这也印证了他对地球上的神秘力量怀有的奇怪的信仰——我们称之为恶魔的神秘力量。

---

1 安德烈·莫洛亚（André Maurois, 1885—1967），法国作家，长于传记和小说的写作，是法国两次大战之间登上文坛的重要作家。

仅从单纯的民俗学来看待洛尔迦笔下的吉卜赛民族，对诠释他的诗句来说简直就是闭目塞听。诚然，在洛尔迦的吉卜赛主义中，有很多美化的民间传说，也充满唯美主义，但我们刚刚就已经说过，这种过分推崇美感，对美的崇拜——尤其是相较于传统美的非正统之美的崇拜——在洛尔迦的作品中并非唯一的因素。

洛尔迦赋予吉卜赛人的纯粹的性吸引力在他的作品中，特别是在《吉卜赛谣曲集》中非常明显。吉卜赛男人和吉卜赛女人在性方面都被神话化了，从索莱达·蒙托娅的乳房"将祖传的歌谣吟唱"，到坎波里奥的侧影（洛尔迦的性矛盾或泛性取向），"就像一枚活生生的金币/永远不会再出现"。洛尔迦强烈又无法摆脱的性欲在他生命中的很长一段时间——青春期和青年时期——都在吉卜赛人身上出现了两极分化，因为性欲——这么直白地说出来实在尴尬——只不过是通过想象对性的升华，而异国风情滋养了这种想象。（异国风情对性而言就是侯爵未驯服的女仆，和侯爵一起背叛侯爵夫人。）对于来自乡下的洛尔迦而言，异国风情就是吉卜赛人，不仅是在"异国风情"所指的风景和旅行的层面，也指我们刚刚谈到的"性"。想象力——特别是被性欲、被力比多燃起的想象力——渴望并热衷于寻找和燃烧异国风情。一副身体对另一副身体来说总是充满异国情调……但这种吸引也会很快消失。我将性的异国风情称为马查多在谈及爱情时所说的"本质上的他者"[1]。性总是

---

[1] 西语原文为"lo esencialmente otro"。

寻求本质上的他者，而正如马查多所深信的，他者并非异性恋的原则，本质上的他者不一定是异性的；从心理上讲，本质上的他者是另一种存在，即使是同性，对于观赏它的人而言也是充满异国风情的。本质上的他者能够发生并且也确实发生在同性恋中，因为他不是在性层面的"他者"（虽然在同性爱恋中也秘密存在），而是在心理层面、身体层面的他者。如诺瓦利斯[1]所言："用手指触碰一个身体，就是用手触碰天堂。"而且，在某种程度上，佩德罗·萨利纳斯[2]在他的诗中也说过："身体的命运是另一个身体。"是的，身体的命运是另一个身体，但并不是因为身体之间的相似，而恰恰是因为它们相对于彼此而言是充满异国情调的。

因此，我们能看到，无论是在深层意义还是直接意义上，吉卜赛男人和吉卜赛女人对洛尔迦来说都有异国情调，因此，他们对洛尔迦产生了强烈的性吸引。他们是充满异国情调的，因为他们是"他者"，比像洛尔迦一样的乡下人更为他者。异国情调燃烧着他的力比多，就像任何在自由中的性欲一样。

在政治-社会层面，我们在被诅咒者身上分析出的反叛和无政府主义原则很好地解释了对一个被诅咒的种族抗议性的、出于含混的政治-社会层面的同情，这种同情不过是

---

[1] 诺瓦利斯（Novalis, 1772—1801），德国浪漫主义诗人、作家、哲学家。
[2] 佩德罗·萨利纳斯（Pedro Salinas y Serrano, 1891—1951），西班牙诗人，"二七一代"成员，也是大学教师、学者和文学评论家。

出于对其个人无政府主义的认同，但它更深刻、更激进，也更绝对，因为被诅咒者本身也属于被轻视的贱民，是一个处在社会及其规范边缘的人，哪怕他看似过着体面的生活，就像洛尔迦一样（他也因此在无意间欺骗了这么多人）。一个暗自知道自己被他所生活的社会连根拔起的人，在面对那个强大的社会（社会对于个人而言总是强大的）时，会感受到自己不过是个无名小卒的痛苦。他什么都不是，只有孤身一人。而后，他便会欣喜地寻找——或者找到——一个阶层、一个种族、一个群体，让自己的叛逆和无依无靠有了依附。他与这群人紧密相连，得到他们的支持，也减轻了孤独感。但无论如何，他们也只是如今我们所说的"同路人"而已。被诅咒者的反叛和社会或政治反叛有交集——而且有很多——但它们是不同的：社会反叛者和革命者终究要融入社会，而存在主义的反叛者只会走向瓦解。

吉卜赛人催生了洛尔迦第一部具有决定性的重要著作：《吉卜赛谣曲集》（1924—1927）。在诗集的第一首诗《月亮，月亮》中，吉卜赛人是"青铜和梦想"。月亮——诗人在之前的诗集中称它为"撒旦的眼睛"——象征着死亡，它来到铁匠铺，带走了一个吉卜赛孩子。趁着吉卜赛人不在的时候，一个吉卜赛男孩死在了铁匠铺里。美丽的吉卜赛人，"青铜和梦想"，在第一首诗中已然作为神话和受害者出现。在第二首诗《漂亮姑娘和风》中，漂亮的吉卜赛姑娘成为一个新的无辜受害者，就像死在铁匠铺里的男孩一样,而"警卫们进入梦乡,/守卫白色的塔楼,/那是英国人的居所"。在这首诗中,风追着姑娘跑,就像上一首诗中追着小男孩的月亮。洛尔迦诗意地象征了大自然中围攻和惊吓吉卜赛人的外来元素。而与这个充满无助的世界和这个手足无措的族群形成对比的是另一个强大且受到保护的世界:警卫们和英国人的世界。这一次姑娘得救了,但她的族人在面对强大的群体和令人恐惧的自然与生命元素时的那种无依无靠已显露无遗。

在《械斗》一诗中,洛尔迦淋漓尽致地展现了他史诗般,或言史诗、抒情诗般的基调(后来有一位诗人创造了"抒情史诗"[1]一词),这一基调是贯穿《吉卜赛谣曲集》全集最明显的特点。正如我们不断去证明的,史诗性和戏剧性是洛尔迦灵魂中悲剧色彩的外化。但我们不能因此就不再思考洛尔迦的诗歌本身,或者说洛尔迦的诗对于20世纪20年代西班牙诗歌的创新和革新,也不能轻视它为日后甚至此前的文学史带来的有价值的发现。在《械斗》中,"无法承受的午后,无数无花果树的叶片和炎热的喧嚣/落荒逝于那些受伤的骑士的大腿之间"。无论是在《吉卜赛谣曲集》还是洛尔迦的所有作品中,大腿是反复出现的抒情和情色意象。我们之前已经分析了洛尔迦赋予大腿的意义。《梦游人谣》也许是这部伟大诗集中的最上乘之作。洛尔迦对梦境的表达在诗中得到了最大限度的演绎:

1　西语原文为"epilírica"。

> 在吉卜赛人的月光下,
> 万物在凝望她,
> 她却看不见它们。

"绿啊我多么希望你绿",这是一个没有明确含义的回文短句,就像我们在梦中说出的句子结构。而在这场令人不安的梦游之后,那个被万物凝望、自己却看不见万物的女人,已经成为最重要的梦幻元素。这种赋予事物生命力的方式是以物化生命为前提的,在这种对万物的赋生中有一些超现实主义元素,在本诗创作的年代很难融入当时主流的超现实主义中,这些超现实主义元素是纯粹的梦境,是和潜意识做的直觉游戏,也为梦境注入不可思议的活力。对于洛尔迦而言,在他的抒情俚语中,金丝雀是"金黄的啼啭"——文体学上已经对这种通感进行了深入研究——而吉卜赛姑娘则是一个绿色的女人。那个女人在等待着一个人,没人知道她等的是谁,那人又来自何方。

紧接着,两个男人闯入诗歌中。他们在交谈黑暗的马匹交易和流血。对话中提到一个非常具体的地理位置,与诗歌含混不清的背景形成鲜明对比:"老兄,我可是从'山羊'关口/流着血回来的。"在模糊的整体中瞥见突如其来的现实和精确的位置正是梦的特征。两人之间的对话有时变得非常具体,但受伤的男人旋即开始抒情地岔开话题,祈求爬上"月亮的栏杆,/水在上面荡漾"。我们已经能够觉察到,那个受伤的"小伙子"在寻找绿色的女人。但等了这么久之后,女人已经不在了。"一道月亮的冰柱/把她托在水上。"此处发生了一个迅速的转变,就像在梦中一样:栏杆上的女人现在已经淹死在水里。这是何时发生的?又是如何发生的?这首诗的全部魔力都来自它的背面,来自诗中没有说、没有讲述的东西,来自我们要去想象的东西。我们此前提到,萨尔瓦多·达利在评价这首谣曲时说:"它似乎有一个情节,但其实没有。"但它确有情节,梦境般扑朔迷离、魔幻又神秘的情节。这不是一首诗;而是一场噩梦,一种幻觉,一个梦境。除了诗中传达的艺术暗示之外,对我们来说重要的是它揭露了与梦境的世界建立的亲密关系,揭示了洛尔迦对那个世界的向往,如我们所见,这种憧憬反过来又能表明很多事情。"醉醺醺的宪警们/正在砰砰敲门。"临近结尾的这两行诗突然把我们带到了最残酷的现实中。之前,他们是睡着的警卫;现在,他们变成了喝醉的宪警。合法的力量与既定的权力,成了吉卜赛人天使和恶魔般的世界中令人憎恶的对立面。就像在梦中,过于明显的现实突然闯入,足以将我们从梦境中唤醒,足以唤醒诗歌,让它回归艺术现实,与真实世界相呼应。萨特在《想象》中已经说过,梦境中的意象缺乏真实的意义,这与自弗洛伊德以来的学说相反,因为梦的特征恰恰是不可能形成真实的意象,因为在我们形成一个真实的意象的时候,我们就已经从梦中醒来。(每天我们都可以观察到,从夜梦中醒来时,我们相信的是一个绝对合乎逻辑的想法,它打破了梦中的所有奇思妙想。这是意识通过潜意识闯了进来，于是我们醒了。）让我们回到诗歌中，当魔咒和梦境因为喝醉的宪警突然闯入而被打破——这是非常真实又令人恐惧、憎恨的现实——谣曲最终以两句绝对客观、充满描述性又"清醒"的诗句结尾：

船在海上。
马在山中。[1]

《不贞少妇》可以说是洛尔迦描写性欲的巅峰之作。这首诗因其对有趣逸事的描绘、直白的叙述和优美的风格而广为流传。事实上，《不贞少妇》一方面展示出了洛尔迦生动的肉欲描写；另一方面，它触及了西班牙人津津乐道的一个主题：已婚女人的通奸。一层原因是不贞的少妇是违背了公序良俗和严格的社会规则但令人愉悦的例外——正因此，我们热衷于打破它——另一层原因是通奸少妇和被人耻笑的丈夫呈现出的滑稽的反转。西班牙民众生活中所有基本的同时又非常复杂的情色体现在《不贞少妇》中——上演。我们也可以从自由的角度来理解，从引诱和嘲弄女性的放荡男性的视角来理解。事实上，这正是西班牙男男女女的神秘传统，他们被人为规定的性道德的返祖所束缚，而性道德则更强烈、更僵化、更难以突破。对唐璜隐

---

[1] 此处译文引用戴望舒译本，《船在海上，马在山中：洛尔迦诗集》，云南人民出版社，2020 年。

秘的魅力、他的经久不衰和普遍的吸引力,人们的研究不在少数。而在我看来,唐璜身上的光环就来自他放荡不羁的气质。他的自由是行动中的自由——性行为中的自由,这是极限行为——因此他成了所有被道德桎梏、被社会和人类自身异化的男女内心深处秘密崇拜的对象,这些人受到道德的束缚,同时也受到社会和人性的需要所限制,他们会以某种方式来保护自己,因此他们会自我限制。人类无法实现绝对的自由,因为根深蒂固的恐惧会驱使他们创造自己的束缚和限制,但在他们内心深处,燃烧着对纯粹自由的模糊的渴望,当这种渴望得到具体表达时,就会形成类似唐璜这样的神话形象。

当然,《不贞少妇》不是讲玩弄女色的诗,因为这首诗的男主人公和叙述者有自己的原则——"作为男子汉,我不愿说出/她对我讲的事"——这与唐璜的夸夸其谈和虚张声势截然不同,他有自己的道德观;"我表现得合乎身份,/一位得体的吉卜赛儿郎"——这让他不会爱上一个已婚少妇(更简单点说,他不会爱上一个对他撒谎的女人:"当我把她带到河旁,/她却告诉我还是姑娘")。

《不贞少妇》是一首关于引诱的诗,但不是人们通常以为的那种;它不是一个得体的吉卜赛男子引诱已婚妇女的故事,而是一个已婚少妇引诱一个得体的吉卜赛儿郎的故事,因为是她骗男子相信她是一个年轻的、未婚的姑娘,否则在男主人公(我们能看出,不是诗人本人)的道德观念里,根本不会发生这样的事。最终,是她把他带到了河边。这首诗应当这样开头:"她把我带到河旁,/说自己是个姑娘。"通过这样的描绘,深谙女性的洛尔迦——和每个游走在两性边缘的男人一样——告诉了我们事情的关键所在,尽管我们不知道诗人是否有意为之:在情色游戏中,从来没有男性引诱者出现。始终在诱惑的是女人,即使她看起来像是被引诱的一方,但实际上是她在选择。既然只能引诱一个原本就愿意被诱惑的人,暴力行为除外,那么男性的引诱就无从谈起,说这种话的人不过是一个可怜的、徒有其表之人。女人为了性爱总是在选择,而婚姻是与此不同的社会事实。男人的性行为是纯粹的,不加分别的;而对性格内向的女人,性行为就是纯粹的区别对待。我们会引诱那些让其自己被我们引诱、好以此来诱惑我们的女人,因为"让其自己被我们引诱"恰恰是女性情欲策略的一部分。它不是一种心理策略,而是一种直觉和本能的策略,几乎是生理上的。女人最先感受到的情欲快感来自感受到自己被强迫,被自己希望强迫她的人所强迫,如此一来她心里的欲望游戏就能被掩盖——她几乎没有明确表达过——而这种含蓄让男人几个世纪以来都误以为自己是诱奸者,具有压倒性的力量,不可抗拒,自负又傲慢。洛尔迦对真相的直觉总是非常敏锐,也把真相原样呈现给我们,尽管在谣曲中最初的表面现象是来自男性的引诱,与令人失望的结尾形成鲜明对比。(诗歌以男性的失望收尾,即使是在最幸运的情况下,这种失望也不过是发现了女性的游戏,也许是种直觉,也许很含混,但事实不言自明。)

我们已经说过，男人对待性是不加分别的，完全随意的。因此，当这种随意性通过占有一个女人来实现，并在性爱最后隐秘的、心照不宣的时刻模模糊糊地被意识到——可能他自己也不太清楚——他的性欲被以猎物现身的猎人引诱者所欺骗、利用、掠夺了。这种感受从不会逆向产生，接踵而来的便是心理上的抵触和道德上的反感："我不愿与她相爱，/因为她早已成婚，却告诉我还是姑娘……"

女人对待性则是有差别的，这既出于作为母亲的潜在天性，也因为生理上的内向，天生忠于一夫一妻制，以及对男性优越地位的默许、明确接受和理想化。因为女人总是在众多男性中寻找一个男人，而男人的性欲弥漫四周，总是在每个女人身上寻找众多女人的身影。随着时间的累积，男性成为在社会上进行选择的人群，而这一事实也只能证明社会如何修正了人的本性，从外部对其进行改造，以造福于男性，造福于社会本身，但这同时也给男人和女人的日常造成了无法避免的、个体的创伤。

洛尔迦是《不贞少妇》中的男主人公吗？如果诗的结尾没有交代清楚，那么第一人称的叙述者就非常重要："我表现得合乎身份，/一位得体的吉卜赛儿郎。"洛尔迦既非得体的吉卜赛儿郎，也不是有失身份的吉卜赛儿郎。如果他在诗中加入了一些个人的风月往事和对情色的痴迷（特别是对大腿的痴迷，"她的大腿从我身下滑走/像两条受惊的鱼儿"），这也是每个作家的创作灵感，我们无法就此判断他是故事的主人公。鉴于此，说这首诗是自传体诗歌，我持怀疑态度，也对认为其是洛尔迦表露性欲的巅峰之作持保留意见——尽管这首诗被认为是在性方面最具代表性的——因为在洛尔迦的作品中还有其他许多时刻，有些转瞬即逝，但在这些时刻，他深沉而隐秘的性快感在我们看来变得更加明显，当然，自然也少了很多逸闻趣事。换言之，少了些肤浅。

在绝美的《黑色痛苦谣》中，洛尔迦使用了一种混淆的、没有标点的对话技巧，而非像普通对话一样使用标点符号。这在整本诗集中很常见，也让诗歌读起来有别样的效果。在《吉卜赛谣曲集》的许多诗歌中，诗人与诗歌中的主人公对话，甚至突然出现在现场或是被诗中的人物召唤："啊，费德里科·加西亚，/快把宪警叫来！"从对话中我们可以看到，洛尔迦渴望与吉卜赛人的世界融洽共存。洛尔迦，一个过着吉卜赛人生活的乡下人，在这部诗集中正是我们如今所说的"街头混混"[1]（"街头混混"指的是身为白人，却按照吉卜赛人的方式生活的人）。尽管诗人后来拒不承认诗中所写为个人经历，就像我们分析的一样，但在《吉卜赛谣曲集》中存在一种真正的共存或者对融入吉卜赛世界、与之共存的强烈渴望，这充分显示了诗人与生俱来、极为敏锐的魅力，因为在《黑色痛苦谣》中，洛尔

---

[1] 西语原文为"quinqui"，用来描述生活在社会边缘的人，通常与犯罪、流浪等联系在一起。

迦将索莱达·蒙托娅通过她那"虞美人般的大腿"发出的痛苦呻吟称作"来自隐秘的河流"。

在《圣米迦勒》（格拉纳达）一诗中，我们读到：

> 圣米迦勒镶满花边，
> 在塔楼的壁龛里，
> 他美丽的大腿
> 装点着一圈圈灯盏。

洛尔迦歌唱大天使美丽的大腿，就像在上一首诗中他歌颂索莱达·蒙托娅虞美人般的大腿一样。这种偶然可以印证——如果一定要印证什么的话——大腿对洛尔迦而言所代表的双重的性矛盾。在《圣米迦勒》《圣拉斐尔》和《圣加百列》三首诗中，洛尔迦进行了一种异教化的尝试，一种对基督教神话安达卢西亚化的尝试，它远非任何宗教狂热，具有纯粹的审美价值。正如我们所看到的，洛尔迦从早期抗拒东正教天主教的信仰世界之后——事实上远不止于此——并未结束这一主题的创作（或者说这是他所接受的教育和孕育他的土地强加于他的），而是将要用一种世俗的、唯美的，有时模棱两可的、超越情欲的方式来演绎它，就像我们刚刚提到的三首有关大天使的谣曲一样。因此，圣米迦勒是"三千个夜晚的青年，虽然远离花朵，/却有花露的芬芳"。这是对同性爱恋既无礼又不恭的刻画。也是在这首诗中，"臀部丰满又神秘，/宛如青铜的星体"凸显了整首诗的情色意象，看似缘起于宗教和诗人的另一个性幻想。整首谣曲呈现出美妙的唯美主义的演绎，富有想象力，而诗中对宗教的描写则集中在礼仪和神职人员所带来的意象光彩上：

> 马尼拉的大主教，
> 眼盲又贫穷，
> 念着两边的弥撒
> 一边为男一边为女。

接下来的"大天使"谣曲《圣拉斐尔》（科尔多瓦）向我们展示了"表情冷漠的孩子们"，"在岸边赤裸着身体，是多比雅的门徒，有梅尔林的腰身"，还有"被阿尔哈米文迷住的大天使"。《圣加百列》（塞维利亚）的开篇是这样的：

> 美丽的芦苇少年，
> 宽肩膀，细腰身，
> 皮肤像夜色中的苹果，
> 悲伤的嘴唇和大眼睛，
> 神经如炽热的白银，
> 在无人的街道上徘徊。

在一阵赞美之后是"吉他琴孤声奏响/为大天使加百

列,/小鸽子的驯服者,/柳树的仇敌"。

> 大天使加百列,
> 面带微笑和百合花香,
> 吉拉尔达的曾孙,
> 前来拜访。
> 在刺绣的坎肩里
> 隐藏的蟋蟀在欢跳。[1]

这首诗是对福音派"天使传报"主题的美妙再现,讲的是一位怀孕的吉卜赛姑娘,准确地说,是东方三王的报喜。洛尔迦以极其微妙的方式演绎这一主题,将天主教的神秘世俗化却并不构成亵渎。他凭借非凡的感知力,捕捉到福音故事中所有美丽而神秘的元素,并将其与吉卜赛人所处的"被诅咒"的世界联系在一起。诗中没有亵渎神明,也几乎没有任何不敬,但也毫无虔诚可言。

总的来说,这三首以宗教人物命名并涉及宗教主题的诗,通过唯美的、人性化的、去神圣化的方式向我们证明,在洛尔迦的诗歌创作中,宗教体验只停留在单纯的视觉、文学、逸事般的暗示上。在洛尔迦最早的宗教诗中,我们读不到愤怒、反叛和亵渎。但我们都知道,这种为了接近

---

[1] 译文参考了王家新译本,《死于黎明:洛尔迦诗选》,华东师范大学出版社,2016年。

基督教神话的冷漠的喜悦比以往的反叛更令人担忧。现在的洛尔迦已经远离了信仰。这种疏远让他可以轻浮地甚至模棱两可地、充满情欲地把玩他创作的主题。任何一个神学家、伦理学者都能在洛尔迦的诗中看到魔鬼。如果说伟大的欧洲恶魔文学有什么特点的话,那就是它在触及这一神圣的主题(或被诅咒的主题)时所表现出的冷漠,仿佛它是抽象的或是像希腊寓言一般,没有丝毫亵渎。这类艺术家已经失去了亵渎的意识。他没有亵渎神明是因为缺乏"神圣"的概念。在三首刚刚评论的诗中,可以看到,洛尔迦在多大程度上缺乏这种概念。所有现代文学的无神论对待上帝和魔鬼都适合用同样的冷漠态度。无论我们喜欢与否,只要稍加思考,就一定会把洛尔迦列入"恶魔派"的诗人名单中。只有从"被诅咒"这一虚构的概念入手,我们才会对把洛尔迦和这样的描述联系到一起感到震惊。在深入思考事物的本质时,他对待宗教的态度,他那种以审美角度理解神圣的轻浮方式纯粹是恶魔主义。正是出于这样的原因,我才断然将这位来自格拉纳达的伟大诗人定义为被诅咒的诗人。当然,其中包含所有必要的先决条件和让步,也需要赋予"被诅咒"这个形容词对今天的人们来说能够理解的价值,无论人们是否相信。然而,无论如何,它都不同于小说中关于"被诅咒者"的概念,也与宗教法庭、反对和定罪的概念完全不同,这些概念绝对不适用于我们。

当然,我们在洛尔迦这三首以天主教的天使命名的谣曲中发现的异教化、神秘化和地域化的混合并非诗人独创的游戏。作为恶魔的土地，整个安达卢西亚总是能将宗教和其他任何事物神秘化。事实上，安达卢西亚始终与充满神秘感的种族交织在一起：犹太人、摩尔人、阿拉伯人、吉卜赛人，等等。因此，罗马基督教在这里成为一种迷信和咒语。诚然，每种宗教在其起源和教义中都奉行一个神秘主义的原则，因为宗教诉诸神秘主义，但对于天主教那些制度化、教条化的神秘主义，安达卢西亚会用自己的方式理解它们。当这些规范既稳定又清晰的时候，这片土地会对已经神秘化的教义再次神秘化。另一方面，基督教提倡与自然进行微妙的斗争，而斗争的结果往往是自然获得胜利，因而基督教一直处于异教化的危险之中，因为自然总能恢复自身的力量，在安达卢西亚这样天生异教的土地上更是如此。同样，安达卢西亚的强烈特性需要将基督教的普遍性地域化，以便通过某种方式更好地理解它。比如，对待安达卢西亚人，必须让他们供奉皮肤黝黑的圣母玛利亚——比如哭泣的"玛格丽娜"圣母像——就像给拉普尼亚人供奉的圣母应当是拉普尼亚人一样。

如果说在基督之前，每个民族、种族、地区、氏族、部落都创造了自己的宗教，那么当基督教传播到世界各地时，神性占有的原则并没有消失，因为人们不仅需要一个上帝的存在，更重要的是拥有"自己的上帝"。萨特曾说过"上帝是众人的孤独"，但这种孤独不是通过抽象来获得慰藉的——因为孤独本身就是一种抽象或承受其苦——和所有的孤独一样，它寻求的是陪伴；是具体的、相近的、亲密的、直接的、可以理解的、对话的、主观上的陪伴：如果可能的话，这种陪伴最好来自同一个种族、同一个民族。正如历史经验主义告诉我们的，对上帝的抽象概念的普遍化已经成为无神论的原则。将人类引向最广泛的普遍抽象信仰的基督教，如今和这种信仰相遇了，无论是由于抽象，还是由于其特质逐渐被淡化，它已然与没有信仰混淆了。因此，欧洲、美国、西方世界习惯了一种独立的、精神上的信仰，从将上帝简化为一种观念，到摒弃这种观念，走向无神论，因为摆脱一种观念比摆脱一种传统习俗要容易得多。随着一个民族变得更加文明、受教育程度更高，其宗教观念也变得更加理性，少了狂热，直到它固化为一种抽象的观念。乍一看，它似乎最适合没有如画风景和迷信的地方主义的普适信仰（这是如今的宗教所追求的），实际上却代表了信仰蒸发最严重的危险，因为民族需要能够触及、看得见、感受到的信仰，这信仰需要是亲切友善或者令人畏惧的。与使徒不同，人们需要先相信才能看到，因为他们的信仰——总是带有迷信色彩——只是捕捉超自然现象的手段，就像在招魂术中，需要进入"出神状态"来召唤灵魂。人们带着他们的信仰，让自己陷入一种出神状态，以便看到某些事物，从而得到教导。而当他们只看到一个想法，换言之，相当于什么都没看到时，人们的信仰就会松动。普适的信仰是普适的无神论中最严重的危险所在。

作为对基督教普遍性的本能防御，每个民族都采取了独特的信仰形式。如今，我们正在见证最发达的一些民族所经历的信仰的去本土化。这种去本土化往往演变成冷漠，最后，大多数人变成含混的无神论者，还有一小部分人成为温和的不可知论者。另一方面，像安达卢西亚这样不发达的民族——也许整个西班牙都不发达——正是通过让信仰"本土化"才拯救了他们的信仰。这可能是安达卢西亚始终保持宗教的重要性和活跃度的秘诀所在。

在安达卢西亚，基督教经历了异教化、神秘化和本土化这三种变革，矛盾的是，它们却成为安达卢西亚基督教的三大支柱。基督教与南部宜人悦目的自然相混淆，邪恶的仪式是其他已经失传的宗教残余的产物，并保留了地方的色彩。塞维利亚和马拉加的游行、哭泣圣母和灯火基督像的游行、吉拉尔达的"萨埃塔"和"塞依斯舞"清楚地回应了安达卢西亚宗教信仰的这些特质：在这片自称"圣母玛利亚的土地"上，可以看到带着玻璃泪珠的圣母体现的异教性，受民众追捧的哭泣圣母暗示的情欲，南部迷信传统中的神秘主义，皮肤黝黑的悲痛圣母代表的地域主义。

我们已经研究了洛尔迦三首关于"大天使"的谣曲中含混的情色描绘，以及其中对宗教主题明显的异教化，因为尽管洛尔迦已经失去了信仰，但他保留了这种信仰的象征，将其作为南方装饰性的神话。他还将三位大天使地域化。在描绘大天使圣米迦勒时，洛尔迦写道：

> 圣米迦勒，气球
> 和奇数之王，
> 沐浴在
> 柏柏尔人的欢呼和目光中。

就这样，洛尔迦让大天使成为"奇数之王"，这是一个看上去就很深奥的比喻；又将他浸没在南部"柏柏尔人的欢呼"中，将他地方化，让他与本就彼此交织的安达卢西亚特有的宗教背景相融合。

在描绘圣加百列时，洛尔迦写道：

> 不要忘记吉卜赛人
> 曾送你衣裳。

洛尔迦将大天使变成了"吉拉尔达的曾孙"，吉卜赛姑娘称大天使为"小加百列，我的生命"，使用了富于安达卢西亚表现力的指小词表达。于是，这些大天使成为纯粹的本土大天使，负责安达卢西亚的治安，就像是长着格拉纳达、科尔多瓦和塞维利亚守护翅膀的市长们一样。这一切，在安达卢西亚人看来可能天真烂漫，但在洛尔迦这样一个与世隔绝、没有信仰的诗人看来，有着细微但重要的差别，因为在诗人优雅的外表下，这些乡土化的表达方式实则揭示了他对信仰的冷漠，以及对神圣事物充满讽刺性的戏谑调侃。

《安东尼奥在去塞维利亚的路上被抓》是洛尔迦恭维男性最成功的创作之一：

> 深黑如一轮绿月，
> 　他悠闲地走着、逛着。

我们之前谈到了洛尔迦的泛性恋，谈到了他对象征双性恋的符号的钟爱。洛尔迦大胆地歌颂男人和女人，这种欢愉的泛性恋揭示了他缺乏道德偏见的事实，也就是说，他是纯粹的无道德。因此，在某种程度上，这让他更接近"被诅咒"的范畴——对于道德主义者来说，邪恶意味着失去了上帝的恩宠——或者将他从稚嫩和性欲的边缘解救出来。既然我们无法确信这种边缘状态，也还有很多其他关于洛尔迦有地狱倾向的说法，那么对我们来说，他对双性恋的开放态度就是一种纯粹的缺乏道德，或者说一种缺乏道德的纯粹，他不受道德约束的行为和对道德的彻底放弃与路西法主义和恶魔崇拜密切相关。（我们已经看到，冷漠比亵渎神灵更具路西法式的特征，而后者暗示着对传统道德观念的反叛。）

然而，这个观点在某种程度上与洛尔迦作品中对性别的伪饰相矛盾。在我看来，这种对性别的伪饰带有模糊性别特征的隐晦暗示，比如臀部、大腿等，这些特征在洛尔迦的诗中经常出现，展现了他对双重性爱意味的表达。洛尔迦在作品中总是谈及女性，可以说女性常常贯穿洛尔迦的作品，而且他几乎每次都是提及身体部位，几乎从不提及面容。洛尔迦笔下的女性没有面容。这既可能是诗人直接而强烈的性欲的证明，也可能是这些女性并非真正的女性的征兆：她们实则是用女性形态掩盖自己的男人。这两种假设都符合洛尔迦的泛性恋。然而，就其表现形式而言，我们可以把这种掩饰理解为马塞尔·普鲁斯特管他的意大利司机阿尔伯特叫作阿尔贝蒂娜：这是出于同性爱恋的羞怯。这种羞怯与我们所说的洛尔迦快乐的无道德主义相矛盾。另一方面，洛尔迦多次明确地歌颂女性的身体和爱。但他也频繁地歌颂、赞美男性，比如坎波里奥。因此，二选一的抉择仍然存在。或者我们可以转换一下思考的角度，关注诗人的戏剧创作，就会发现这种抉择或许并不存在，因为洛尔迦常常运用的技巧之一就是让女性成为主角——在《血婚》《叶尔玛》《贝尔纳多·阿尔瓦一家》中皆是如此——为的就是在女性的化身下，在歌颂女性的戏剧幌子下颂扬男性、渴望男性。这是另一种形式的掩饰。第一种掩饰是将歌颂的对象从男人换成女人，而这第二种掩饰是将歌颂者由男人换成女人，目的是歌颂男人。这既是主题的掩饰，也是作者的掩饰。无论如何，这两种情况都表露出同性爱恋的羞怯。既是这样，诗人不负责任的不道德行为又体现在何处？

体现在一个词上，这个词不是同性恋——我会非常小心，不把它用在洛尔迦的身上——而是泛性恋。洛尔迦的泛性恋既全面又包容，带有异教徒和狄奥尼索斯式的特点。

它确实是天生的欢愉快乐，也一直受到诅咒，但生活、当下、社会常规、妥协，让他在作品中采用了一些掩饰。所幸这种掩饰在他的作品中不是系统性的，但有时他会勇敢地背叛（一个人可以勇敢地背叛自己和他人），就像我们刚才讨论的绰号坎波里奥的小安东尼奥一样。

被宪警带走的绰号坎波里奥的小安东尼奥是整首谣曲的冲突所在。他是被诅咒的种族理想化的化身，也是对既定秩序的诅咒。我想我们对此进行的分析已经很充分了。洛尔迦再次介入这首诗中，指责坎波里奥没有反抗被捕，而宪警们则"都喝着柠檬水"。在这种情况下，秩序、武力、法律都呈现在持续的狂欢中，哪怕它只是有节制的柠檬水狂欢。在此意义上，不管是否有充足的理由，洛尔迦都是一个反叛者。

《绰号坎波里奥的小安东尼奥之死》又是一首对吉卜赛人安东尼奥·托雷斯·埃雷迪亚的赞美诗，是"勃发的康乃馨的声音"，但在诗中出现的是更具戏剧性的一幕，因为"在瓜达尔基维尔河旁"死亡的声音正在回荡。坎波里奥的生命被他埃雷迪亚家族的四个表亲，贝纳梅希家的儿子夺走了。这首诗对于我们而言，首先是一首对西班牙民族的极大罪恶——嫉妒之罪——的谴责。垂死的安东尼托说道：

> 他们不嫉恨别人，
> 却唯独嫉恨我。

而后洛尔迦用典型的指小表达和细致入微的手法详细描述："葡萄干色泽的鞋子，象牙雕成的奖章。"费德里科·加西亚·洛尔迦在此为西班牙人致命的情感建起了一座纪念碑，那就是嫉妒。具体来说，嫉妒眼前的人，嫉妒我们最亲近的人，甚至嫉妒我们所爱的人。"他们不嫉恨别人，却唯独嫉恨我。"埃雷迪亚的四个表亲并不嫉恨别人葡萄干色泽的鞋子，也不嫉恨别人象牙雕成的奖章。但他们嫉恨坎波里奥，因为他是他们的表亲。西班牙是一个嫉妒表亲、兄弟、表兄弟的国家。西班牙人嫉妒他的邻居，如同嫉妒自己。我们指出嫉妒是西班牙的七宗罪之一，这也许没什么新鲜的，但把这首诗视为西班牙所有文学作品中关于嫉妒最伟大的呈现，或许可以让我们发现一些东西。我没听说过此前有人从这个角度研究过这首谣曲。

有人说西班牙人爱嫉妒是因为他们贫穷。我想说，这句话应该反过来说，西班牙人之所以贫穷，是因为他们爱嫉妒。富有和贫穷是相对的、可以进行比较的概念。西班牙人永远感到贫穷，因为他总是把自己和富有的表兄弟进行比较。而这种比较只是出于嫉妒的本性。因此，西班牙人天生就有嫉妒心理，不是某种外部因素或特定情况导致的。

我们民族的罪恶是嫉妒，就像英国人的罪恶是骄傲，法国人的罪恶是"沙文主义"[1]，苏格兰人的罪恶是贪婪，

---

[1] 指的是一种对法国的过度爱国主义或盲目自大的态度。如今常用来指代一种过分强调法国文化、价值观和成就的态度，有时可能伴随着对其他国家或文化的轻视或排斥。

德国人的罪恶是种族主义,等等。我们不会通过这些浅薄且负面的民族主义展开讨论,但这些明显的种族概括的确存在,并且是与生俱来的,因此无法进行深入的研究。

我们将这首谣曲看作对嫉妒最伟大的抨击,也可以将它视为洛尔迦自身悲剧结局的前兆。因为洛尔迦正是被西班牙的嫉妒杀害了。这种嫉妒甚至上升不到国家的层面,他是被当地人的嫉妒所杀害的,就像绰号坎波里奥的小安东尼奥被残忍杀害一样。我们不能仅仅凭有限的经验就进行预测,但结合洛尔迦的作品及其生平,我们可以看到谣曲中绰号坎波里奥的小安东尼奥的死亡与费德里科·加西亚·洛尔迦的死亡有着惊人的相似。

当然,我们在此不会坚持认为洛尔迦是在有预感的情况下写下这首谣曲的,但所有能让坎波里奥和他自己的死成为可能的情况都已经在他的脑海中浮现过了。是来自地方的嫉恨杀死了他。是那些狭隘又尖刻的偏见和仇恨杀死了他。和坎波里奥一样,洛尔迦也可以说:"他们不嫉恨别人,却唯独嫉恨我。"而葡萄干色泽的鞋子和象牙雕成的奖章恰好呼应了我们在一开始提到的洛尔迦遭枪决时被偷走的金物件。

但最重要的是他的伟大奖章,他乡下的表亲们、邻居们和同胞们嫉妒的是他的才华和魅力,是他的天赋和神秘。西班牙人无法原谅这些事情,因为他们永远无法理解,但这些事让他们感觉到有一种生活和一个种族比他们更高尚、更纯粹。无知加上嫉妒导致仇恨,仇恨导致犯罪。费德里科·加西亚·洛尔迦就这样在这首谣曲中无意间勾勒了自己的死亡图景。在安达卢西亚的景色中,在"圆圆的柠檬"中,他最亲近的人嫉恨他。正因为与他亲近,他们没有嫉恨别人。于是他们袭击他,然后杀死了他。

费德里科·加西亚·洛尔迦,"就像一枚活生生的金币,/永远不会再出现",死于内战对峙双方的一方之手。费德里科·加西亚·洛尔迦死于民族嫉恨之手,这嫉恨让加尔多斯[1]憾失诺贝尔奖,这嫉恨在《漫画马德里》[2]中调侃地把胡安·拉蒙叫作"胡安尼托·希梅内斯"。洛尔迦,一个内心深处感到与社会脱离的人——我不在乎他是否与他人相处融洽——不能参与政治,因为政治代表最强烈的社会联结。从外表看来,洛尔迦是诗歌唯美主义者,但他内心被更紧迫、更深沉的内在需求所牵引。他从来都不是什么政客,即使就像我们所看到的,他身上与生俱来的反叛与政治反抗有所共鸣,但他决不会与顺从、妥协扯上关系。(他痛骂所有在西班牙和西班牙之外的秩序,又在《贝尔纳多·阿尔瓦一家》中大肆揭露社会的性别暴政,对于一个伟大的斗士,哪怕是与他同时代的人,又怎敢继续称他为"安达卢西亚少爷"?)对于像洛尔迦这样的抒情的无政府主义者或无政府主义的抒情诗人而言,政治的封闭只

---

[1] 贝尼托·佩雷斯·加尔多斯(Benito Pérez Galdós,1843—1920),西班牙伟大的现实主义小说家。
[2] 1880年至1923年间在马德里出版的周刊杂志,该杂志本质上反对现代主义,以丰富的漫画和插图为特色。

会将对方视作对立阵营的敌人；但洛尔迦的情况并非如此，因为安达卢西亚少爷的外表本可以保他安然无恙。我们很清楚，杀死他的人并没有杀害少爷们，也没有杀害安达卢西亚人或者巴斯克人。他们残杀洛尔迦是出于别的原因。洛尔迦是出于别的原因被杀死了。和坎波里奥一样，洛尔迦是被嫉恨杀死的。我们恐怕需要以洛尔迦特殊且悲惨的经历为线索深入研究，了解整个西班牙内战，我们所有的内战，是否都源自民族内部的嫉妒心理。

这首关于坎波里奥之死的诗歌巨大的文献价值在于，一方面它是关于西班牙民族嫉妒的诗，另一方面，它写的也是诗人自身的死亡，是诗人早在死亡来临之前就在无意识的状态下完成的，所以谈不上文学上的预见。另一首《殉情者》也带有梦幻的特点，可以说是一首"梦游"谣曲。在诗中再次出现了洛尔迦情色元素中反复出现的意象——大腿：

> 山谷里伤心的女人们
> 流出男子汉的血浆，
> 如被剪下的花的安详
> 又如青涩大腿的苦痛。

对这首诗的理解也必须融入梦境之中。洛尔迦刻画得最生动的梦游情节，在《吉卜赛谣曲集》中非常普遍，贯穿始终。现实与梦想之间的分裂，费德里科内心的分裂

（此处我们不再展开详谈），都在这首诗中得到了有力的证明。开篇前两行已然将梦境开启：

> 那是什么闪闪发光，
> 照耀高高的走廊？

但接下来的两句旋即将我们带回日常和线性的现实之中：

> 孩子啊，把门关上，
> 十一点钟刚刚敲响。

这首诗中不断出现的是两种状态。可以说，在费德里科的所有作品中都普遍存在这种状态。

在《被传讯者谣》中，我们再次遇到了此前在洛尔迦作品中已经出现过的人物阿玛尔戈。在这首诗中，他的命运依然是死亡。《西班牙宪警谣》是洛尔迦所有作品中表达政治抗议最强烈的一首，也是最具体的一篇。在对洛尔迦此前作品的分析中我们已经看到，洛尔迦最早的政治觉醒也是从国民警卫队开始的。在遥远的南部代表着中央集权秩序的国民警卫队，对洛尔迦而言，可以概括并象征所有他厌烦的事物制度。洛尔迦用宣传单一般的口吻戏称国民警卫队"在夜间出动，驼背躬身"。我们都知道，国民警卫队的队员们通常是不会驼背的。洛尔迦在此处也许暗指他们蹲伏步行或是骑在马上的姿势。诗中写道,"他们想到哪里就到哪里",强调了宪警的无所不能,他们的所作所为和无恶不作。在强大的宪警们面前,吉卜赛人手无寸铁,束手无策:

> 痛苦和麝香的城市,
> 还有桂皮做的塔楼。

诗中再次构筑起了混乱与秩序、法律与魔力、权力与抒情、权威与自由之间的致命冲突。这个"安达卢西亚少爷"——真是蠢蛋们——已经很透彻地提出了这个问题,也已经选定了立场。他的《吉卜赛谣曲集》既是全部的他自己,也像是预演的一场小型内战。

如果说在坎波里奥的谣曲中有一种预感——我们从狭义上理解这个词——即它预测了诗人自己的死亡,诗人成了内战的牺牲品,那么在《吉卜赛谣曲集》中,一切都预示着战争本身,预示着整场战争。洛尔迦,一个对政治漠不关心的人,用清醒的政治眼光——他这不可思议的接受力——看到了西班牙潜在的悲剧:西班牙的中央集权与地方分权之间的斗争。(事实上,当颠覆发生时,表面上的情况可能完全相反。)在这首诗中,洛尔迦以预见性的方式展示了1936—1939年的西班牙内战蓝图。他其实很早就预测到内战的爆发,因为他非凡的洞察力能够捕捉到其他人只能模糊感知、无法具体把握的直觉。只需要深入阅读《吉卜赛谣曲集》就足以猜测——对当时而言已经足够了——在西班牙，一些事物方兴未艾，还有一些事物暗潮汹涌、一触即发。在战争爆发和诗集出版这么多年之后，也许现在说起这些很容易，但这些观点中有利于我们的事实与我们提出的主张并不冲突，反而有利于我们对观点的需求。相比于20世纪二三十年代的所有政治文学作品，《吉卜赛谣曲集》这本费德里科·加西亚·洛尔迦创作的"一个安达卢西亚少爷的唯美主义作品"更好地预示并揭露了西班牙的危机、冷战的状态和悲剧的迫近。

《吉卜赛谣曲集》非但没有任何将文学现象政治化的意图，还通过这样的方式向我们表明了这一点。令人费解的是，那些更"政治化"的人为何之前没有意识到我一直以来的观点。对于我而言，洛尔迦的《吉卜赛谣曲集》是西班牙内战前后最伟大的著作。因为它具有预言性，当然还有它所彰显的惊人的文学质量和人文素养。一部如此伟大的作品迄今却一直被视为民俗学和美学的产物，这只能证明一个令人心碎的事实：在西班牙的精神生活中，我们都是盲目的，没有一个聪明的人来引领我们。因为在《吉卜赛谣曲集》中，吉卜赛人代表的意义远远超过了他们自身，同样，国民警卫队也在诗歌中承载着更多的象征意义。洛尔迦在《诗人在纽约》中写下有关黑人的平行诗句时，他的意识和意图就可以证明这一点。建立了这样的平行关系，我们可以清楚地看到，吉卜赛人和宪警之间的冲突不仅是根植在洛尔迦的意识和视野中的局部事件，而且是对西班牙以及整个世界的悲剧清晰而深刻的认识。这种理解从格拉纳达传递到纽约，从阿尔拜辛区转移到哈莱姆区。这是两股巨大力量之间的冲突，是阶级之间的斗争，也是涌动着的潜在革命。因此，宪警和吉卜赛人之间的冲突远不止如此，可以用贡戈拉式和超现实主义的隐喻来解释。

我们已经看到，形而上学的反叛与政治的反叛是多么深刻却又偶然地重合在一起，洛尔迦的戏剧性和史诗性只不过是他演绎存在主义悲剧的开场，而这一切又都在诗歌不同的维度恰如其分地表达了出来。我们也因此能够将《吉卜赛谣曲集》这部史诗当作政治文献，尽管从心理层面的解读中我们已经挖掘出其他更隐秘的影响，这部分我们也已剖析过了。

圣母和圣约瑟意外地出现在《西班牙宪警谣》中，他们的形象就像"耶稣诞生"的微缩模型一样被指小化了。除了褒义正向的指小外，他们也被地域化了，因为跟随他们的是佩德罗·多梅克[1]（和他一起的有三位波斯国王，可谓充满荒诞的异国情调，或言洛尔迦式的逗趣）。当宪警冲进吉卜赛人的城镇，酒瓶里的白兰地"带上十一月的面具，以免引起怀疑"。这瓶伪装成十一月的白兰地是整部诗集中最能体现贡戈拉式超现实主义的意象之一，它所蕴含的超现实主义和贡戈拉风格我们之后再做分析。诗中有一个巧妙的维度转换，好让吉卜赛人能够聚集在伯利恒的门廊。

---

1 安达卢西亚地区有名的牧场主。

这种关联无疑源自安达卢西亚人种的交融，洛尔迦将犹太人的圣约瑟和圣母视为吉卜赛人的象征：这两个被流放的安达卢西亚种族，受到了宪警的骚扰。可以肯定的是，被去除了神圣特质、被地域化、被吉卜赛化的圣母和圣约瑟与吉卜赛人并肩战斗，其中无疑蕴藏了深深的种族共鸣，也因为吉卜赛人在其文化中融入了对天主教教义的神秘理解与世俗化：

圣母给孩子们治伤，
用星星的唾沫止痛。

洛尔迦创作中的指小和美感鲜少能像这两行诗一样充满温柔、优雅和精准的诗意，但我们不能将其理解为宗教信仰，这是一种误读。

　　洛尔迦用鲜少具有现实效应的隐喻对发生在吉卜赛城镇里的屠杀进行了不可思议的描述，整首诗就此结束。凭借对戏剧的敏感度和剧作家的敏锐度，极善用隐喻的洛尔迦总是能即刻将真实感传递给读者。他的隐喻，尽管有时体量十分庞大，总是牵着一条直通真理的线，不仅具有文学价值，也在时效和叙述上成立。如果说贡戈拉的世界处于静止状态，被唯美主义冻结，凝固在隐喻中，那么运用了贡戈拉风格元素的洛尔迦总能让诗歌律动起来，因为洛尔迦不只是运用隐喻的高手，也是生机论者——尽管洛尔迦因为唯美主义被深深误解——而且他总是能看到、捕捉到发生的事情，在他身上也总是发生很多事情，他需要讲述发生的事情以及发生在他身上的事情。于是他在诗歌中把这一切叙述了出来。

《西班牙宪警谣》是这样结尾的：

> 哦，吉卜赛人的城镇！
> 谁能见了你而又忘记？
> 让他们在我的额头上寻找你，
> 月亮与黄沙的游戏。

在诗人的额头上，在他的思想里，是对一个被禁锢的世界的记忆和感悟。无论是否有理由，诗人都为之歌颂。并且无论如何，他都怀有热情，也带着与黑暗、堕落、被诅咒的诗人不可分割的认同。

在《历史谣曲三首》中，我们首先读到的是《圣奥拉娅的苦难》。为什么罗马时期的梅里达会出现在《吉卜赛谣曲集》中？洛尔迦后来曾向他的一位朋友解释过，他觉得在诗歌中加入这种类型的历史重现很不错，而事实上，我们在《吉卜赛谣曲集》的尾声读到了几处类似的重现。在我们看来，《圣奥拉娅的苦难》无疑是其中之一。宪警变成了罗马士兵，每一个吉卜赛处女都变成了女孩弗洛拉。洛尔迦始终站在受害者一边，反对无所不能的秩序。这首谣曲虽然呈现的是不同的景象，但在精神上和吉卜赛谣曲保持一致。另一个有力的证明就是洛尔迦在创作《吉卜赛谣曲集》时秉持的人道态度：对我们所说的无所不能的秩序的反叛，无论是罗马百夫长、宪警们，还是华尔街的银行家们。他所展现的是一种在任何时代、任何地点、任何体制中对这种秩序的受害者的歌颂。

《讽唐·佩德罗骑士》是另一首诞生于洛尔迦梦呓的谣曲。模糊与具体、现实与梦境、梦游与史诗在这首诗中以诗人擅长的巧妙方式交替出现。诗人总能用神奇的手法把玩自然、生活和历史中的元素。我们在读这首诗时可以感受到，纯粹梦幻的脉络在洛尔迦的作品中反复出现。他永远在两片海洋之间生活和写作。永远在两个世界之间。

《吉卜赛谣曲集》出人意料地以《他玛和暗嫩》结束。这是一首乱伦诗，且从历史背景来看，这首诗与诗集中的其余诗作也毫不相关。但诗人小心翼翼地对这一主题进行巧妙的地域化，甚至出现了诗意的时代错误——"伴随冰冷的手鼓"——就像他之前对基督教的神话进行地域化处理一样。诗中透露出的浓烈的情欲，妹妹被哥哥强暴的情节，裸体的男女歌唱的性别模糊，都是洛尔迦的独特风格，也是《吉卜赛谣曲集》的特色所在：

> 活塞和大腿嬉戏
> 在静滞的云层下。

洛尔迦总是倾向用大腿的意象触及最直接、最黑暗的性主题，触发那个恶魔的天堂——魔鬼自有他的天堂，比其他的天堂更直接、更欢愉——魔鬼的天堂是性自由的天堂，在那里性别、血统、年龄的障碍统统都被消除。洛尔迦被这种乱伦的传说深深吸引并进行再创作，把它改写成盲目的性的胜利。乱伦、同性恋、通奸，所有被禁止的性行为形式都在诱惑着诗人，即使是在文学层面。但我们都很清楚，它不仅仅是文字上的。如此伟大的诗集以乱伦之作收尾，如果我们对一直强调的洛尔迦黑暗的泛性倾向还有什么困惑的话，到此也已不言自明。

10
安达卢西亚和超现实主义

许多谣曲诗人对超现实主义的回应让我们思考超现实主义在西班牙,特别是在安达卢西亚产生的影响。西班牙的超现实主义是晚熟的超现实主义,因为它在西班牙传播开来的时间明显晚于在法国的鼎盛时期,最重要的是,在西班牙,超现实主义已经失去了它诞生初期原本的纯粹,演变成适应了本土的风格。譬如,不得不提西班牙的现实主义就是如此,叙事主义也是因为我们的艺术不懂抽象才形成的。所有的西班牙艺术都是叙述性的,包括音乐——最抽象的艺术形式——因为无论是格拉纳多斯[1]还是阿尔韦尼斯[2],甚至是伟大的法雅本人,都或多或少用微妙的方式

---

1 恩里克·格拉纳多斯(Enrique Granados, 1867—1916),加泰罗尼亚钢琴家和古典音乐作曲家。他被视为民族主义音乐的代表,其音乐体现出了独特的西班牙风格。
2 伊萨克·阿尔韦尼斯(Isaac Albeniz, 1860—1909),西班牙作曲家、钢琴家,其音乐创作受到安达卢西亚民间音乐的强烈影响。

"向我们讲述着"安达卢西亚。他们各自的才能和敏感度不尽相同,但始终遵循着那个描述性的线索,只是在细节处理和表现手法上略有不同罢了。

这种无法进行抽象的能力使得西班牙人——无论是普通人还是艺术家——去寻求所谓的现实主义,我更愿意称之为叙事主义,因为这种无能无非是没法看得比自身更远,或是比自身更近、更深入。当然,我们伟大的艺术创作总是叙述性的这一事实并没有降低它们作为伟大的艺术创作的重要性。另一方面,如果说西班牙人在艺术上需要现实,那么在思想上则需要逻辑。西班牙人热衷现实,因为现实是有"逻辑"的,而西班牙人热衷"逻辑",因为后者是对现实清晰的写照。当然,我所说的"逻辑"是带有贬义的,所谓的"逻辑"甚至都算不上一种哲学形式。逻辑作为常识的实践,与哲学恰恰相反。逻辑遵循现实,哲学遵循抽象。很长一段时间以来,西班牙最伟大的哲学家一直是一个有逻辑、有常识的人:巴尔梅斯[1]。一个反哲学家。

因此,当以自由为先的艺术形式——超现实主义——传入西班牙时,它最佳的接受者们将其调整为一个合乎逻辑的创作体系。无论是拉蒙·戈麦斯·德·拉·塞尔纳在

---

[1] 海梅·巴尔梅斯(Jaime Balmes, 1810—1848),西班牙哲学家、神学家、天主教道义学家、社会学家和政治作家。

他的格雷格利亚[1]中，还是杰拉尔多·迭戈在他的"超现实主义"中，都并不是真正的超现实主义者，也并不打算进行真正的超现实主义创作，而是通过松散的或是惊人的表达方式，赋予绝对传统、合乎逻辑的隐喻以超现实的外壳。而维森特·阿莱克桑德雷——表面看来是西班牙超现实主义的杰出代表——则是一直在否认自己是超现实主义者。事实上，在他的一些诗集令人不安的句法和意象之下，总隐藏着一个故事，一个抒情的论证，而隐喻只是隐喻。它们从来都不是词语、物体、思想之间轻松愉快、自动产生的联想。长期以来，西班牙人对哲学的无能为力使得他们不可遏制地屈从于逻辑。

我们民族这一普遍性的特点在安达卢西亚有一种变体。也许在加利西亚也有，那是伊比利亚半岛上另一个神秘的地区。（安达卢西亚的洛尔迦曾用加利西亚语进行写作。）我们说过，安达卢西亚由于其混合了各种血统和种族的独特情况，具备一种神秘的本性，也由此摆脱了逻辑的束缚，倾向于梦境、神秘和神秘主义，这并非为了哲学，当然也不是为了逻辑。安达卢西亚摆脱了逻辑的奴役，尽管没有摆脱叙事主义的奴役，因为我们已经看到，即使是安达卢西亚的音乐家也都是充满叙事性的。而对梦境的偏爱让安

---

[1] 即"Greguería"，西班牙语原意为"嘈杂""喧闹"，根据作者说明，其创作的"格雷格利亚"无任何含义，只是他头脑中杜撰出来的、带有文字游戏性质的短句。

达卢西亚成为超现实主义的沃土，以至于世界文学史上的第一位超现实主义者，先于超现实主义这一流派诞生的超现实主义者，正是安达卢西亚人：堂路易斯·德·贡戈拉·伊·阿尔戈特。当弗洛伊德将潜意识贴近意识层面，当世界的艺术开始从梦境中汲取灵感的时候，西班牙晚熟的超现实主义在生根发芽，特别是在安达卢西亚：维森特·阿莱克桑德雷、路易斯·塞尔努达、费德里科·加西亚·洛尔迦。

这种根基根深蒂固，即使在今天，西班牙唯一被"正式"认为的超现实主义诗人是一位安达卢西亚人，来自科尔多瓦：曼努埃尔·阿尔瓦雷斯·奥尔特加[1]（他也是将所有法国超现实主义译成西班牙语的人）。

和其他所有安达卢西亚的诗人一样，洛尔迦的超现实主义也是叙事性的。在诗人早期的诗集中这一特点只是偶有出现，而在《吉卜赛谣曲集》中已经变得非常明显。诗集中伪装成十一月的酒瓶里的白兰地（体现超现实主义风格的一个很好的例子）有一个直接的"合乎逻辑"的解读——面对着国民警卫队穿过吉卜赛人的城市并发起猛攻，白兰地失去了热情，冷却了，变成冬天的样子，伪装成十一月。这是一种叙事，戏剧中的叙事，是在对应的谣曲中发展起来的。如果这是一部关于文体学的作品，我们同样

---

[1] 曼努埃尔·阿尔瓦雷斯·奥尔特加（Manuel Álvarez Ortega，1923—2014），西班牙诗人、翻译、作家和兽医。

能对谣曲集中明显不合逻辑的隐喻做出合乎逻辑的解读。但还有比这更重要的原因，我们刚刚也已说过：制造隐喻本身就是反超现实的。隐喻是由图像构成的三段论，是一种美学的三段论，与概念上的三段论平行；隐喻是一个合乎逻辑的事实，无论它的表达多么令我们惊讶。隐喻永远不可能是超现实主义，因为它涉及逻辑连接，尽管这种连接可能更为微妙或者相距甚远。而超现实主义是弗洛伊德和安德烈·布勒东[1]将梦的非逻辑性释放，从意识的逻辑中解放出来的非逻辑性，这种非逻辑性无疑具有一种隐秘、隐藏、神秘且未知的逻辑，因此是邪恶的。但归根结底，它也是一种逻辑，因为人类只有两个方向：通过思维作用于感官，或让感官作用于思维。在第一种情况下，它是对理性的逻辑运用；在第二种情况下，它是自然的逻辑，同样也是逻辑，因为感官遵循一些物理和机械的法则，其中甚至包括了生理上的偶然性。这种自然压力向大脑发送刺激，这些刺激对大脑来说是无意识的，并导致我们谈论潜意识中的混乱状态，这种混乱状态当然存在，就像在所有生物和所有创造物中一样，但不是因为缺少规则，而是因为这些规则的产生是自发的。我们无从得知超现实主义在哪一个模糊的边界就不再是不合逻辑的，转而遵循某种称不上更深刻但的确更盲目的逻辑：自然的逻辑。此外，有

---

[1] 安德烈·布勒东（André Breton，1896—1966），法国作家和诗人，超现实主义的创始人。

意识的、理性的逻辑永远不能完全被一个正在运作（或处于放任状态）的头脑所废除。

如果所谓的纯粹超现实主义是相对的，西班牙的超现实主义者是相对的超现实主义，那么洛尔迦的超现实主义可以说是最不纯粹的。如果我们可以在某一时刻将洛尔迦视为超现实主义者，那并不是因为他受到了先前贡戈拉的影响或是受到之后法国超现实主义的感染——这两者都只涉及诗歌的形式——而是因为他容易进入梦境的世界，就是我们在本书中一直说的，洛尔迦有能轻松进入梦境的天赋。因此，洛尔迦最伟大的超现实主义作品，在我看来，不是人们常说的《诗人在纽约》——尽管这本诗集受到的超现实主义表达的影响更多——而是《吉卜赛谣曲集》，因为其中有洛尔迦写梦境写得最好的诗，诗里有梦境氛围、梦境情节、梦的"逻辑"。潜意识在这部梦游诗集中的影响比在《诗人在纽约》中的更明显，而后者更是一部客观地抗议诗人所看到的恐怖世界的报告式诗集，尽管它是用一种充满愤怒的超现实主义表达写成的。而洛尔迦之所以选择这样的表达方式，也是因为在他看来，它比其他任何方式都更适合表现混乱不堪的美国现实和纽约现状。

如果安达卢西亚因其超验主义自然而然地成为超现实主义的代表，那么费德里科因其安达卢西亚人的身份和梦幻般的特质也自然而然地成为超现实主义者。而他最具超现实主义特质的诗集，自然而然也是他最充满梦幻、最具安达卢西亚特色的诗集：《吉卜赛谣曲集》。

11
浪漫主义者

有一则关于诗人童年时期的逸事,据说幼年洛尔迦在父亲家的尊贵宾客面前总是表现出早熟的风趣,但常常用下流的话道别。不管是真是假,这则逸事在某种程度上能对诗人一生中的行为做出解释:表面上彬彬有礼又善于社交,但他的作品毫不客气地打破了一切虚伪,用出人意料的方式抨击、斥责,令人不安。无论如何,我们已在本书中反复重申,我们关心的并不是诗人的生活,而是他的作品。

只有从一种无可救药的轻率态度,才能将那些在历史的街角踉跄、颠覆自己生活的诗人、艺术家理解为"咒骂者"。对于资产阶级的艺术和意识形态来说,"被诅咒者"是那些不按社会要求的常规方式融入其中的人。按照这个标准,"被诅咒者"是拿着隐喻或誓言的石块打碎指引方向的街灯的人。所有属于那群悲哀并且永远不幸的失败者的人,那些围绕在文字共和国周围的贫困潦倒、充满挫败的人,都可以被视为"咒骂者"。但我们很清楚,用一碗肉汤和一个地方文学奖项就能救赎这些被诅咒之人。波德莱尔和洛特雷阿蒙让波希米亚成为一种风气，但这并不能让苟活在伟大的文学河流流经的桥下的可怜人成为波德莱尔式或洛特雷阿蒙式的人。这帮可怜虫只是在河水里洗脚，用他们的贫困让河水变得浑浊又卑贱。波德莱尔是"被诅咒者"，不是因为他和女同性恋者发生关系，而是因为他是"被诅咒者"，所以才会与女同性恋者发生关系。

因此，要么从其人分析到其作品，要么是从作品分析到其人。逸事只会让对文本的解读变得更狭窄。但我也说过，或许是因为无能，或是因为懒惰或者害怕走得更远，艺术和资产阶级的意识只局限在逸事之中。被诅咒的概念只能从对一个人或其作品中根深蒂固的邪恶的深刻理解中产生。如果在逸事中被诅咒的魔鬼的化身和饥肠辘辘的"可怜的魔鬼"重合，不可能把所有的可怜鬼都归为被诅咒之人。况且，这种巧合并不总是存在，就像洛尔迦身上所发生的一样。要理解什么是典型的被诅咒者，比如波德莱尔，就必须抛开黑人女子和女同性恋者这些因素，只读他写的东西。对逸事的夸张迷恋会让我们认为梅嫩德斯·佩拉约[1]是被诅咒者，因为他是个酒鬼；或是把加尔多斯当成被诅咒者，因为他沉溺于马德里的妓女之中。这实在是可笑至极。不管是伪文学的波希米亚人，还是有人性弱点的

---

[1] 梅嫩德斯·佩拉约（Marcelino Menéndez y Pelayo，1856—1912），西班牙作家、文学批评家、历史学家。

英雄，都不是被诅咒者。我们要么用深刻严谨的方式来理解这个词，要么继续错下去，永远把咖啡馆里的骗子当成被诅咒之人，而后讶异于有人竟然管费德里科·加西亚·洛尔迦这个从没行骗过的人叫作被诅咒者。在文学和艺术中，与自然界中存在的邪恶行为深深相连的人本质上才是被诅咒的人。他是邪恶的象征，或者他本身就是邪恶的化身，并把这种邪恶变成一件艺术品、一本书或者一幅画。除了美学价值，如果他们真的体现了邪恶的力量、意识和动力，那么他们将永远举足轻重。而所谓的邪恶，如果在本书中没有清晰表达，指的是在自然界和人类中无疑存在的负面的、自我毁灭的力量。这与神学或道德方面的其他影响无关。显然，我们称之为负面的或可自毁的力量可能只是大自然和人类本质中的阴影部分，这一部分渐渐被思想和科学揭示出来。用马查多的话来解释，我们歌唱的是我们所不了解的东西。我们为良善歌唱，也为邪恶歌唱。像加布里埃尔·马塞尔[1]这样的天主教徒，就把宗教和信仰不可言喻的神秘放在了这个阴影区域。像萨特这样的无神论者则将混沌和虚无放在了阴影的这一半。这是两种对未知事物的歌唱方式，不能一概而论。只能具体情况具体分析。在一个人身上，阴暗的一半是邪恶升华为良善，这是神秘主义。在另一个人身上，阴暗的一半是良善升华为邪

---

[1] 加布里埃尔·马塞尔（Gabriel Honoré Marcel，1889—1973），与萨特并列当代法国两大存在主义思想家，剧作家、戏剧评论家和音乐家。

恶，这是撒旦主义。天主教中的恶魔不就是一个升华成魔鬼的天使吗？

就像我们所看到的，在这个层面，逸事比以往任何时候都更加琐碎。我们又如何能凭着逸事评判洛尔迦这样一个深刻的人？他的逸事给我们的不过是一个虚假的、肤浅的洛尔迦的刻板形象，而我在这本书中所做的就是试图摧毁它，用我对他的印象取而代之。虽然我不确定这个形象是否完全正确或者部分正确，但可以肯定的是，从各个方面来看，它都没有逸事那么轻浮。

我们的诗人应该得到另一种对待。不要再将他视为舞者或者诗歌的钢琴家。与费德里科过从甚密的豪尔赫·纪廉在《费德里科其人》中说："因为费德里科将我们与创造联系在一起，与那些维系着富饶力量的深处联系在一起。"他还说道："作为创造的产物，他完全沉浸在创造之中，是创造的交汇点，参与到深层次的创造力量中。"甚至还说："洛尔迦的诗歌将我们带入最隐秘的要素，那是他在夜晚的灵感中所感知到的东西（用他的话说就是'魔灵'）。"隐秘的要素，夜间的灵感。即使是非常清醒、理想和乐观的纪廉，在洛尔迦的身上也发现了阴影的那一半，那个"夜晚的灵感"；还有那秘密的深处，那些"隐秘的要素"。我们必须从这里开始理解洛尔迦，理解我们为何称其为被诅咒的诗人。纪廉本人在评述《塔玛里特短歌》时写道："诗人向我们展现了他因对死亡的期待而突出的秋天景象。所有意象都源自这个扭曲的根源。通过扭曲所影射的对象，与其起源非常吻合,那就是痛苦。费德里科在写《塔玛里特短歌》时,还很年轻,也很健康。如果他的死是意外的、外部的、突如其来的,那他为何要期待死亡?他又为何会感到痛苦?纪廉在分析中几乎直戳洛尔迦的痛处。但他继续前进,把这一点径直绕过去了。如果我们坚持刚才提出的问题,可能会得到一个模糊的答案,那就是洛尔迦是一个浪漫主义者。的确如此,他是一个浪漫主义者。但这就和非常快乐、充满活力的费德里科相矛盾了。而从另一方面来说,浪漫主义不过是历史上伟大的被诅咒的艺术家和"被诅咒的"概念诞生的环境和运动。并非每个浪漫主义者都会被诅咒,但被诅咒之人是极致的浪漫主义者。洛尔迦是这种极致的浪漫主义者吗?整本书都在证明或试图证明,他的确是。

最后,豪尔赫·纪廉言明:"从这个悲剧性的边界,这个伟大的安达卢西亚人感知世界并构思他的诗歌"——"在下午五点钟","一个无边无际的下午"。可惜,洛尔迦内在的乐观主义让纪廉无法深入研究这一点,尽管以纪廉的聪慧才智这是显而易见的。

另一位深谙洛尔迦的人,斗牛士伊格纳西奥·桑切斯·梅希亚斯这样说道:"洛尔迦是贝尔蒙特[1],阿尔贝蒂

---

[1] 胡安·贝尔蒙特·加西亚(Juan Belmonte García,1892—1962),西班牙著名斗牛士,在20世纪初期成为斗牛界的传奇人物。与传统斗牛士不同,贝尔蒙特更加依赖敏捷和灵活性。他避免与公牛直接接触,而是通过巧妙的躲避和旁敲侧击的方式来进行斗牛。

则是何塞利托[1]。"冲动狂热的本能力量与理性有序的美的原则再次形成对立。我们已经在之前的论述中表达了对拉斐尔·阿尔贝蒂的评价。在他身上体现出何塞利托的雅致的气质。相比之下，贝尔蒙特则是最后一位戈雅式的斗牛士，而戈雅正是第一个被诅咒的画家。这样一来，这些相似之处便相互联系起来了，对此在本书开头我们就已预见到了。洛尔迦本人曾说过，戈雅是一个有魔灵的画家。所有人都能看出来贝尔蒙特是戈雅式的斗牛士。桑切斯·梅希亚斯说，诗歌领域中的贝尔蒙特就是洛尔迦。如此一来，他们之间的联系就自然而然地形成了闭环。

我们把所有说法都汇总起来，因为它们是我们所能找到的为数不多可以印证我们观点的宝贵证据。我们已经看到，洛尔迦为何可以被视为浪漫主义者，但他又不仅仅是一个浪漫主义者，更准确地说，他是一个极致的浪漫主义者。我们只需要将他与"正统的"浪漫主义者进行比较，就能理解这一点，比如贝克尔[2]、埃斯普龙塞达[3]、索里利

---

[1] 何塞·戈麦斯·奥尔特加（José Gómez Ortega, 1895—1920），西班牙天才斗牛士，昵称为何塞利托。他以其勇敢和技术的完美结合而闻名，表演充满了戏剧性和艺术性。他面对公牛冷静镇定，以精湛的技巧躲避公牛的攻击，并以精确的剑术技巧致命地击杀公牛。

[2] 古斯塔沃·阿道夫·贝克尔（Gustavo Adolfo Bécquer, 1836—1870），西班牙浪漫主义诗人、短篇小说作家、剧作家、文学艺术评论家和专栏作家。

[3] 何塞·德·埃斯普龙塞达（José de Espronceda, 1808—1842），西班牙浪漫主义诗人。

亚[1]……他们中的哪一个——甚至连贝克尔都不例外——像洛尔迦那样深陷困境、备感痛苦？只从文学上的浪漫主义者来研究费德里科肯定很有意思，我们会在本章余下的部分探讨这一问题。

在《加西亚·洛尔迦全集》题为"印象"的部分中，第一篇作品的标题"象征的幻想"令人难以言喻，开篇如下："城市正在沉睡，被它浪漫的河流发出的音乐所抚慰……"在洛尔迦"正式"写下的第一段文字中就出现了浪漫主义一词。在这篇散文中，他强调了格拉纳达的浪漫特质。在接下来的散文《格拉纳达》中，洛尔迦对他的城市中的指小化进行了一番理论探讨，这与我们在本书中对安达卢西亚地区的指小化论述非常一致，但诗人将其限定在了格拉纳达。洛尔迦说，通过使用指小词，"时间、空间、海洋、月亮、距离……都被限制了"。但他没提到，有一种非语法层面的指小化概念，在安达卢西亚地区也非常常见，即用"魔灵"代替"恶魔"，或者用"天使"代替"灵感"这样的术语表达。有意思的是，在洛尔迦的这部作品中，能明显看到拉蒙·戈麦斯·德·拉·塞尔纳[2]的影响：将一整篇文章写成格雷格利亚的形式，就像编织一条

---

1 何塞·索里利亚·莫拉尔（José Zorrilla y Moral，1817—1893），西班牙浪漫主义诗人和剧作家，以写作传奇叙事诗见长，题材取自中世纪。
2 拉蒙·戈麦斯·德·拉·塞尔纳（Ramón Gómez de la Serna，1888—1963），"一四一代"成员中最年轻的作家，著有小说、传记、文学评论等。戈麦斯观察细腻，想象力丰富，用一种与传统写作方式大相径庭的象征比喻手法进行各种文学作品的创作。

盘绕交错的地毯。可以说，洛尔迦的这篇散文就像用这种琐记形式写成的，其中许多简洁的表达充满想象力，譬如"格拉纳达就像讲述着在塞维利亚所发生过的事"。纯粹的拉蒙风格，而且是最纯粹的那一种。《格拉纳达的圣周》让我们更加确认了一种对于洛尔迦来说已经被世俗化的宗教所形成的地方化、区域化和异教化的观念。在这篇文章的尾声，洛尔迦明确阐述了混合的血统如何构成了他的城市的底蕴。正是通过这种混合，我们可以解释（我想我们的解释已经很充分了）有关安达卢西亚、格拉纳达和费德里科的许多事情。

《圣露西亚和圣拉撒路》是另一篇非常胡安·拉蒙·希梅内斯式的散文，我们在其中各种诙谐的格雷格利亚句子之间读到了这样一句话——尽管它们都是洛尔迦即兴创作的，但足够惊艳且有新意——这句话揭示了洛尔迦对于存在的理解，以及我们对洛尔迦个人的理解："我们把目光停留在表面，就像水生花一样，然后蜷伏在它们背后，而我们悸动的身体漂浮在一个黑暗的世界里。"

《公鸡的故事》仍然具有浓厚的胡安·拉蒙·希梅内斯式风格。《施洗礼者的斩首》则过渡到了超现实主义的写作技巧，洛尔迦再次将书写主题用作纯粹的美学手段。《施洗礼者的斩首》延续了这种表达上的讽刺和无政府主义，这也是当时流行的超现实主义的特点之一。同样，《在亚历山大港的自杀》《潜水的泳者》《被鹧鸪杀害的情侣》和《母鸡》也是如此。关于"深歌"的演说更多是技术性的，而非创造性的，可谓洛尔迦有关"魔灵"的著名演说的序篇。在洛尔迦看来，西班牙教会采用礼拜诗歌、撒拉逊人入侵以及大批吉卜赛人涌入西班牙，这三个现象共同构成了深歌诞生的三个要素。这一观点在历史上得到了扩展和回溯，可以解释——在这些事情可以被解释的程度上——安达卢西亚人的本质和特征，而不仅是深歌呈现出的特点，正如我们之前的分析。在这场演讲中，洛尔迦谈到了"浪漫主义者和后浪漫主义者留给我们的太过繁茂的抒情之树"，以及他这一代如何尝试去修剪这棵树。需要指出，这并不是反浪漫主义的自白，而只是对抒情主义表达形式的一种修正。洛尔迦在他的演讲中曾说过"我们是一个悲伤的民族"。这个说法并非毫无根据，相反，这是他一直以来提出的整个理论得出的必然结论。安达卢西亚的快乐——洛尔迦的快乐——被诗人本人所否认。整个演讲都体现着对戏剧和魔力的意识，对东方主义和死亡的意识，而非夜晚和咒语，这一切都可以追溯到吉卜赛深歌的起源和本质，以及安达卢西亚的现实和内在现实之中。费德里科在解释吉卜赛深歌时，正是在解释整个安达卢西亚，就像之后他在关于"魔灵"的演讲中，在解释魔灵的同时，也在解释他自己。在有关路易斯·德·贡戈拉的演讲中，洛尔迦将洛佩及其时代——洛佩和贡戈拉的时代——看作浪漫主义的时代，他说那个时代的伟大发现就是纯粹的浪漫主义。而他对自己作为一个浪漫主义者的大胆自白——虽然是隐含的，但也因此更有价值——我们可以在他的演讲《诗歌的想象、灵感与逃避》中找到。洛尔迦将想象力理解为极致的理性,它已经预见、预感、预测,而在想象力之外,他歌颂灵感。他说,"想象力是灵魂的行为,而灵感是灵魂的状态"。想象力是行为或行动。灵感是状态、静止、狂喜。如果我们将"灵感"替换为"魔灵"(这种替换甚至都是不必要的),我们就能看到洛尔迦在之后又加以强调的观点,也是他一直在说的事情:我们必须陷入恍惚的状态,将自己交给未知的力量,释放潜意识来为我们行动。如果我们把洛尔迦看作"魔灵"的崇拜者——抑或是恶魔的崇拜者——那么他就可以被视为被诅咒者,因为作为"魔灵"的崇拜者,他显露出浪漫主义者的一面;因为灵感是一种直觉的认知,一种可以成为获得恩宠状态的"灵魂状态"——纯粹的浪漫主义。魔灵则是一种由邪恶驱动的灵感,它是无法被收买的、叛逆的、被黑暗主宰的;它不是潜在的恩宠状态,而是明确的邪恶状态(我们始终要理解"邪恶"这个词不是道德或神学意义上的,而是自然意义上的)。灵感可以是积极的或消极的。在本书的其他章节中,我们曾说过缪斯是从上空降临的灵感,而魔灵则是从脚下升腾起的灵感。洛尔迦因为对灵感的信仰而成为浪漫主义者,又因为与魔灵这个来自脚底的灵感的联结,日后必定成为被诅咒之人。

在对《玛丽亚娜·皮内达》的自我批评中,洛尔迦表明了他对"浪漫主义中华美的陈词滥调"的崇拜。《玛丽亚娜·皮内达》在本质和形式上都是对浪漫的自由主义的歌颂。在另一篇关于同一作品的文章中,洛尔迦谈到了他与自己的心和诗之间的生死对决。"我与我的心和诗歌进行着一场生死搏斗。我努力拯救我的心,让它摆脱那不可能实现的、毁灭性的激情,摆脱那虚伪的世界的阴影,它给人以错误的希望和阳光,实际上贫瘠不堪;我也试图创造诗歌,尽管它像一位守贞的处女,奋起抵抗,创造醒目而真实的诗歌,在那里美感与恐怖、难以言喻的事物与令人厌恶的事物共存并在最炽热的欢乐中相互碰撞。""那不可能实现的、毁灭性的激情"是什么?诗人的内心进行着一场生死搏斗,一种自我毁灭,我们会避免提及这个名字,但在本书中一直都在强调它的意义。"虚伪的世界的阴影"呢?洛尔迦不是热衷于社交生活和享乐的诗人吗?还有"美感与恐怖、难以言喻的事物与令人厌恶的事物"。但他在这里反思了作为一个人和一个艺术家之间的两重性。他想要创造反映美感与恐怖、难以言喻与令人反感等对立元素共存的诗歌。为什么洛尔迦想要将所有这些融合在"最炽热的欢乐中"?又为什么欢乐是热的?过度的欢乐,炽热的欢乐,地狱般的欢乐,这些可能都是他想融入其中的元素。

有一次,洛尔迦让卖报纸的孩子们到他家看《提线木偶》,将他们与"富孩子们的鬈发和蝴蝶结"混在一起。这是一个小插曲,但可以理解洛尔迦整个作品和生活中日渐激进的不满态度。安达卢西亚的少爷每天都更加深入地了解着安达卢西亚,也就变得少了几分少爷气。在《戏剧随谈》中,洛尔迦表达了他对"社会行动戏剧"的强烈热爱。

如果说浪漫主义者洛尔迦曾经信奉过类似于他在《玛丽亚娜·皮内达》中所表达的自由式浪漫主义,那么后来他将从自由主义过渡到社会主义,始终保持着非政治人士和抒情诗人的从容态度。浪漫主义者洛尔迦停留在了自由主义阶段,而被诅咒的洛尔迦则已经走向了社会主义。他的政治发展自然而然地与他人性的发展并行,可以说前者是后者必然的结果。

12

黑人

《诗人在纽约》写于1929年至1930年间。我们此前说过《吉卜赛谣曲集》和《诗人在纽约》是两部呼应、平行的诗集，我们这么说正是因为《黑人》。神秘主义、性别主义和异国情调可能是吸引洛尔迦向黑人文化靠拢的三个力量，就像他对待吉卜赛人一样。我们说过，洛尔迦将哈莱姆与华尔街对立起来，就像之前将阿尔拜辛与国民警卫队对立起来一样。我不认为这种政治动机是对前三者的附加，相反，它是这些动机的结果。出于深层原因，洛尔迦与黑人产生了身份认同，于是政治认同自然而然地产生，尽管在这种情况下，这种认同是在吉卜赛人之后建立的，而此时的诗人更加成熟，对政治和社会有更敏锐的意识，并且毫无疑问他之前已经表明了立场。

怀着强烈的正义感和反叛精神，洛尔迦在纽约发现了与格拉纳达相似的境况。他发现黑人是另一个被放逐的种族，就像吉卜赛人一样，命运使他再次以某种方式写下了同样的诗集，因为黑人对他的吸引力就像吉卜赛人对他的吸引力，两个种族的社会处境也相似。西班牙曾严厉批判过世界对黑人的歧视，但它自己内部也存在着对吉卜赛人的歧视，即使近年来情况有所改变，吉卜赛人问题的严重程度也一直比黑人问题小得多。

《吉卜赛谣曲集》中的"政治诗歌"与《黑人》中的诗歌在多大程度上具有相似性？首先，存在一种平行的身份认同——洛尔迦热爱吉卜赛人，也热爱黑人——还存在一种情境的平行和处理方式的平行。当洛尔迦歌颂黑人世界时，他是抒情诗人；当他歌颂黑人的冲突、指责白人时，他是史诗诗人。唯一让我们感到困惑的是——可能迄今为止也迷惑了洛尔迦的所有阐释者，没有让他们意识到这两本诗集的平行性——形式。如果说洛尔迦在写他的黑人诗歌时利用了黑人种族的节奏和打击乐来进行创作，那么美学上的相似性就更加明显，而且由于几乎没有人超越这种相似性，我们早就意识到了这一点。但洛尔迦在那时已经深受超现实主义修辞的影响，他用"超现实主义"风格写作，并且无疑认为混乱而多变的美国现实需要用这种文学处理方式。然而，一方面，《吉卜赛谣曲集》中已经有很多超现实主义元素；另一方面，《黑人》中的诗歌只是表面上的超现实主义，它们从未失去一贯的戏剧性。因此我们可以说这两组诗歌在广阔的戏剧化的抒情中相吻合，这是洛尔迦作品最具特色的地方。洛尔迦从来没有像在写吉卜赛人或黑人时那样写他自己，因此写吉卜赛人的洛尔迦与写黑人的洛尔迦非常相似。

诗人在《吉卜赛谣曲集》中写道：

啊，吉卜赛人的城镇，
旗帜在城角飘扬，
月亮和南瓜，
还有罐装樱桃。
啊，吉卜赛人的城镇！
谁能见了你而又忘记？
痛苦与麝香之城，
还有桂皮做的塔楼。

在《黑人的准则与天堂》中写道：

他们热爱蓝色的沙漠，
热爱牛犹豫的表情，
热爱极地说谎的月亮，
热爱水在岸边弧形的舞蹈。[1]

洛尔迦在这两种情况下都发现了两个种族对纯真和神秘交织在一起的爱。一些人爱着"月亮和南瓜"，而另一些人则爱着"极地说谎的月亮"。他将吉卜赛人的城市称为

---

[1] 译文参考了赵振江译本，《诗人在纽约》，上海译文出版社，2012年。

"痛苦和麝香之城",对哈莱姆区说:"什么痛苦也无法和你受压迫的眼睛相比!"纯洁、神秘和痛苦是他从两个民族的内心唱出的永恒不变的元素。

以下是《黑人的准则与天堂》中的一节,我们可以在其中发现神秘主义、性和异国情调,这是黑暗的被诅咒的种族在诗人内心构成的三重力量:

> 用树干和耙子的科学,
> 用黏土填满月亮发光的神经,
> 在水和沙上挑逗地滑行,
> 品尝千年唾液苦涩的清爽。

"用树干和耙子的科学"代表了神秘主义;"挑逗地滑行"是性暗示;"千年唾液苦涩的清爽"呈现了异国情调。神秘主义的困扰再次在著名的《哈莱姆国王颂》中出现:

> 用一把勺子
> 他抠出鳄鱼的眼睛
> 并敲打猴子的屁股
> 用一把勺子。

《哈莱姆国王颂》中的哈莱姆国王,充当了奇幻动物们的司仪:曾经被崇拜、在过去被视作神圣的鳄鱼,还有好色的猴子。黑暗的魔法让诗人着迷。而后他说:"必须穿过桥，抵达黑色的羞红。"这是对曼哈顿桥的具体描述，以及对一个种族美丽的称呼——"黑色的羞红"。但当他带领我们穿过桥，把我们带入黑人的世界，抒情的歌声停止了，史诗的演绎开始吟唱，这是非常典型的洛尔迦式的交替方式。

> 必须将卖烧酒的金发人杀掉，
> 将所有苹果和沙子的朋友杀掉；
> 必须用握紧的拳头击打
> 那些颤抖的充满气泡的犹太小姑娘。
> 让哈莱姆王与他的人群一起歌唱，
> 让鳄鱼排着长队，
> 在月亮的石棉下入睡，
> 让人们不再怀疑
> 厨房里掸子、笸子、铜铲、铁锅的无穷魅力。

> 啊，哈莱姆！哈莱姆！哈莱姆！
> 什么痛苦也无法和你受压抑的眼睛，
> 和你在黑暗日食中颤抖的血液，
> 和你在昏暗中石榴红的聋哑暴力，
> 和你穿着看守者衣服的
> 被俘虏的伟大国王相比。

"必须将卖烧酒的金发人杀掉"，洛尔迦高呼反对美国佬,把他们比作卖酒的人。在激动的呼声之后,他歌颂"厨房里掸子、筐子、铜铲、铁锅的无穷魅力",所有这些卑微的器具都围绕着黑人的世界。就像他之前歌颂过的——在《吉卜赛谣曲集》和《诗人在纽约》这两部几乎是连续出版的诗集中——吉卜赛人用来装饰他们洞穴的铜器和南瓜。而后,他使用了关于黑皮肤的美丽的意象,称其为"黑暗日食",最后提到了白人将黑人囚禁起来的低级地位:"你穿着看守者衣服的被俘虏的伟大国王。"

当然,今天我们不能认同这种反向种族主义,即把人类所有可能的纯洁性都归于一个种族,仅仅因为它是一个被流放的种族。黑人并不是柏油做的天使,将他们这样理解是羞辱的一种新形式。但洛尔迦并没有从客观的、政治的、社会的、现实的角度来看待这个问题,他对被诅咒的种族的坚持和热忱是无条件的、充满激情的,原因我们在前文已经研究过了。作为一个革命者,他永远不可能是完全正确的,但作为一个诗人,他确实有理由歌颂黑人或吉卜赛人,这些理由在暗暗地触及正义的最终原则。

洛尔迦继续抨击美国佬,并把美国女孩的形象比喻成袋鼠:

> 美国女孩们的腹中装着婴儿和硬币,
> 而男孩们则在无助的十字架下晕倒。

> 就是他们。

> 他们在火山旁边畅饮白银威士忌，
> 在冰冷的熊山间吞下心脏的碎片。

白人们在威士忌的狂欢中永无休止，就像国民警卫队员们沉浸在茴香酒、杜松子酒或柠檬水的狂欢中永无休止一样。在另一节史诗般的诗中，有一句非常富有表现力的诗："黑白混血们拉开橡皮筋，渴望射中白人的躯干。"然后，诗人预言了我们这个时代正在发生的黑人反抗：

> 血液涌来，必将涌来，
> 遍布露台和屋顶，无处不在，
> 为了焚烧金发女郎的叶绿素，
> 为了在床脚下朝失眠的盥洗室呻吟，
> 碾碎烟草和带着压抑黄色的黎明。
> 必须逃跑，
> 绕过街角并把自己锁在顶层，
> 因为森林的髓质将渗入裂缝，
> 在你的肉体上留下日食轻微的痕迹，
> 留下褪色手套和化学玫瑰的虚情假意。

我们注意到，洛尔迦预言的不是正义和平等，而是混乱的到来，野性的胜利，战胜了文明的机械："因为森林的髓质将渗入裂缝。"他的态度并不符合具有建设性的革命者，而是具有破坏性的无政府主义者。他不希望纽约成为所有人的家园，而是希望丛林的强大根须侵入并摧毁这座大城市。在洛尔迦心中，存在着一种回归野性、混乱和自由的本能渴望。在面对伟大的理性文明的景象时，他感受到的更多是地球的牵引力，而不仅仅是政治上的牵引力。当然，需要明确的是，洛尔迦的抗议往往限于社会层面：

> 通过最智慧的沉默、
> 侍者和厨师，还有用舌头
> 为百万富翁清洗伤口的人……

在下面我们要引用的《哈莱姆国王颂》的一节诗中，可以明显看出洛尔迦渴望的不是在秩序中的正义，或者在正义中的秩序，而是彻底的破坏，无政府主义的毁灭。他所请求的是丛林重新侵袭柏油马路：

> 在左边，在右边，在南方，在北方，
> 为鼹鼠和水针
> 建起了冷漠的墙。
> 黑人啊，不要将它的裂缝寻觅，
> 要去寻找那无限的面具。
> 你们要寻找中心伟大的太阳，
> 要化作一个菠萝嗡嗡作响。
> 穿过树林的太阳
> 肯定找不到如仙女的姑娘。

摧毁数字的太阳,从未穿过梦境,
文了身的太阳,吼叫着顺流而下,
被一群鳄鱼紧追不放。
黑人,黑人,黑人,黑人。

....

在你们国王的树荫下等待
铁杉、刺菜和荨麻将最后的屋顶扰乱。

....

啊,哈莱姆,受到一群穿着无头西装的暴徒威胁!

在《街与梦》中,洛尔迦在《死神舞》中写道:

鬼面船标。看那鬼面船标!
如何从非洲来到纽约!

....

鬼面船标。看那鬼面船标!
纽约的沙滩、鳄鱼和恐惧!

....

银行经理看着压力表,
它正测量钱币残酷的沉默,
鬼面船标达到了华尔街。

....

从狮身女妖到银库保险箱,
一条绷紧的线刺穿所有穷苦孩子的心。
原始的热情和机械的动力共舞,
对光怪陆离的狂欢一无所知。
因为如果车轮忘记了自己的形状,
就会与马群一起赤裸裸地歌唱:
如果火焰燃烧冰冷的计划,
天空定会逃离窗前的喧哗。

在谴责美国佬的高利贷之后,洛尔迦要求车轮忘记自己的形状,这样就可以"与马群一起赤裸裸地歌唱"。他要求科学和数学回归自然,与野马和原始力量交融为一体。他要求用一团火焰燃烧超级文明的"冰冷计划"。

《诗人在纽约》不是一本社会的、政治的诗集,而是一本深刻又狂野的无政府主义诗集:

舞蹈在这里并不稀罕,我这样说。
鬼面船标将在血柱和数字间起舞,
在黄金飓风和失业工人的呻吟之间,
在漆黑的夜晚,没有灯光的时刻嚎叫
啊,狂野的美国,啊,厚颜无耻的美国,啊,狂野的美国,
躺在白雪皑皑的边疆!

鬼面船标!请看那鬼面船标!
泥浆和萤火虫在纽约上空掀起波浪!

随后,他谴责了那些"银色的酒鬼,冷酷的人,他们在大腿和坚硬的火焰交点上睡",谴责了那些"在死去的女孩的眼泪之池中畅饮"的人,还有"蓝色牙齿的百万富翁"以及建筑商们,因为

眼镜蛇将在顶层发出哨响,
荨麻将把院落和阳台摇晃。
交易所将是青苔的金字塔。
藤蔓将追随步枪而来
很快,很快,很快。

鬼面船标!请看那鬼面船标!
它在喷吐树林的毒液,

穿过纽约不完美的苦恼！

　　这是一个宏伟的、如启示录般的景象，美国巴比伦大城市被蔓生在其核心的丛林所侵袭。眼镜蛇将攀升到摩天大楼的最高层，"交易所将是青苔的金字塔"。洛尔迦在这首诗中要求的不是权利的平等，甚至不是报仇，而是对他憎恨的世界进行彻底的毁灭，彻底地消灭它。尽管他的态度类似于《吉卜赛谣曲集》，但面对一个更为强大、庞大的挑战，他的回应也更加猛烈。这不是为了伸张正义，而是要扫除白人文明，让大自然重新统治世界。

　　洛尔迦想象着非洲的神秘主义如何在银行的柱子间进行"统治"："鬼面船标！请看那鬼面船标！"这首诗中两个世界的对抗比在《吉卜赛谣曲集》中要激烈得多，既因为对比本身更为激烈，也因为洛尔迦反社会的情绪已经发展、成熟，达到了极限。他被不公正的对待和关于黑人世界的发现所唤醒，他内心渴望自由的天性和渴望深刻的创造性混沌的本能在他身上重新涌现。他所要求的并不是为黑人争取救赎，而是原始魔法和自然力量战胜秩序、文明和传统体系。

　　洛尔迦深入黑人的内心，用恶毒、残忍和恐惧来描绘白人的世界。比如在《呕吐人群之景》中：

　　　　肥胖的女人来了，走在前边，
　　　　拔起树根又弄湿羊皮的鼓面。

> 胖胖的女人
> 将挣扎的章鱼从里到外翻了个遍。

在这首诗中我们发现了两个诗意的对象，它们的结合方式与诗人在他之后的诗集《塔玛里特短歌》中将它们结合的方式非常相似——"另一个时刻的山鸡和苹果"。在《塔玛里特短歌》中的《树枝之歌》中，我们也会看到山鸡和苹果出现在一个魔幻的情景中。

《撒尿人群之景》坚持了洛尔迦对纽约及其人群的腐烂的想象，"腐烂"可以说是费德里科非常喜欢的一个词。

> 啊，人群！啊，小妇人们！啊，士兵！
> 需要沿着愚蠢者的眼睛旅行，
> 沿着自由的田野，那里有温顺的眼镜蛇发出声响，
> 满是坟墓的风景，那里生产新鲜的苹果，
> 为了让无边的光明到来，
> 让富人在放大镜后惊骇。

只有在愚蠢者的眼中才能找到纯净和野性的本质，"温顺的眼镜蛇"，在"一个呻吟者的身旁撒尿"的人中间，富人们在"放大镜后"感到害怕。《哈德逊的圣诞节》也呈现出相同的主题，具有洛尔迦梦游诗歌的特质。在某种程度上，它是一首梦游诗，诗人再次展现了我们熟知的那些特质。

《不眠之城》又是对纽约的荒凉而宏伟的描绘。这座城市由巨大的空虚所构成，比起巨大的建筑块更让诗人感到痛苦。洛尔迦反抗着这个巨大而毫无梦想的纽约深深的孤独，再次预言了原始生命的到来，自然丛林的到来，微小的和巨大的野兽将使水泥和钢铁的景观"人性化""自然化"。面对人类畸形的理性建起的巨大又充满险恶的建筑，洛尔迦再次召唤地球的全部力量。纽约是人类理性思考、发明和计算能力的最具代表性的体现。洛尔迦本能地敌视理性，敌视受制于精神规则的生活，敌视用大脑中的几何图形代替直觉，他在这个方程式之城、这个系统之城中感受到的只有荒凉。洛尔迦渴望并要求不纯粹的自然回归，以摧毁并充实这一切：

> 活的鬣蜥
> 会咬伤不眠的人们，
> 而那个带着破碎的心逃跑的人
> 在星辰温和的抗议下，
> 会在角落里发现令人难以置信的平静的鳄鱼
> …………
> 有一天
> 群马将在酒吧里生活，
> 愤怒的蚂蚁
> 会攻击躲在奶牛眼中的黄色的天空。

> 另一天
> 我们将看到蝴蝶标本复活，
> 甚至沿着
> 海绵和沉寂船只的风景跋涉，
> 我们将看到戒指在闪烁，
> 看到从我们的舌头冒出玫瑰的花朵。

硕大的马匹和微小的蚂蚁。洛尔迦在向自然索取。他渴望自然的存在，对于巨大的心灵建设感到恐惧。在他内心深处存在一股对于自然的渴望，而纽约对他而言既是挑战也是噩梦。然而，我们最感兴趣的是，洛尔迦并没有召唤处于原始状态的、乐园般的自然。那恐怕是一种很基本的、近乎庸俗的反应，从心理上来说也很容易理解。洛尔迦不是卢梭，他希望用邪恶的文明与邪恶的自然对抗。在面对文明的地狱时，他并不呼唤失落的自然乐园，而是呼唤地狱般的自然。他经常提及蛇和鳄鱼，但这二者在地球上并不是什么让人喜爱的猛兽。这既是因为他召唤了自然界最具破坏力的力量，也是因为自然好战、好斗、充满戏剧性的天性一直在诱惑着他。在纽约的沥青路面上，在文明的中心，我们发现洛尔迦不仅是一个"自然"的人——这并不重要，而且我们也早已知道——更重要的是，我们发现他热爱并感受着的自然是怎样的：这是混乱的自然，或者至少是处于黑暗冲突、战斗中的自然，是最具伤害性和负面力量的自然。对于这位来自乡下的"少爷"来说，这里没有牧歌,没有抒情诗,没有田园诗。没有人间乐园,也没有失乐园。洛尔迦是反卢梭的,但不是因为他是自然的敌人,而是因为他沉迷于最邪恶的自然。他并不像波德莱尔那样说"树木什么也不教",而是在每棵树的树冠里都看到了埋伏的吉卜赛女巫,就像在《吉卜赛谣曲集》中一样。

在《纽约的盲目全景》中,洛尔迦发出对理性的谴责和抨击,它总是被具有吞噬性的自然,被大地的利爪所打败:

> 我们不懂得思想总有延伸,
> 在那里会被中国哲学家和蠕虫吞噬

在《基督降生》中,我们目睹了诗人对新教的讥讽和谴责,就像在洛尔迦的诗中我们经常能看到对天主教的讥讽和谴责一样:

> 愚蠢的神父和长着羽毛的小天使
> 沿着高高的街角跟随路德的身影。

《黎明》描绘的是纽约另一幅令人作呕的景象。那种脱离自然的人性让诗人感到厌恶,就像章鱼离开水一样:

> 黎明降临但没有人用嘴将它迎接,

因为那里既没有明天也没有希望。

然后,再次是针对"社会"的谩骂:

有时钱币像发狂的群蜂,
钻入并吞噬被遗弃的孩子。

之前他们是心脏被紧绷的线刺穿的穷苦孩子。洛尔迦在一个无助的孩子身上概括了整个资本主义的冷酷不义,这是他最令人感动、最让人动情的人道和诗意主题。

《伊登梅尔湖的诗篇》以《伊登湖的双重诗篇》开始,诗人在其中做出了一个有趣的坦白:

我想哭,因为我愿意,
就像最后的长椅上的孩子们,
因为我不是人,不是诗人,也不是一片树叶,
而是一次受伤的搏动,在巡视另一边的事物。

"而是一次受伤的搏动,在巡视另一边的事物。"这是对自己充满美感的诗意的定义,与我们一直试图展示的有关洛尔迦的想法非常一致,而这一点很少被诗人的解读者所注意。在本书中,我们将其作为一种人格的分裂来研究:

……在那里我的身体在对立的平衡中漂浮。

《引向死亡》(《在佛蒙特孤独的诗篇》)以《死亡》一诗开始,在这首诗中,洛尔迦的泛神论,他对自然界中万物一体的直觉变得更加明显。在这首诗中,洛尔迦感受到并表达了生命巨大的、持续的蜕变,但这不是得益于自然的和谐,而是通过努力,通过斗争。我们已经说过,对于洛尔迦而言,自然总是充满戏剧性的。他的泛神论不是享乐主义的,而是悲剧性的:

努力!
马为了变成狗要付出的努力!
狗为了变成燕子要付出的努力!
燕子为了变成蜜蜂要付出的努力!
蜜蜂为了变成马要付出的努力!
而马
从玫瑰中挤出一支多么锋利的箭!
从马嘴上长出的灰色玫瑰!
而玫瑰
是怎样的群光和嚎叫
在树干上绑了活生生的糖!
而糖
在守夜中将怎样的匕首梦到!
而那些小小的匕首
在寻觅怎样赤裸,
怎样永恒的皮肤和羞红,

怎样没有马厩的月亮！
而我，沿着屋檐
寻觅并且就是火焰的炽天使！

在这首关于宇宙的奇妙诗作中，洛尔迦对宇宙的看法与我们一直主张的观点完全一致。宇宙中的一切都是另外一回事，一切都是一体的，或者正试图成为一体，但不是毫不费力地实现，而是通过付出巨大努力和呐喊。自然是一场生死搏斗，是一场深刻而持续的冲突。这是一场巨大的变革，只有通过彼此猛烈的相互吞噬才能实现，这是死亡与死亡的对抗。自然并非善良，因为它以牺牲自己为代价生存下来。自然选择的自然法则使一切生命，甚至是无机物质，都具有了吞噬的特征。那些以这种方式看到并感受到自然戏剧性的人，必然会被这种戏剧性所感染。或者，反过来说，正是他具有冲突性的本质投射到了整个宇宙，才形成了我们看到的这个版本。无论如何，这正是洛尔迦对地球和生命的真实认识。洛尔迦是一位伟大的消极的泛神论者，这也是他的诗歌具有非凡才华和超越性的原因所在。

有时候，洛尔迦受到将事物极致化和精致化的倾向的影响，会在生活和作品中表现得浅薄，玩弄自然和诗歌，但这不应让我们对他真正的情感产生误解，就像他曾经欺骗了那些认为他是一个享乐主义者的人一样。

这首具有启示性的诗在最后一句中以一个自我定义作

为结尾,强调了这一点:

> 而我,沿着屋檐
> 寻觅并且就是火焰的炽天使!

"火焰的炽天使"又何尝不是一个恶魔?洛尔迦有天使的意识,却是一位被引燃的、赤红的、被诅咒的天使。洛尔迦寻找他"火焰的炽天使",寻找他内心深处并不为他人所知的最真实的自己。这不就像"被诅咒者"所写的诗吗?不,它不是看似,而是实际上确实如此。

这本诗集中的几乎所有作品都触及了那深沉而模糊的自然本质,或者反映了一种黑暗的意识。超现实主义的表达方式在洛尔迦的作品中不仅仅是句法的游戏,而是通过戏剧性和神秘性得到了强化。在《诗人在纽约》中有很多黑暗和死亡。当然,这不仅是一次超现实主义的练习,也不仅是对美国文明的控诉和对黑人受害者的辩护。在审美和政治之外,《诗人在纽约》里成熟的洛尔迦已经接触到了最初根源的混乱、复杂的本质。他的作品不再局限于表面,像是在《吉卜赛谣曲集》中那样被戏剧化、舞台化,而是探寻了生命、自然、社会的深层次,展现出一种更加直接、赤裸、真实的状态。自然不是和谐,而是冲突。生活和社会不是规则,而是混乱。这在《诗人在纽约》中变得尤为明显,超过了洛尔迦的任何一部诗集。

因此,最终我们对它的兴趣并不在于它是一部表达抗议的诗集，而在于它对原初的混沌不可逆转的视角。将世界视为混乱，将意识视为这种混乱中不纯净的花朵。或者将意识视为焦虑，将世界视为这种焦虑的扭曲镜像。这是洛尔迦呈现给我们的两种整体视角，取决于诗歌的出发点是外部还是内部。洛尔迦的这种认知在多大程度上是受到他在美国的经历影响，以及这种认知在多大程度上已经在他内心酝酿，我们很难考据，尽管我们已经反复看到，这一过程贯穿了洛尔迦整个作品的始终。（而且可以推测，贯穿了他的一生。）

因此，他的《月亮和昆虫的全景》以一种幻觉般的结尾收场，昆虫——这种洛尔迦非常喜欢的、象征着生命的吞噬和贪婪的形象——像在一场噩梦中前行：

昆虫。
昆虫们独自
嘎吱作响，乱咬，颤抖，聚集……

《诗人在纽约》是一次超现实主义的实验，是一部政治诗集，是对自然人与公民进行对比的宣言。最重要的是，在洛尔迦的作品中，《诗人在纽约》让他在文明的核心——我们已经指出这个看似矛盾的现象——意识到了他对自然的理解，并将其视为一场戏剧性的体验。

洛尔迦在诗中提及"火焰的炽天使"，而不是"火焰中的炽天使"。整句诗的含义就蕴藏在这个介词上。因为在火焰中的炽天使是被点燃的炽天使，但由火焰组成的炽天使是火焰本身。因此，费德里科将自己与自然界的一个元素联系在一起，那是最神秘、最深奥、最邪恶的元素。

《办公室与控诉》代表了对被机器牺牲的自然的歌颂，是对有组织的屠杀者的谴责，也是对弱者、对一个建立在"成功学"基础上的文明中的人类受害者的辩护：

> 我控诉所有那些
> 无视另一半的人，
> 那无可救药的一半
> 在被遗忘的小动物
> 跳动的心脏
> 建起他们的水泥山峦，
> 在那里，我们都将倒在
> 钻头最后的狂欢。
> 我要唾你们的脸。
> 另一半在倾听我说话，
> 吞食、排泄，在他们的纯洁中飞翔，
> 像门口的孩子们一样，
> 他们手里拿着小棍子，
> 捅向昆虫触角生锈的空隙。

在进行总体描绘之后，洛尔迦对这两半——施害者和受害者——进行了粗略的描述，而后洛尔迦像所有天生的作家一样转向细节，给我们带来最直接的人性情感。他知道这种情感永远无法通过一般的概念或形象来传达。通过将最微小和具体的事物与一般情况形成鲜明对比，在用广角镜头扫视之后将镜头聚焦到一个特定的点上，才能让读者感受到情感。因此，仅仅说"那无可救药的一半建起他们的水泥山峦"是不够的，还需要进行具体的描述，"他们手里拿着小棍子，捅向昆虫触角生锈的空隙"。

最终使用的指小与庞大的纽约机械体系形成鲜明对比，效果已经非常突出。在对比之下的机器庞大得怪异扭曲。与"门口的孩子们"那自由自在的玩耍相比，实用主义者的行为看起来几乎是在犯罪。没有比与昆虫和小棍子一起玩耍的孩子们更能代表弱者、受害者的形象了。在这首诗中，洛尔迦没有像此前的诗歌那样呼唤毁灭性的自然力量，而是在机械暴力与自然生活中最脆弱、最易碎的现实之间形成的对比之上构建，然而，这些现实却为他带来了宏伟的自由的召唤：

> 有一个世界，
> 那里有曲折的河流
> 和遥不可及的距离，
> 在那只被汽车碾过的
> 猫的腿上，
> 我听到蚯蚓的歌唱
> 回荡在许多女孩的心上。

这首诗中精致的表达和细腻的描绘与大城市的庞大和可怕形成了鲜明对比，呈现出了一幅极具艺术性的画面，比洛尔迦以往任何作品中的呈现都更为出色。在如此多的不公正面前，诗人拒绝整理那些"后来成了照片的爱情"（拒绝个人的自私和虚荣的情感），他想起了依纳爵·罗耀拉，他曾经杀过一只小兔子，"他的嘴唇仍为教堂的尖塔哀叹"，最终控诉了"冷漠的办公室的阴谋"，它们"抹去了森林的节目"。因此，在《办公室与控诉》中，邪恶文明的对立面不是邪恶的自然，而是仁慈的自然，痛苦地展现在它最柔弱、可爱的造物中，用痛苦的方式呈现出来，就像那只爪子受伤的猫。

《向罗马呐喊》再次展现出充满暴力、愤怒和革命的基调，这种情感在整本诗集中占主导地位。这是一首讲述毁灭的诗歌。如果我们将洛尔迦在《诗人在纽约》中的这些诗歌与胡安·拉蒙·希梅内斯在他的《诗人的日记和大海》中呈现的纽约相比，我们会为曾经将费德里科称为"安达卢西亚少爷"而感到羞愧。我们将为曾经称费德里科为"安达卢西亚绅士"而感到羞愧。胡安·拉蒙·希梅内斯才是真正的绅士或者说是安达卢西亚少爷（尽管他很有天赋，但这是另一回事），他只是抱怨了纽约的一些不便和丑陋，将其称为"那些指甲肮脏的男人婆"。但只要可能，他就会努力寻找抒情的线索，让烟雾和酷暑之间保留一丝美的可能，以此拯救美，他的美。而洛尔迦，作为后来的一代人——也是审美主义的时代——作为胡安·拉蒙的继承

人——以自己的名义抗议,他认识到在美国发生的巨大的人类冲突,就像在这首《向罗马呐喊》中他所表达的一样:

> 因为已经没有人分发面包和葡萄酒,
> 没有人在死者的口中种植草药,
> 没有人打开安息之地的亚麻,
> 没有人为大象的伤口而哭泣。
> 只有一百万个铁匠
> 为将要出世的孩子们锻造锁链。
> 只有一百万个木匠
> 打造没有十字架的棺材。
> 只有连连哀叹的人群
> 撕开衣服等待着枪弹。

在机械化的巨大象皮病之间,自然界的大象在这些诗句中变得可爱而"微小",我们应该为它的伤口而哭泣。接着,诗人直言不讳地称呼那些戴着钻石戒指和带着电话的人为"戴钻戒和用钻石手机的人"。他否定了伟大文明中常规的道德,告诉我们:

> 爱在渴望被撕裂的肉体中,
> 在与洪水抗争的茅草屋里。
> 爱在堑壕里,内心邪恶的人们在那里搏斗。

洛尔迦控诉那位"具有半透明的双手的老人",他"在刀子和带炸药的西瓜中"宣扬爱。这就是美国政治,整个政治中一直在反复出现的虚伪和悖论。"在带炸药的西瓜中"宣扬爱。

> 与此同时,与此同时,哎!与此同时,
> 端出痰盂的黑人们,
> 在校长苍白的恐怖面前颤抖的孩子们,
> 在矿物油脂中窒息的妇女们,
> 挥舞着锤子、小提琴或云彩的人群,
> 要呐喊,哪怕脑袋在墙上撞碎,
> 要呐喊,面对着高耸的穹顶,
> 要呐喊,带着火的疯狂,
> 要呐喊,带着雪的疯狂,
> 要呐喊,用充满粪便的头颅
>
> …………
>
> 因为我们渴望每天吃的面包,
> 渴望鱼腥草花和永恒的温存,
> 因为我们渴望大地的意志得以实现,
> 为所有人结出果实。

在之前的诗歌中,洛尔迦曾呼唤自然的力量来对抗浮士德式的力量，在《办公室与控诉》中，他以温存作为非人性的对照，而在《向罗马呐喊》中，他呼吁正义和自由。他表达了真正的爱在何处，并渴望"大地的意志得以实现"。因此，我们可以看到洛尔迦意识中的三个层面。《向罗马呐喊》是一首"社会"诗歌，无论其美学特质如何，都可能出自任何其他社会诗人之手。在《办公室与控诉》中，我们看到一个以极致的细腻和精致直面权力的洛尔迦。在《死神舞》中，我们看到言辞最深邃、最激进的洛尔迦，他深深扎根于邪恶的自然，直面邪恶的文明。这三个层面都体现了相同的抗议和反叛、革命与无政府主义的态度。

这本诗集最后一部分的标题非常有意义，叫作《逃离纽约》。西语作品中有没有类似的抗议社会的书？聂鲁达、巴列霍[1]和米格尔·埃尔南德斯[2]都榜上有名。无论如何，洛尔迦在才华和态度上与他们是同类。我们不能继续将他定义为一个"在内战中幸运被杀害的美学家"。但是，对于我们而言，有一点比这一切更让我们感兴趣，那就是洛尔迦深刻的独特性。当人们从善良、自由和自然正义中歌唱时，洛尔迦在《诗人在纽约》中最有意义的诗歌里，从邪恶和毁灭中歌唱和抗议。他召唤了其他人没有召唤的东西。

1　塞萨尔·巴列霍（César Vallejo，1892—1938），秘鲁现代诗人，西班牙共产党党员。他拥有印第安血统，生于安第斯山区。虽然一生中只出版过三本诗集，但仍被认为是 20 世纪最伟大的诗歌改革者之一。

2　米格尔·埃尔南德斯（Miguel Hernández，1910—1942），西班牙文学史上重要的现代主义诗人之一，以其感人至深的诗歌作品著称。其作品多反映农民和劳动者的生活，以及战争对人民的影响。

洛尔迦想要看到眼镜蛇在高楼的顶层嘶嘶作响。还有来自非洲的鬼面船标，战胜了大都市，战胜了西方的巴比伦。洛尔迦已经唤起了邪恶的自然力量对抗纽约。他远远不只是一个社会诗人。我们也许已经知道该称他为什么了。

13
同性恋者

一方面是人格分裂所引起的性别撕裂,另一方面是洛尔迦的泛性恋。如果他的性别撕裂让人们在血液中感受到我们所有人内心深处的女性幽灵,那么这个幽灵在洛尔迦式的泛神论景观中得以具体化,从中获得滋养,形成了我们所说的诗人的泛性爱,或者说生活在这种泛性恋的中心。在我看来,泛性恋,而非同性恋,是理解洛尔迦的性欲的必要词语。在这种泛性恋或泛性爱中,诗人以各种形态和变体,以及他的王国中所有的性别来歌颂性,甚至包括植物界的性别。这种泛性的爱是洛尔迦具有强烈接受力的原因之一,而这种接受力又是他的作品丰富多样、充满活力的关键。它将性视为认知的一种形式,因为整个自然界都充满了性。

自然现象的丰富表现力由大地和生物的繁衍周期所决定。之前我们已经谈到自然的完全和持续的变形,它作为一个吞噬现象,一次次在死亡中实现。每一次死亡都是为了孕育另一种生命,为了滋养另一个存在。一切都在相互交合,产生着各种各样的生命形式,也注定在诞生新形态时消亡。有机生命旺盛的繁殖并未因多产而使整个星球满溢,因为自然会通过自我调节和自我更新与消亡来保持平衡。因为每一刻都有新生,所以每一刻也必然有死亡。持续的生与死之间的平衡让我们的星球可以居住,没有即将消亡的危险,也没有过度发展的可能。

生命以与繁衍同等的速度吞噬自己。活着的生命以吞噬生命为生,也为了诞生更多的生命。这是一个闭环,一切生命都在其中被毁灭,也都在其中得到拯救。一切都在变化。这种生命变化的机制就是繁殖和死亡,以及它们之间脆弱的平衡。这是一种残酷且充满戏剧性的机制,因为它不断地产生自身的受害者。我们已经研究过洛尔迦对这种戏剧性的意识,对他而言,自然最终是悲剧性的、凶险的(有时也是首要的)。因此,我们所说的他的泛神论并非享乐主义的,而是戏剧性的。但与此同时,与对戏剧性的最终认知同时存在的是洛尔迦的泛性恋,它使洛尔迦与不断繁殖的现象产生密切联系,与自然和生命多方面的繁衍及交合的全过程相融合。只有在活生生的肉体中才能持续地与周围的每一个性现象保持联系,或者至少能够充分体验和感知这些现象的形式美。自然之所以美丽,是因为它具有情色特质。我们所谓的感官享受不过是性活动的一种表现,是感官与自然的情色交流的能力。

因此,性成为一种对于生命和美的感知与认知的源头,对于那些性受到限制或被抑制的人来说，这个源头会被堵塞，可能会被思考所取代，也可能不会被取代。里尔克曾说过，在孩子身上，性分布在整个存在中，因为他们是没有任何拘束的。当一个人失去了纯真和天真无邪，变得狡猾又充满心机，性就会受到严格的生理限制和束缚。据此，我们可以推断出，儿童与自然的融合程度比成年人更高。另一位诗人，西班牙的达马索·阿隆索[1]，认为孩子是"镶嵌在生命中如同金子的小珠子"。因此，儿童与自然的交流也是一种性的交流，因为儿童的性，尽管尚未发育成为真正的性别，却弥漫在他们的整个存在中。这种交流随着性别的发展和具体化被打破。在成人的身上破裂了。当它异乎寻常地幸存下来，我们就可称之为泛性爱。这种泛性爱是一种强大的感官接受能力的关键，也是洛尔迦的强大感官接受能力的关键。我们此前也说过，洛尔迦是纯粹的，没有道德意识的，就像孩童一样。他也像孩童一样，具有泛性爱的特质。

明确了洛尔迦的泛性恋，我们就能更好地理解他在《沃尔特·惠特曼颂》中对所谓同性恋的赞美。这首诗以一种模糊的男性的情欲氛围开场：

  沿着东河与布朗克斯街区，

---

1 达马索·阿隆索（Dámaso Alonso, 1898—1990），"二七一代"成员，为西班牙古典诗歌（尤其是"黄金世纪"）与当代诗歌的研究做出了不懈努力与杰出贡献。

小伙子高声歌唱，展示自己的腰身。

....

犹太人将割礼的玫瑰
卖给河里的农牧之神。

在纽约工业腥风血雨的氛围中，存在着一个可能的同性恋的地狱或天堂："泥泞的纽约，铁丝网与死亡的纽约。"紧接着出现了一个巨大的形象：

年迈潇洒的沃尔特·惠特曼，
我一刻也没有停止观看你落满蝴蝶的胡须，
观看你被月亮磨损的灯芯绒肩膀，
观看你阿波罗般纯贞的大腿，
你宛如一根灰烬柱子的音嗓；
潇洒的老者宛若雾霭，
你像鸟儿一样呻吟，
性器官被一根针穿透，
与好色之徒为敌，
与葡萄藤为敌，
热爱粗布下的躯体。

这个洛尔迦式的沃尔特·惠特曼，带着"落满蝴蝶的胡须",与《吉卜赛谣曲集》中的大天使们是否有某种相似之处？在那首诗中，神圣被异教化，而在这首诗里，俗世被神圣化。当然，也不乏对大腿的暗示。

　　你一刻也没有梦想
　　自己变成一条河流，并像一条河流一样入眠，
　　没有梦想过那个同志将在你的胸前
　　种下一个无知豹子的小小痛苦。

洛尔迦在他的诗中歌颂了在美国这片混乱而广袤的土地上，人们在一个泛性恋的自然环境中实践同性恋。

　　一刻也没有，血性的亚当，男子汉，
　　海上的孤独者，年迈潇洒的沃尔特·惠特曼，
　　因为那些不男不女的人，
　　聚集在露台上，酒吧里，
　　成群结伙地从下水道里涌来，
　　在司机的双腿中战栗，
　　或在苦艾酒的平台上旋转，
　　沃尔特·惠特曼，他们渴望你。

　　那个人也是！那个人！他们跌落
　　在你明亮纯洁的胡须之上。
　　北方金发的白人，沙滩上的黑人，

> 像猫一样，像蛇一样，
> 吵吵嚷嚷比手画脚的人群，
> 不男不女的人，沃尔特·惠特曼，不男不女的人，
> 泪水污秽，鞭子下的肉体，
> 驯马者的踢踹或啃痕。

洛尔迦经常将不男不女的人比喻成屋顶上的人。在另一本诗集中，他写道："南部不男不女的人们／在屋顶唱歌。"通过谴责城市里和躲在柜子里的男同性恋者们，将他们描绘成像猫和蛇一样堕落的人，洛尔迦实际上是在歌颂另一种高尚的同性恋形式，这种形式在古希腊已有崇高的先例，并且以某种宏伟的全神论或全性爱方式融入其中。洛尔迦谴责了隐藏和奴性的堕落行为。他歌颂性的绝对自由，即极限的性行为，一种无欲无求、纯洁无瑕、不以繁殖为目的的纯粹的性行为：同性恋。

> 但你没有寻觅被抓伤的眼睛，
> 也没有寻觅浑浊的泥潭，
> 孩子们淹没在那里
> 没有寻觅冻结的唾液，
> 也没有寻觅青蛙肚皮似的受伤的线条，
> 行走在轿车和露台上不男不女的人们
> 月亮沿着恐怖的街角将他们狠狠抽打。

汽车，露台，街角：城市。洛尔迦抨击了都市中的同性恋，因为他将同性恋视为自然行为，融入了大自然壮丽的景象，没有教条束缚。当同性恋被禁锢在排斥它的社会中，它就变成了秘密和罪恶。它也失去了伟大的本质，变得污秽不堪。毫无疑问，洛尔迦认为只有整个自然，在其不断的性行为中，才能承担（或许是宽恕）这种行为。这与安德烈·纪德在《田源牧人》和马塞尔·普鲁斯特在《所多玛与蛾摩拉》中的态度相同，他们将人类的同性恋经历与某些植物的同性恋联系起来。同性恋或单性繁殖，

你在寻觅一个宛如河流的裸体

…………

天空拥有避免生命的海滩，
黎明中有不应重现的躯体。

当然，自然界的活动主要是双性的并且出于繁殖的目的，但其中也包含许多多余的性行为，多余的情色行为。如果真的存在，它们的秘密我们永远也无法了解。譬如，孔雀展开它艳丽的尾羽炫耀的行为，这种形似扇子的吸引配偶的性行为在其他物种中根本毫无必要。同样，自然界中也存在许多多余的邪恶和死亡，例如眼镜蛇的恶意（这对于洛尔迦来说非常迷人），这种纯粹的恶意在生命循环中

是没有正当理由的。所有异端形式的生命——同性恋者、自杀者——无意中用自然界中性行为和死亡的过剩来为他们的行为辩护。（人无法在没有正当理由的情况下生活，因为通过为自己的行为辩护，他证明了自己的存在，这在本质上是不可证明的，因此令人焦虑。）然而，与自然界的完全交融是不可能的，因为人类曾经永远地脱离了自然（即使马克思主义仍然认为人类与自然有所联系，所有教条主义运动都有重新与某物联系的需求，不管它们是否承认那是宗教）。人的悲剧在于他既不完全是自然的一部分，也无法完全不是自然的一部分。洛尔迦，这个深受自然影响的人，也经历了这一悲剧，并将其传达给他赞颂的沃尔特·惠特曼（不管是先前的宗教，还是现在的马克思主义都试图消除这种冲突和矛盾，以便重建和救赎人类；不管我们是否愿意，这都是一个我们永远要面对的冲突，只有这样我们才能理解和缓解人类生存的状况，尽管它无法根本解决）：

> 挣扎，挣扎，梦想，发酵和梦想。
> 这就是世界，朋友，挣扎，挣扎。
> 死者在城市的钟表下腐烂。
> 战争带着一百万灰鼠哭泣着经过，
> 富人送给他们的爱人
> 小小的被点亮的垂死之人，
> 而生命不高贵，不美好，也不神圣。

"而生命不高贵，不美好，也不神圣。"对于这句诗，我们该如何解读？洛尔迦在写下这句诗时，正处理着一个敏感并且需要坦诚的主题。

当诗人在自己如此重要的诗作中写下这样的诗句，怎么还可能将他视为极端的乐观主义者呢？既然生活不高贵，不美好，也不神圣，那么人就可以选择完全的自由：

> 人如果愿意，可以沿着珊瑚的枝杈
> 和天空的赤裸引导自己的情欲。
> 明天爱情将化作岩石而时间，
> 是一阵吹过树枝的沉睡之风。

我们从一种贫乏出发——生活不高贵，不美好，也不神圣；然后走向一种无偿——明天，爱情将化作岩石；既然这样，这些爱情是正统还是非正统的，又有什么关系呢？这几句诗中既包含了自由，也充满虚无主义。诗歌达到一种自白的深度，这对于理解和发现洛尔迦具有关键意义。萨特说："我们将永远多余。"洛尔迦说："明天爱情将化作岩石。"因此：

> ……年迈的惠特曼，我不会高声
> 反对那个男孩，他将女孩的名字
> 写在自己的枕头上，
> 不反对那个小伙子，

>　　他在衣柜的黑暗里穿上新娘的服装，
>　　不反对赌场里孤独的人，
>　　他们厌恶地饮着妓院里的水，
>　　不反对眼带绿光的男人，
>　　他们爱慕男性并默默地让双唇滚烫。

　　洛尔迦沮丧至极的泛性恋，接受并且包容一切，唯独反叛除外：

>　　但我要反对你们，城市中不男不女的人们，
>　　肿大的身体和污秽的思想。
>　　污泥的母亲，鹰身女妖，
>　　分发快乐桂冠的爱神不眠的敌人。

　　在"城市中不男不女的人们"之后，洛尔迦列举了一些具有国际性的词：美国的菲瑞们，哈瓦那的帕哈罗们，墨西哥的何托们，加的斯的萨拉萨们，塞维利亚的阿皮奥们，马德里的坎科们，阿里坎特的弗洛拉们，葡萄牙的阿德赖达们。洛尔迦谴责了那些"在广场上公开展示的、手持扇子狂热的"不男不女的人。相较于"纯粹的、古典的"同性恋者，他对那些在文明社会里秘密行事的同性恋者的态度非常奇怪。正如我们所看到的，问题就在于将同性恋爱融入自然，自然可以承受并放大它。在一个排斥他们的社会隐秘地行使这种爱对洛尔迦而言是可悲的，因为在这

些条件下的同性之恋被贬低、被歪曲、被玷污。洛尔迦的本性又一次在这里显现出来。他是一个亲近自然的人,尽管他并非拥有最高贵的本性,这一点我们已经多次强调过。但像整个人类物种一样,他摆脱了自然,却试图重新融入那浑浊的母体,而他的全部作品不过是这种重新融合的努力罢了。

> 而你,英俊的惠特曼,睡在哈德逊湾的岸边,
> 胡须指向极地并张开双手。
> 柔软的黏土或白雪,你的舌头正在呼唤
> 守护你没有躯体的羚羊的同伴。
> 安睡吧,一切都已消逝。

至此,洛尔迦已经将他从未谋面的朋友重新融入自然之中。惠特曼已经重新融入了自然。现在他已经带着美丽和纯洁永远留在了那没有罪恶的土地上,因为这里充满了罪恶。洛尔迦把他从"激荡草原的墙舞"中拯救出来,而"美洲被机器和哭泣淹没"。最后,他祈愿:

> ……让一个黑孩子向金发的白人
> 宣告麦穗王国降临的消息。

他梦想着麦穗自然的金黄色能战胜华尔街的金色,白人的金子。这首颂扬性自由、讴歌极端的性欲(无约束的

性行为）的诗最终以一个充满希望的结局结束——或者至少可以说是一个让人感到宽慰的结局——回归对于洛尔迦而言体现了全面的性爱的自然。

14
多余的恶

我们已经谈论过，那些飘浮在自然界中或者从自然界中涌现出来的过剩的、令人烦扰的、无法解释的情色和邪恶。我们将那些超出生命循环的过剩的情色叫作多余的情色，它超出了生存和繁衍的需要。我们列举了孔雀开屏这种性展示的行为，也还能举出很多例子，无论是关于自然还是生物本身所体现的。但我们更感兴趣主要是对人类进行这方面的研究。人类永久的繁殖激情也是过剩的情色极端的例子，因为其他物种都在固定的繁殖周期内生存、繁衍，不会灭绝。我们本也可以如此。严格来说，多余的情色实际上才是唯一的情色，真正的情色，因为那些其他被自然引导和衡量的性冲动既是公正也是必要的，它并非色情，只是单纯的自然历史。

至于多余的恶，我们已经举了眼镜蛇的例子，显然它并不需要那么多恶意的本能和生理条件来生存。同样，可以列举许多其他有关多余的恶的例子。但让我们回到人类。

在人类中也存在着极端的多余的恶的情况。要在纯粹的状态下找到它，只需关注儿童，因为他们没有复仇或怨恨的动机，因为自从他们出生以来，自然、生活和人类都一直在对他们微笑。（一位法国诗人用了一个非常美丽的形比喻："就像液体对孩子微笑一样。"）即使连液体也是如此，因为它将孩子的微笑倒映在原始的水中。孩子也不需要邪恶来生存，因为周围的一切都在保护他们。然而，孩子的基本态度——与他们难以言喻的微笑共存——是一种敌意。这种敌意不能通过他们的自传来证明，就像我们认为成年人的敌意可以通过自传来解释。为什么在人类这个物种中会有如此多与生俱来的敌意？为什么会有多余的邪恶？这可能源自远古的遗传。但我们知道，就像功能塑造了器官一样，宇宙中的威胁也在每个物种中创造了防御机制。功能和器官总是可以完美匹配。没有功能的器官会萎缩。情色和邪恶本可以随着物种生存的稳定而减少。但情况并非如此。在自然界和人类中，存在着一种我称之为"过度"的、"多余"的情色和邪恶，我之所以这样称呼它们，是因为它们超越了繁殖和保护的本能。它们是多余的。至少在如今是这样。如果说，在某些时候它们并非如此，那么问题将变得更加棘手。实际上，严格来说，只有过度的情色才能被称为情色，只有过度的邪恶才能被称为邪恶。其他的——防御和攻击的本能——都是必要的邪恶。这也是自然历史。

从这个角度看，我们真正能称之为"被诅咒"的，只有那些被多余的情色和邪恶所迷惑和征服的人。在本书中，我们一直将"被诅咒"的人定义为那些参与自然界中负面力量（也具有积极意义，因为它们是必需的）的人，他们几乎必然是创造者。但是，在我们所关心的"被诅咒"的概念上，出于最终净化的要求，真正被诅咒的不是那些被恶迷住的人，而是那些被多余的恶迷住的人。邪恶的无端性使其成为"被诅咒"的恶（我们并不是在玩文字游戏）。对于地球上的这种恶的多余性和无端性，我们可以恰当地称之为撒旦主义、恶魔主义、路西法主义，因为它是无法解释的。

从这个角度来看，显然费德里科·加西亚·洛尔迦是一个被多余的情色（泛性恋、同性恋）和多余的恶（通过神秘主义呼唤出来的恶）所迷惑的人。吉卜赛人、黑人和性别倒置者是或者一直是三个多余的种族，不仅在于他们对社会的无所适从，在更深的层面上，也是因为他们生活在过度的、多余的性行为和同样多余的恶行之中：黑人和吉卜赛人的神秘主义，性别倒置者的性仪式。

因此，洛尔迦对这三个种族感到共鸣和亲近，这种亲切感在其中两个种族中是通过种族的因素所确定的，另一个则是靠性。

或许在洛尔迦的所有作品中，关于多余的恶最典型的例证——毫无疑问，也很幸运，这一点从未被他理性论证过——可以在他的《致伊格纳西奥·桑切斯·梅希亚斯的挽歌》中找到。洛尔迦深深地享受并遭受着多余的恶。在迄今为止我们研究过的洛尔迦的所有作品中，可以看到许多有关这两方面的例子。但是，在自然界中，关于多余的恶最清晰、最具安达卢西亚特色、最洛尔迦式的例子和象征，莫过于公牛。为什么公牛有被诗人拉斐尔·莫拉莱斯[1]称为"构筑的死亡思想"的凶猛犄角？为什么公牛的本能中有持续的"死亡思想"？为什么它有攻击性，眼中有愤怒？公牛也许是地球上多余的恶最美丽也最可怕的象征。公牛是魔鬼般的猛兽，这或许与古时将魔鬼描绘为带着犄角的形象有关。显然，公牛的行为过度了。它并不需要这么多的攻击来生存和自卫。（公牛之所以凶猛，并不是因为斗牛，恰恰相反；我觉得有必要提醒一下这个看似显而易见却总被忽略的事实。）因此，洛尔迦为多余的恶创作出的伟大诗歌是《抵刺和死亡》。在这首诗中，公牛，那纯粹的恶，结束了一个人的生命（在这首诗中，人反过来想要夺取公牛的性命并不重要）。这深深地伤害并吸引了费德里科。它让他痛苦，也让他着迷。整首诗都对死亡、自然中的恶行、公牛无端的恶意充满了强烈的迷恋：

> 孤独公牛的心口朝向天空
>
> ....

---

[1] 拉斐尔·莫拉莱斯（Rafael Morales Casas，1919—2005），西班牙杰出诗人。

> 公牛在他的前额吼叫

在洛尔迦另一首伟大的梦游诗《溅出的血》中，这种着迷变得更加明显：

> 他没有将眼睛闭上，
> 当看到牛角近在眼前；
> 但那些可怕的母亲
> 却抬起头仰望。
> 穿过一座牧场
> 传来隐隐的呼唤
> 苍白雾气中的牧人们
> 向着天上的公牛叫嚷。
>
> ....
>
> 噢，黑色的该死的牛！

关于《消逝的灵魂》的最后几行诗，我们或许要将它带回洛尔迦身上，重新审视一番：

> 你偏爱死亡的滋味和对死亡的向往，
> 你的勇敢的喜悦中所带有的悲伤。

我们究竟还要等多久,才能诞生
一个如此富有传奇色彩的安达卢西亚人,
我用呜咽的声音歌唱他的优雅
铭记那阵拂过橄榄树间的悲风。

15
《塔玛里特短歌》

《塔玛里特短歌》创作于 1936 年，因此是洛尔迦已知的最后一本诗集。《意外的爱》是这本诗集的第一首诗，它以标题为"加扎勒"[1]的独立部分开篇，诗歌充满暗淡的基调，譬如"你的嘴失去光泽，因我的死"，这让人想起了洛尔迦神秘却鲜为人知的作品《黑暗之爱的十四行诗》。我们可以推测，一些收录在其他诗集中的诗歌——也许包括《塔玛里特短歌》——后来可能会成为《黑暗之爱的十四行诗》的一部分。一些洛尔迦的研究者也坚持这种观点。洛尔迦在《可怕的存在》中写道：

> 我能看见受伤的夜晚的决斗
> 与正午扭打在一起。

---

[1] 这部诗集的形式取自阿拉伯诗歌，西语原文使用的词为"Gacela"（音译为"加扎勒"）和"Casida"（音译为"卡西达"）。这两种都是阿拉伯语诗歌中短小而押韵的固定形式，是一种自由的变体。

....

让我陷入对黑暗星球的渴望,
但别让我看见你清爽的腰身。

在《绝望的爱》(标题本身已经很有象征意义)中,洛尔迦写道:

但是你将到来,
穿过黑暗泥泞的下水道。

在《死孩子》中他写道:

你的身体,带着我双手紫罗兰的阴影,
死在岸边,如同寒冷的天使。

在《苦涩之根》中他写道:

而脚底的疼痛
也就是脸颊里的疼痛

在《爱的回忆》中他写道:

>   噩梦的墙壁
>   将我与死亡分离。
>
>   ············
>
>   将我与死亡分离
>   噩梦的墙壁。

在《黑暗的死亡》中他写道:

>   请在天亮时为我遮上面纱,
>   因为黎明将给我投掷蚂蚁,
>   请用硬水弄湿我的鞋子
>   好让毒蝎的双钳就此滑落。

在《奇妙的爱》中他写道:

>   原野和苍穹
>   将我身体的创痛鞭打。

在《逃离之歌》中他写道:

>   每个夜晚,在亲吻时
>   都会感受到无面者的笑容,

每个人，抚摸着新生命
都不会忘记马儿死寂的头骨。

因为玫瑰啊，在额头上寻找
坚硬的骨头的风景，
而人类的双手，不过在模仿
泥土之下的树根。

这是一部悲伤之爱的诗集。我们会突然发现一个真相：《塔玛里特短歌》的主题实际上不是爱情，而是死亡，正如我们刚才引用的两节诗所表达的。洛尔迦的最后一本诗集才是第一本写爱情的诗集。他所创作的主题几乎都是爱。强烈渗透到洛尔迦其他作品中的情欲和情色在这本诗集中消失了，给爱情让了路，就像在诗集中，爱情逐渐给死亡让了路。洛尔迦在他几乎所有的作品中都是一个充满情欲的诗人，却几乎从不是一个爱情诗人。当他谈论爱情时，他的话总让我们感到像是在玩一场游戏。而当他谈论性爱时，我们却因为真实而颇感震撼。像洛尔迦这样情欲倾向强烈的性格，恋爱并不是最合适的。这种对性欲的升华是爱情，它不是从一种叛逆的性欲开始，而是从一种顺从、弱小的性欲开始。这显然与费德里科的特点不符。一个与最自然的自然混为一体的人和诗人，很难被爱情的心智游戏所吸引。的确，洛尔迦在他的所有作品中都是一位情色诗人，并不仅仅是在他的情色诗中。他是情色诗人，但不是爱情诗人。我们需要再次强调，他生活在自然界中多余的色情中。爱情将性降格为感情，而洛尔迦的冲动是将世界降格到性。因此，只有当他完成了海德格尔的个体化过程，当他已经三十八岁了，经历了旅行并完成了大部分的作品，在经历过并且感受过之后，他才开始回顾自己，写下了他的第一本爱情诗集，也是他的最后一本诗集。之前的洛尔迦是不可能写这本诗集的。他太沉浸在自然、性、多余的情色中了（这是最强烈和最令人陶醉的）。因此，只有到了1936年的时候，一方面他开始摆脱自然，另一方面又开始摆脱社会的时候，他才能够收拢自己，写下他的《塔玛里特短歌》。但为时已晚，他三十八岁的爱情，就像所有迟来的爱情一样，变得阴郁、"黑暗"。《塔玛里特短歌》是洛尔迦最具自白性质的一部作品，也是最纯粹抒情、最具主观色彩的作品。我们很快就会发现，他所歌颂的这份因为迟来而变得阴郁、黑暗的爱情，只不过是一种诗意的自白方式。洛尔迦始终非常擅长戏剧化的呈现，但这次他把自己抒情主义的表达减到了最少。那么，在他那充满主观性、内省性、自白性的抒情作品中到底有什么呢？用他自己的话来说，只有死亡。难道是对即将到来的灾难的预感吗？我们不能轻易进行猜测，也不该给洛尔迦增添小说化的色彩。我们之前已经说过，洛尔迦身体健康又年轻，没有理由在1936年期待死亡。"如果有谁能从这场灾难中存活下来，那应该是费德里科"，豪尔赫·纪廉在内战伊始就曾对洛尔迦的父亲说过类似的话。的确，在洛尔迦的亲友和他自己心中，都有一种认识，那就是他是中立的、无辜的。因此，《塔玛里特短歌》不是一本因为对死亡临近的预感而写成的葬礼诗集，这是很多小说化的解释所持的观点。死亡并非来自未来，而是来自过去。或者说，洛尔迦将死亡带到了塔玛里特之中。我们一直在寻觅追踪他所有作品中的死亡，并给它起了不同的名字：邪恶、神秘、戏剧……当戏剧化的表达和人性的净化最终将诗人的外在戏剧性降到最低时，他便独自面对自己的抒情和悲剧。如果他的戏剧和诗歌不过是他抒情悲剧主义的序幕和上演，那么当他放弃（并非完全）这些戏剧，当他摒弃了他生活与作品中老旧的布景和伪装时，剩下的就只有爱和死亡。只有死亡，因为爱只是他情感中自然而然的戏剧化和活跃化的残余：存在的痛苦，安达卢西亚的焦虑、死亡。

这本诗集的第一部分以《早上的集市》收尾：

> 穿越埃尔维拉的拱门，
> 我想看到你经过，
> 为了知道你的名字
> 然后开始哭泣。
>
> 是怎样的九点钟的灰月
> 吸走你脸颊上的血液？
> 是谁在雪地里收集
> 你火焰一般的种子？

是怎样的仙人掌短针
刺杀了你的水晶?

穿越埃尔维拉的拱门,
我将看到你经过,
为了啜饮你的眼睛
然后开始哭泣。

训斥我的声音
怎样穿过整个集市!
迷人的康乃馨
怎样盛放在麦堆里!
我离你多么遥远,
当你远去时却又多么接近!

穿越埃尔维拉的拱门,
我将看到你经过,
为了感受你的大腿
然后开始哭泣。

这首诗是诗集中为数不多的将纯粹的情感戏剧化、详细化、具体化、情境化,呈现出动态的作品之一。我们在此摘录,将它作为我们之前所说的《塔玛里特短歌》遵循的规律的一个例外。这首诗以洛尔迦强烈的性爱困扰作结:

"为了感受你的大腿/然后开始哭泣。"

"卡西达"组诗以《被水所伤的男孩》开篇,这是另一首美丽的梦幻诗——洛尔迦的梦幻永远不会离他而去——它具有"加扎勒"组诗中同样的葬礼氛围:

> 我想走下深井,
> 我想大口大口地体验死亡,
> 我想把心脏填满青苔,
> 来看被水所伤的男孩。

紧接在这首诗后面的是《哭泣》:

> 但哭泣是一只巨大的狗,
> 哭泣是一个巨大的天使,
> 哭泣是一把巨大的小提琴,
> 眼泪堵住了风的口,
> 除了哭泣,再也听不见其他声音。

《树枝》是整本诗集中最重要的诗作之一。豪尔赫·纪廉非常清晰地研究了这首诗的结构,它隐秘的宏伟构思和巨大的隐喻意义。在我看来,《树枝》是洛尔迦整部诗集中的关键。因为洛尔迦,一个戏剧化的抒情诗人,一个将最难以捉摸的感情舞台化的诗人,很少——也许从未——像他自己想象的那样,独自一人,如此"才华匮乏",去冥想死亡：

> 沿着塔玛里特的小树林
> 有很多脸上覆着面纱的孩子
> 等待我的树枝落下，
> 等待它们自己折断。

这是一首描绘了"铅灰色的狗"、摇摇欲坠的枝丫、哭泣的苹果和"大象脚步的昏暗"的诗篇，充满寂寞和沮丧。最后，那些"脸上覆着面纱的孩子"等待着诗人生命的树枝凋零。我们知道费德里科的死亡已经临近，这种视角给我们带来了一种视觉误差，我们或许会马上谈论起"充满死亡预感的诗篇"。但是我们需要纠正这个错误。我们带有回顾性、历史性的视角不能成为洛尔迦写这首诗时的视角。我们把自己的确定性归咎于他，因为这是洛尔迦永远不可能拥有的。我们把自己对历史的确定性转移到洛尔迦身上，美其名曰"预感"，一切就都变得充满诗意。这是多么虚伪的诗意。因为事实并非如此。我们已经说过，死亡作为一种体验，并非来自未来，而是来自过去。在《树枝》中，洛尔迦看到了自己被"脸上覆着面纱的孩子"所包围，他的枝条即将掉落，因为他对人性的看法一直是神秘的——他人如谜——他对自然的看法是悲剧的。他的泛神论是反享乐主义的。随着时间的推移，他的心理分裂变得更加严重，他在性、心理和道德上的三重撕裂在生活中被激化，洛尔迦在接近成熟的同时变得孤独、安静、胆怯,他站在戏剧性的格拉纳达的大自然中,被他经历过的和活生生的死亡所包围、逼近。这让他感到极度焦虑。

在《斜躺的亡女》中,爱与死亡的交汇达到了顶点。这种黑暗的爱始终被死亡的阴影所遮蔽:

> 在床上温热的玫瑰下面,
> 死者呻吟,等着轮到他们。

在《野外的梦》中,"小女孩变成夜晚的枝条,/在无边黑暗的路边守候"。在《不可能的手》中,"那会是一个警卫,在我死亡的夜晚,/对月亮紧紧锁住大门":

> 我不要别的,只要那样一只手,
> 为了日常的油膏和挣扎时白色的床铺。
> 我不要别的,只要那样一只手,
> 为了那只带着我自己的死亡的翅翼。

诗集以《黑鸽子之歌》结尾,费德里科生前就已发表,我们可以将它作为典型的"梦游诗"进行分析。

《塔玛里特短歌》是一部情感浓烈的诗集,诗人呼唤爱情,等待死亡。在费德里科的生活中,性的潮水开始退去,留下的是性之后总会残存的情感余波:对爱与温柔的需要,被爱和温柔的宁静,共同分享的孤独。但在这些阴沉的诗句中，死亡比一切都强大。死亡成了一种静态的意识，诗人已经放弃了一直以来在他整个作品中都在呈现的动态化、戏剧化。（当然，这种放弃是相对的，只有与洛尔迦之前所有的作品进行对比，我们才能发现这一点。）这本诗集中的大部分诗歌都是静态的，而非动态的。突然间，在洛尔迦的诗歌中，再也不会发生什么事情了。《塔玛里特短歌》不是一本处在流动中的诗集，就像《吉卜赛谣曲集》或者《诗人在纽约》那样，而是一部相对安静的作品，我们感受到，一个如此多产的诗人的诸多故事其实也只是一个故事而已：死亡。生活的疲惫，艺术创作的精练，让洛尔迦放弃了在《塔马里特短歌》中为他的抒情诗编造情节或者将情节赋予抒情诗的尝试。因此，《塔马里特短歌》是一本没有发生任何事情或者发生的事比洛尔迦以前所有的诗歌都少得多的诗集。创作晚期的洛尔迦失去了几乎所有的动力。他变得安静，仿佛是为了死去。

16 散诗

在 20 岁的时候，洛尔迦创作了《玫瑰的祈祷》。这是一首长诗，带着天真的现代主义色彩。在诗中，一个几乎与我们研究的"被诅咒者"无关的衣帽间看守者，童稚般亵渎地称玛利亚·纳萨雷特为"上帝之花与路西法"，带着天真的亵渎之气。在同样的年纪，他写下了《这是序篇》，这首诗曾经作为他某部诗集的开篇。他在其中说"诗人是自然的媒介"，这预示了后来他对自然和诗歌的神秘理解。我们在研究洛尔迦早期创作的其他诗歌时，已经能够辨别出这位少年诗人的忧郁情绪，以及他 20 岁左右所表现出的虚伪的戏剧性，与后来的洛尔迦呈现出的戏剧性截然不同。这些单薄的例子当然无法证明任何事情，当我们已经完成了洛尔迦大部分作品的分析，并且回头再看时，就会发现确实很有趣。我们所遇到的洛尔迦——如果我们真的遇到了他——与他早年所有的那些杂质无关，但眼下我们先暂且停下。

《混乱》预示了洛尔迦后来心理分裂的第一个征兆："是谁在映照我的思想？"就像在洛尔迦的早期作品中一样，在他的这些散诗中，有时会显露出日后变得愈发成熟的一切：悲剧性、戏剧性、情色情欲、指小和美感、对死亡的认识、神圣的异教化，以及一种后来被诗人通过他悲剧性的泛神论所超越的模糊的浪漫虚无主义。（并不是将虚无视为焦虑，因为空无不存在，而是将这个整体视为焦虑。）

《萨尔瓦多·达利的颂歌》是洛尔迦非常独特的一首诗，它是一首逆流创作的诗。洛尔迦深陷于他创作的混乱之中，从一个混沌的创作源头，努力描绘出一个无菌的、几何的和笛卡尔式的世界，以此向他的画家朋友致敬。这是他试图用文字来诠释当时达利正在尝试塑造的客观、冷静和理性的绘画作品。洛尔迦广泛而深刻的感受力使他理解了这个不属于他的规则世界。但是这首诗——由于诗人努力克制自己，进行自我校正——比单纯出于友谊的努力更具有超越性。在这首颂歌中，我们看到了洛尔迦究竟能达到什么程度，以及他在创作自然秩序的诗歌方面能力的极限，他深深地感受着并经历着自然的混乱：

> 一个轮子在纯粹的钢的构造里。
>
> ……………
>
> 现代画家们在白色的工作室里，

　　　　从方形的根部将无菌的花朵剪去。

　　　………

　　　　机器使两脚规的节奏化为永远。

　　有秩序的自然和机械的文明。但是"对树林、屏风和皱眉的怀念／在古老房屋的瓦顶上游荡"。在这首诗中有短暂的逃避，就像这几句诗，到了诗人热爱的巴洛克世界。但是有序的努力一再重复：

　　　　空气在海上将自己的棱镜磨光。

　　这句诗似乎出自数学家豪尔赫·纪廉之口。水手们"对葡萄酒和昏暗一无所知"，夜晚突然对于夜游、夜行的费德里科失去了所有的神秘。它现在只是"谨慎的黑色雕像"。因为"追求形式和界限的欲望征服了我们"。然而，尽管有了形式和界限，渔民们仍然在远海将玫瑰盘作为罗盘。

　　就这样，洛尔迦在整首诗中背叛了自己。每一个试图成为方程式的诗句之后，都紧随着一个扰乱秩序的隐喻。更有趣的是，那些"客观"的描述变成了诗人自己的巴洛克式的主观表达："用黄色的格调观察的人正在来到。"这里的"观察"（mira）取代了"测量"（mide），这个巧妙的动词变化已经成了一种畸形的、表现主义的、巴洛克的手法。对于以测量为象征的"测量者"（el hombre que mide）的祈愿，让这个人无意中成了滑稽的模样。因此，这首向几何学致敬的诗歌，最终呈现的却是一种美妙的扭曲和任意的几何，这种几何学是迷人而抒情的（并不否认颂歌中对严谨的追求）。"美人鱼会出来，将人劝说而不是将人迷惑"，但随后我们发现前提是"如果我们端出一杯淡水，她们会出现"，这个精彩的点子已经开始嘲笑之前的说法了。为了向他所处的立方体的时代表示敬意，洛尔迦写下了这首赞美规范的诗歌，这是一首"违背自然"的诗，违背了他的天性。尽管这个想法本身很有趣，在诗歌中也歌颂规范，但规范并不在诗歌之中，而是在诗歌之外。洛尔迦永远无法将其融入自己的创作秘诀。他拥有其他隐秘的创作准则。在对颂歌的对象的致敬中，总能看到洛尔迦一贯的风格，他将达利这位加泰罗尼亚画家个性化，强调了他的吉卜赛血统：

啊，萨尔瓦多·达利，你有油橄榄的声音！

好在他随后马上报以赞许地说道：

纯净的灵魂，你生活在崭新的大理石上。
从形态令人难以置信的黑暗森林中逃亡。

然后洛尔迦抒发了与他所感受和经历的完全相反的感叹：

> 世界充满沉闷的朦胧和凌乱，
> 在人类最初接触的文字之上。

我们都知道，他寻求、发现并需要的"朦胧和凌乱"不是在最初的假定中，而是在最后的、最终的概念里，尽管现在他谈论星星和"它们轨道的完美图式"。这里的意象模糊地借用了贡戈拉的特点，当后者谈到"被数字装扮的时刻"时，洛尔迦在这里说"时间的洪流平静下来，整齐地排列在一个世纪又一个世纪的数字形式中"。"而被战胜的死亡颤抖着遁入瞬间的狭窄圆圈之中。"洛尔迦在这里写下了一个多么美丽的谎言。单单是用大写字母写下"死亡"这个词就已经揭穿了他的谎言。但我们知道，死亡统治着他的所有作品，甚至作为他所讨论的外部世界的参照，我们也无法接受这一点。作为一个伟大的梦想家，洛尔迦随后谈到了一种"梦和不准确的花朵"无法容纳的光。洛尔迦在这里做出了明显的努力，试图描绘一个与他自己完全相反的世界。洛尔迦的这种努力在美学上取得了成功。但也仅仅是在美学上。在整首诗中，这种突如其来的秩序意志与那些驱动他的自然和混乱的力量进行着斗争：

> 酒神巴科深爱的葡萄藤怕光

和弯曲水流带来的无序力量。

我们在之后发现了这样一句诗:"鱼在缸里,鸟在笼中。"被驯化的大自然。但我们立刻想起了洛尔迦直接创作的其他诗句,不是在模仿的时候写下的诗:"船在海上。马在山中。"大自然——甚至是机器——都处于自由的状态。在整首诗中,相互对立的力量不断交错:

> 直线将自己垂直的努力诉说
> 智慧的晶体吟唱自己的几何。
> 还有你生活的花园里的玫瑰。

洛尔迦在这首诗中歌颂了对"有可能解释的事物"的热爱。但最终,在向朋友和1926年的美学时代(即这首诗创作的年份)致敬后,他屈服了,回到了他生命的轨迹:

> 艺术不是蒙蔽我们眼睛的光。
> 它首先是爱情、友谊或击剑较量。

在试图善意地模仿他那个时代对完美主义的追求时,洛尔迦给我们呈现了一首比诗本身更有价值的反面诗。当他努力去理解客观规范的世界时,我们却看到他离它更远了。这首颂歌的实验之所以有趣,正是因为它带来的挫败。在《美人鱼和海军士兵》中,铜号的声音回响:"海军士兵们/在与大海和其民众的战斗中吹响铜号。"《奉圣坛圣体的颂歌》是一首令人困惑的诗歌，初看之下与洛尔迦诗歌世界中的其他作品格格不入。但让我们预先澄清一个误解——不要将其视为一首虔诚的宗教诗，因为这首诗中有这样一句：

> 在满是车轮和阳具的世界

之后，洛尔迦谈到了圣餐圣体：

> 因为你的符号是通往天堂平原的钥匙，
> 在那里扑克牌和伤口交织着歌唱。

这两句诗出自《纸牌和伤口》。毫无疑问，洛尔迦已经在神秘化天主教的奥秘，尽管可能并非故意的。他没有——假如他真的打算这样做——达到正统的标准。我们所读到的这首诗的片段以"恶魔"章节作为结尾。前一个章节的标题为"世界"。世界和恶魔对这首诗——或者说对诗人——的影响比圣洁的主题更深刻、更神秘，同时洛尔迦也以一种模糊而抒情的方式处理了这一神圣的主题。但稍后我们将看到，费德里科自称在什么情况下写下了这首诗，它几乎是对他内外受到的困扰的一种挑衅，是诗人用诗歌建立起来的情感避难所，可以暂时保护他免遭生活的风雪。

这首以"我害怕失去你"开头的不可思议的十四行诗，很可能已经属于1936年创作的《黑暗之爱的十四行诗》的范畴了：

> 作为岸边没有枝条的树干
> 我感到心酸；
> 我没有花朵、果肉或黏土
> 供应蠕虫的苦难
> 我尤其感到遗憾。

而在《诗人请求爱人给他写信》中：

> 但我为你悲伤，撕裂我的血管，
> 像老虎和鸽子，在你腰间，
> 撕咬与百合进行着殊死较量。

因此，这本神秘的诗集实际上是洛尔迦创作的第二本爱情诗集。他真正的爱情诗集。但我们已经通过重新阅读《塔玛里特短歌》发现，由于诗歌之间的交错、两者的基调，以及人们似乎从未完整读过或承认读过的《黑暗之爱的十四行诗》的神话特质，这两本诗集在某种程度上融为一本。

《小小的死亡之歌》的创作时间是1935年。在这首具有丧葬式氛围的诗歌中，洛尔迦与"她"——死亡——独处:"死神和我这个男人。"《大地与月亮》创作于1934年，像是一首从《诗人在纽约》中逃脱出来的诗歌：

> 我选择赤裸的孩子，
> 被布鲁克林的醉汉践踏，
> 以及那些沉默地经过拱门的孩子。

同样，在《月亮和昆虫的全景》一诗中，诗人祈求圣母，这是一首具有圣方济各主义的诗，这种圣方济各主义对洛尔迦而言是一种倾向，因为他倾向于指小和美感，但它总是隐含着性的成分。要消除这首诗可能给人的虔诚印象，只须剪裁掉像"所有天堂的鲸鱼"这样对圣母不敬的意象。洛尔迦处理天主教主题的方式仍然是审美的和随性的。对于洛尔迦以及天主教来说，最大的错误和不敬将是固执地将这些与虔诚混为一谈。值得一提的是，在《诗人在纽约》的编纂过程中，洛尔迦将这首诗替换为另一首同名诗，但它的基调要轻松得多，不再那么"圣方济各主义"。

17
指小和美感

洛尔迦在艺术中指小化和精致化的能力，在他前期的戏剧作品创作中变得尤为明显并富有创造力。这是一种娇小的、可爱的、女性化的戏剧，尽管如此，它也揭示了洛尔迦创作中那些深刻的永恒的主题，譬如性与死亡。

《蝴蝶的魔咒》是一部于1919年创作的两幕加序幕的喜剧。在这部喜剧的序幕中，洛尔迦写道："询问星星为何移位的诗句对于那些未开化的灵魂来说是非常有害的……"他还说："难道死亡会伪装成爱吗！"即使在这样轻松愉快的作品中，洛尔迦的悲剧色彩也随处可见。他的泛神论也体现在其中："在自然界，一切都是相同的！"这与他的一首名为《蜗牛奇遇》的诗中所涉及的主题相符。在这部喜剧中，有一只虫子说："我们永远无法理解未知。"洛尔迦运用了指小和美感来创造这些卡通角色，但这些说话的动物只不过是他那种异教徒的"圣方济各主义"与人类过于人性化的激情的混合体。他将这些激情带到了动物和最小的植物的世界。这种方济各主义是他泛神论的一个较小的变体；然而，他灵魂根本的悲剧性一直在起作用，使他无法让动物完全动物化。那些试图让动物世界活跃起来的艺术家——无论是寓言作家还是插画家——都从未能将这个世界完全动物化。他们总是倾向于人性化世界。这似乎是最聪明，但也是最困难的；实际上，这是唯一能做的事情。我们在里尔克的《黑豹》这首诗中看到了理解和重新创造野兽本身所做的最大努力。尽管如此，这仍然是一只拥有人类视角的豹子，而不是有着人类反应的豹子。

人类局限于自身的人性，没有其他方法与动物和事物沟通，除了一种虚假的方式，那就是赋予动物和物体以人性——一只蝴蝶、一座山——在赋予了它们以自己的人性之后，才能与它们对话。这显然是一种与自己对话的方式。生物和事物仍然是遥远的。从来没有人能够"穿越自然的另一边"，就像里尔克在安达卢西亚的龙达所相信的那样——倚靠在一棵树干上。洛尔迦也无法穿越自然的另一边。甚至他也没有这样的打算。他喜剧中的那些动物甚至在外观上都是被人性化的。如果它们最初因其动物本性吸引了他的世俗方济各主义和泛神论，很快他就会给它们穿上人的外衣，并向它们注入人类的激情。他人性化了它们。（圣方济各在谈到"狼兄弟"时所做的，也不过是以一种方式将狼人性化，尽管目的更高尚。）这种洛尔迦式的混合结果对我们来说并不令人信服，也不具有吸引力。他的那些花哨的小动物有着最糟糕的洛尔迦的安达卢西亚女性化的口吻。尽管如此，这些指小和美感的外表下隐藏的只是诗人的悲剧性灵魂：不可知论、多余的情色、多余的邪恶、死亡、反享乐主义的泛神论。当然，也包括通灵术、神秘主义，将自然看作一个谜。

《蝴蝶的魔咒》中的库里阿尼塔·席尔瓦预示了洛尔迦后来创作的悲剧性女性的形象：《叶尔玛》《血婚》和《贝尔纳多·阿尔瓦之家》中的女主人公。这些形象代表了内心渴望充满男性气质的女性的本质。在洛尔迦的这些女性创作中发生了我们所说的"主体伪装"，与"客体伪装"形成对比。洛尔迦并不是第一个为了从人的角度歌颂人而使用主体或客体伪装的人。在他的许多有关情色和爱情的诗歌中都有客体的伪装，我们并不确切知道这些诗歌是写给女性还是男性，就像普鲁斯特写给阿尔贝蒂娜的时候一样。在洛尔迦几乎所有的戏剧中都存在着主体的伪装，诗人自己就深藏在其中一个女性角色之中，向男性高歌。在洛尔迦的所有戏剧中，女人向男人求爱是永久不变的主题，是洛尔迦不断重复、为之痴迷的主题。在《蝴蝶的魔咒》中，一只雌性昆虫身上具有一个恋爱中女人所具备的所有特点。这部喜剧给我们留下了一丝苦涩、怀疑和性欲的萨马涅戈式的感受。洛尔迦是一个消极的寓言家和性爱狂，是反萨马涅戈者。

《唐·克里斯托比塔和罗茜塔的悲喜剧》又叫作《提线木偶剧》，是一部"有六个场景和一则警告的木偶剧"，在某种程度上延续了"寓言"的主题。戏剧一开始，罗茜塔就喊道："啊，我多么渴望结婚啊！"这些木偶就像是动画角色，充满了和人类一样的激情与焦虑。对男性的渴望也贯穿了整部剧，尽管这在男性对女性的渴望中得到了确切的回应。一个年轻姑娘边弹着指板边唱着：

> 我的目光投向了
> 一个小伙子，
> 腰身修长，
> 皮肤黝黑，身材高大。

如果洛尔迦在他的戏剧中留下了如此宝贵的女性形象，那并不是因为他以男人的眼光观察了生活中的女性，而是因为他深入她们内心，用她们的眼睑看待男性。

《玛丽亚娜·皮内达》是洛尔迦屈从于三种诱惑而创作的：浪漫的美学诱惑；自由主义的政治诱惑；以及感性的情色诱惑。浪漫的格拉纳达风景总是让他受到深深的触动，无论他自己是正统还是非正统的浪漫主义者。自由主义的象征在《玛丽亚娜·皮内达》中有着比政治更多的诗意光环，这也符合洛尔迦本人的自由主义信仰。最后是反复出现在他戏剧中的主题：女性对男性的渴望。

> 如今西班牙的河流，
> 不再只是简单的河流，
> 而是一条条漫长的水链。

之后他又提出了这样一个问题:"没有自由的人算什么?"在这部作品中,洛尔迦梦想

> ……一片满是麦穗和羊群的西班牙,
> 人们愉快地品尝他们的面包。

> …………

> 西班牙埋葬和践踏着她古老的心脏,
> 她为漂泊的半岛而受伤的心,
> 必须用双手和牙齿来拯救她。

在《少女、水手与学生》中,出现了一个永恒的开场情境——一位少女一边绣花一边渴望男人:"我在我的衣服上绣满了整个字母表,这样和我在一起的男人可以随心所欲地称呼我。"而在《奇美拉》中,"女人"诉说着对丈夫的思念之情:"相反,我会独自一人躺在床上。我会感到寒冷。他的眼睛很美,但我爱的是他的力量。啊!如果他能鄙视我该多好!我想要他鄙视我……同时又爱我。我想逃跑,又希望他能追上我。我希望他能让我燃烧,让我燃烧。再见,再见……恩里克。恩里克……我爱你。"同样,在《了不起的女鞋匠》中,她抱怨自己嫁给了一个无法满足她的老头子:"谁能告诉我,有着黑眼睛的金发姑娘,这到底有什么好处;我这般婀娜的身材和这般漂亮的肤色,我居

然会嫁给……我简直想扯掉自己的头发了。"这是洛尔迦作品中女性角色——或许不只是角色——无尽的性欲得不到满足的一种变体。

《唐·佩琳普林与贝丽莎在花园里的爱情》一诗的副标题为"情色赞美诗"。在剧情刚开始不久,贝丽莎就在钢琴旁唱歌,呼唤爱情。这幕剧是通过洛尔迦最喜欢的大腿来呈现性暗示的:

> 爱,爱,
> 在我紧闭的大腿之间
> 如太阳下的鱼般游动。

与《提线木偶剧》一样,洛尔迦在这部作品中再次使用了婚姻冲突的古老情节,即为了利益而结婚,心灵和身体却向往别人。这部作品中的主导力量仍然是女性强烈的激情。贝丽莎的强烈激情,她身上隐藏的对一妻多夫的向往,后来在情节发展中被简化为一妻一夫。相比之下,唐·佩琳普林并没有感受到任何性欲。他被迫结婚。贝丽莎说:"啊!热切寻找我的人会找到我。我的渴望永远不会熄灭。"后来她因为发现自己的追求者竟然有五个而欣喜若狂。《唐·佩琳普林》是一出关于五重通奸的喜剧。在剧情的高潮中,洛尔迦突然写下了几句话,我们可能还没有意识到,这些话给了我们理解他暗黑又充满悲剧性的情色的关键:"……你宏伟身躯的这片黑暗噩梦……你的身体！……我永远无法解读！！！"诗人在这个关键的句子、性欲发出的最后的呼喊上加上了三个感叹号——这是他作品中唯一一次使用如此过分的三重感叹号："我永远无法解读！！！"人体的暗示，躯体的美感，充满了多余的性欲，正因为如此，因为过度和过剩，因为不必要，所以无法解读。（我想这不需要解释，这种情色和多余不是在身体本身，而是在观察它的眼睛中；这当然不是否定，而是为我们揭示多余的性欲提供了真正的尺度。）美和性的不可解读，贯穿了洛尔迦一生和他的全部作品。

在《唐·克里斯托瓦尔的木偶戏》中，导演对诗人说："你是谁，竟能结束这种邪恶的法则？"然后他们之间展开了如下对话：

> 诗人：尊敬的观众，作为一名诗人，我必须告诉你们，唐·克里斯托瓦尔是邪恶的。
> 导演：他不可能是好人。
> 诗人：他不可能是好人。
> 导演：继续，接着说。
> 诗人：我来了，导演先生。他永远不可能是好人。
> 导演：很好。我欠你多少钱？
> 诗人：五枚硬币。

诗人以五枚硬币的价格出卖了自己，向观众传达拥有金钱的导演想要他传达的信息。这里巧妙暗示了现代知识分子的卖身和政治化的问题——二者实际上是一回事。罗茜塔成了洛尔迦作品中众多充满情色的女性形象中的一个。罗茜塔也处于持续的发情状态。这个罗茜塔就像是《提线木偶剧》中的叶尔玛。在洛尔迦极度简练和精致的创作中，就像在他的悲剧主义剧作中一样，总是重复那个单一的主题和对男性持续的渴望。罗茜塔说道：

> 用跳舞、跳舞、跳舞，
> 用使我欲仙欲死的跳舞，
> 每时每刻，我的孩子，
> 我更加热情如火。
>
> …………
>
> 但我想要在这里：
> 在大沙发上
> 与胡安，
> 在床垫上
> 与拉蒙，
> 在沙发上
> 与何塞，
> 在椅子上
> 与梅迪尼利亚，
> 在地板上

> 与我心爱的人,
> 贴着墙
> 与可爱的阿图罗,
> 还有在大长椅上
> 与胡安,与何塞,与梅迪尼利亚,与阿图罗和拉蒙一起。
> 啊,啊,啊,啊!
> 我想结婚,听到了吗?我想嫁给
> 一个小伙子,
> 一个军人,
> 一个大主教,
> 一个将军,
> 一个不得了的人,
> 过一段不得了的时光,
> 还有二十个来自葡萄牙的小伙子。

这里再次出现了一妻多夫的主题,这显然对应了作者、男人的某种激烈情感,尽管这一切都被包裹在迷人的、极富创意的游戏之中。随后出现了一种暗示性的性兽交,却出人意料地变成了反军事主义的嘲弄。罗茜塔说道:

> 我想嫁给
> 一头未出生的小公牛,
> 或是一只鳄鱼,

> 或是一匹小驴，
>
> 或是一名将军，
>
> 对于我来说都一样。

  这里很难辨别"对于我来说都一样"是否把将军与那些非理性的动物归为同一种不理性的状态，或者这已经是一个公然宣扬泛性主义的口号，甚至包括了对兽类的兴趣。无论如何，我们可以看到洛尔迦游戏般的指小和美感的呈现只不过是他最严重的冲突的一种表现形式，那些催生了他根本的悲剧性，并导致他的戏剧性、抒情性的表达形式。这出木偶剧与洛尔迦的其他小型剧作有许多具体的相似之处。譬如一妻多夫制，更确切地说，是女性的通奸，这几乎成了他作品中反复出现的主题。我们已经暗示了这可能代表什么。

  我们用《唐·克里斯托瓦尔的木偶戏》来结束洛尔迦的这一指小和美感的戏剧循环。除了考虑到诗人对舞台游戏和各种言语游戏的偏好之外，我们也不能忽视所有这些体量庞大的文本材料和充满戏剧性、阴暗的、悲剧性的情感，它们在这类戏剧中被精致化和指小化，被伪装起来。洛尔迦的戏剧作品，尽管表面上看起来是轻松和娱乐的游戏，但实际上揭示了他内心深处的黑暗、悲剧和严肃的主题。当洛尔迦在他的作品中进行"游戏"时——无论是通过语言游戏还是舞台上的表现——他实际上在向观众展示他自己更深层的一面。

18

悲剧主义

我们已经说过，洛尔迦的所有戏剧作品不过是他内心深处激烈而独特的悲剧情感的表达。

《就这样过了五年》是一部创作于1931年的"关于时间的传说，分三幕五景"，可以说它是作者戏剧创作周期的开端。在第二幕中，我们再次遇到了洛尔迦作品中熟悉的情节。新娘在婚礼当天背叛了新郎，选择了一名橄榄球运动员私奔。这名运动员充满了粗犷的男性气概。他像洛尔迦塑造的许多其他诱惑者一样，通过窗户进入。新娘这样对他说："今天你吻我的方式不一样。亲爱的，你总是在变。昨天我没有看到你，你知道吗？"这些相同的主题在洛尔迦的作品中从他那透着美感的戏剧过渡到了他充满悲剧性的戏剧中。甚至新娘继续说道："但是我一直在看那匹马。它很美丽。白色的，蹄子在干草的马槽间闪着金光。但你更美。因为你像一条龙。我觉得你会在你的怀里把我压碎……我的龙，我的龙。你有多少颗心？你的胸膛里好

像有一条洪流,我将淹没在其中。我将淹没。"随后,身穿新娘装的女模特唱道:

  而我的衬衫问道,
  温暖的手在哪里,
  它们曾紧抱腰间。

  …………

  你本可以成为我
  一匹铅和泡沫的战马,
  缰绳扯断的风
  和捆绑在脊背的海。
  你本可以成为一声嘶鸣

  …………

  你为什么不早点来?
  她在赤裸地等待。

这个穿着婚纱的假人模特突然成了《叶尔玛》的预示:

  白色的乳泉
  润湿我苦恼的丝绸,

> 白蜂的痛苦
> 笼罩住了我的颈项。
> 我的孩子。我想要我的孩子。
> 因为我的缘故他们
> 用这些丝带把我勒紧,
> 在腰间快乐地爆裂。

在第三幕中,一位少女唱道:

> 我的爱人
> 在海底等我。

打字员说:"等待被爱的时刻多么美好!"然后以诗歌的形式表达:

> 假如你拥抱着我,告诉我,
> 为什么芦苇和百合不生长,
> 为什么你的臂弯没有染上
> 我衣裙的颜色?

之后洛尔迦再次用散文的形式来表达:"是的,我爱你,但更甚。你没有眼睛看到我赤裸的身体,也没有嘴唇吻遍我无尽的躯体。"尽管如剧名所示,这部作品的主题是时间——这在洛尔迦的作品中并不常见,更常出现的是现实与梦境之间的冲突——但其中也融入了情欲的氛围,这与洛尔迦的作品中常出现的女性渴求男性的主题——更具体地说,是纯粹的男性气质,粗犷的阳刚之气——相吻合。如果说在洛尔迦的诗歌中,因为抒情诗的自白性,常常需要对情欲对象进行伪装,因为诗人无法对自己进行伪装;那么戏剧则相反,它要求并促进了主体的伪装,因为作者本身绝不应该出现,除非他藏身于某个角色之中。在洛尔迦的所有剧作中,都存在着对主体的伪装。一个处于发情状态的女性身体交织的场景充斥着他的舞台。而在她们的性呼唤中,我们总能捕捉到诗人的身影,他喜欢通过扮演异性来表达自己,我们不知道他为何这么做,也不知道这种表达到了何种程度。

在《观众》(五幕剧中的一幕场景)中,几乎已经不存在伪装,或者说,伪装是全方位的。铃铛的形象和葡萄叶的形象进行对话。后者说:"如果你变成月亮鱼,我会用刀割开你,因为我是一个男人,比亚当还要男人,我希望你比我更有男子气概。"铃铛的形象回应说:"带我去洗澡,淹死我吧。这将是你能看到我裸体的唯一方式。"两个形象的整场对话是一场暧昧不清的游戏,介于性和虐待之间,介于变态和受虐之间,充满了弗洛伊德式的性符号,譬如鱼和匕首,明显暗指阳具。作为对这两个充满多余性欲的人物的对比,百夫长代表了性爱,植物性的、繁殖性的欲望。"你们这一族的所有人都该被诅咒!"他斥责道,"我的妻子像座山一样美丽。她一次能生四五个,但从不在午后的树下生产。我有两百个孩子。还会有更多。你们这一族都该被诅咒（吐口水并唱歌）！"在第五幕中，有一个裸体的形象用亵渎的话语谈论耶稣受难："我的父啊，将这苦杯从我这里拿走。"我们再次看到了洛尔迦钟爱的女性多重通奸的主题，在这背后可能隐藏着对女性的贬低或伪装下的激情性欲。同样，这里的通奸还涉及兽交行为的隐喻：

学生四：革命的第一颗炸弹炸掉了修辞学教授的头。

学生二：对他的妻子来说真是个好消息，现在她会工作得很辛苦，得在乳房上装上两个水龙头。

学生三：据说晚上她会骑着一匹马和她一起上天台。

学生二之后发表了一句令人意外的论断，概括了洛尔迦所谓的"被诅咒"的泛神论，他对负面的自然的认同和依附："问题是，人们知道小麦粒是怎样得到滋养的，却不知道蘑菇是如何得到滋养的。"诗人在这里巧妙地呈现了他的生命哲学。小麦代表了和谐、有益、营养的自然。它是历久弥新的生命和繁衍的象征。但我们对于蘑菇隐藏的力量、隐秘的活力了解多少呢？而蘑菇又何尝不是自然里最糟糕的无用的过度繁殖的象征？

随着剧情的发展，也受到超现实主义的影响，洛尔迦笔下的性别模糊愈发显著："罗密欧是个三十岁的男人，朱丽叶是一个十五岁的男孩","……毫无疑问,他们之间有着无法估量的爱,尽管我不能理解","……我没有时间去考虑他是男是女还是孩子,只是发现我对他有一种极大的喜爱和强烈的渴望"。

《血婚》开启了费德里科·加西亚·洛尔迦宏大的悲剧三部曲。这部作品创作于1933年。尽管诗人当时有其他的戏剧剧目,雄心勃勃,但最终留给我们的,是三部可以作为高潮和总结的、完全符合学院悲剧定义的农村悲剧:悲剧是开头好结局坏的剧目;喜剧则是开头坏结局好的剧目。在《血婚》的第一幕中,就已经出现了对男性之美、男子气概的赞颂,这出现在母亲的台词中:"一个英俊的男人,嘴里含着一朵花……"这个角色的台词已经预示了我们即将读到的剧作中所散发出的浓烈的男性气质、性感和戏剧性的浓烈魅力。母亲接着说:"首先是你父亲,他身上散发着康乃馨的香气,我只享受他短短三年。"(我们很难在洛尔迦的剧作中找到如此精准和持久的关于女性美的隐喻和形象。)随后,依然是母亲接着说道:"你的祖父在每个角落都留下了一个孩子。我喜欢这样。男人要像男人,小麦就是小麦。"对男性繁殖力的歌颂、对母性的渴望,在这位年迈的母亲身上回荡,仿佛是更直接的声音的重复和回响,我们之后会在另一部作品《叶尔玛》中直接听到这些声音。母亲说:"是的,是的;我希望你给我带来六个孙子,或者你想要多少就多少,因为你父亲没有机会让我生下他们。"在第二幕中,岳母和妻子唱的摇篮曲描绘了这片景象,这是洛尔迦在他的泛神论中始终能感受和看到的悲剧性的自然。这片自然将成为这场戏剧的背景。而这些摇篮曲是诗人亲自从西班牙各地的农民母亲那里搜集来的,是对这个古老而深沉的文化的一种传承:

  水在树枝间
  变得漆黑一片。

  《血婚》具备了一部乡村悲剧的所有特征,它的对话精彩绝伦,情节紧凑合理。剧中呈现的是出于利益而结婚与性的吸引之间常见的冲突。但作品的核心是对男性的呼唤,这个呼唤回响在悲剧性的自然环境中。其他女性的声音像合唱团一样陪伴着主角的性呻吟。女仆说:"你是多么幸福啊,即将拥抱一个男人,亲吻他,感受他的重量!"邪恶笼罩在整个戏剧的三幕之上,在莱昂纳多的这句话中达到了莎士比亚式的境界:"……每次我思考就会出现一个新的罪孽,吞噬掉另一个罪孽;但总是有罪孽存在!"人类灵魂深处邪恶的不可知被简洁有力地表达了出来。是宿命论吗?是决定论吗?洛尔迦的作品中没有宿命论,因为对他来说,邪恶如同古希腊的戏剧,并非来自外部,而是存在于人内部。洛尔迦没有所谓的决定论,即人被邪恶异化;相反,他认为人是完全自由的,而邪恶正是自由的体现。自我意识赋予人类绝对的自由,但这种自我意识和自由是反自然的,它们总是在修正和违背自然;这是人类肯定独立性、肯定自我存在的唯一方式。洛尔迦的角色们在外部受到偏见、传统、习俗、恐惧和激情的异化。但总会有一个角色，一个主角，他/她是自由的性的化身，他/她强烈而又戏剧性地反抗，没有在本质上被异化。

这种反叛悲剧性的最终结局，并不否定自由，而是将自由与邪恶等同起来。但对洛尔迦来说，邪恶并不是邪恶，因为只有在邪恶中人才是自由的。唯一本质被异化的是善。这一切在洛尔迦的悲剧三部曲中都得到了清晰的阐述，因此这三部剧都充满了深刻的悲剧性：因为它们强烈地颂扬自由，然后将其与邪恶等同起来。我们曾说过，悲剧是以不好的结局结尾。而洛尔迦的悲剧是以邪恶告终。将洛尔迦这样一个将自由和邪恶相等同的诗人称为"被诅咒者"是否真的言过其实？

善是自愿的，它带来异化。恶是自发的，它带来自由。当人意识到一切都是无谓的，无论是世界还是自己时，他就是自由的。自由和恶在无谓中相遇。自由是多余的，就像恶一样，因为人要实现物种的功能，并不需要自由，相反，他需要的是善的异化。（在缺乏其他参照的情况下，我们将善称为符合物种的自然和普遍要求的东西。）但自由不仅对物种来说是多余的，它还引导人根据自己而不是根据物种来实现自我。个体化的自由导致孤立，以自我为中心。从这个意义上讲，自由是邪恶的。哲学家曾说，"与众不同是一种罪过"。自由就是邪恶——一个比善更有行动力和生命力的恶——因为只有在恶中，个体才能实现自我，拯救自我，个体才能超越物种得到升华。邪恶就是善，是另一种善。

让我们看看洛尔迦的英雄们如何在选择自由时，无可避免地选择了邪恶。这既在个体层面上拯救了他们，也在物种层面，或者更直接地说，在社会层面上，让他们受到谴责。在《血婚》的第二幕中，对男性的赞美再次通过女仆之口呈现："因为新郎是只鸽子，他的胸膛热得发烫。"母亲说："我的儿子会好好照顾她。他来自优良的家族。他的父亲本可以和我生很多孩子。"女仆又说："你家真了不起！男子汉中的男子汉！我还是个小女孩的时候就见过你祖父的婚礼。他的身形那么魁梧！看起来就像是山峰结婚一样。"母亲又说："她可能会不高兴，但她要感觉到你是男子汉，是主人，是发号施令的人。"甚至以乞丐的形象出现的死神也说："英俊的小伙子。如果他睡着了会更英俊。多么宽阔的肩膀啊！"

之后，新娘在婚礼上和她的情人一起私奔了（这是洛尔迦作品中经常探讨的主题）：

> 我将在你脚下入眠，
> 守护你的梦境。
> 赤裸地凝视着田野，
> 就像一只母狗，
> 因为那就是我！当我看着你，
> 你的美貌将我燃烧。

在情人和新郎互相残杀、同归于尽之后,"……那个人却是一条黑暗的河流,充满了树枝,把河中芦苇的沙沙声和牙齿间的歌声带到我身边……他会永远、永远、永远地把我卷走!"这位悲剧性的新娘几乎是自由的莎士比亚式化身。她选择了身体的自由,但自由就是邪恶,当她又被诅咒,面对为她而死的两个男人的母亲和其他可怕的女性时,尽管她声称自己纯洁,但她自己的呼声,被邪恶所加持的对自由的呼唤却响起:"我会永远、永远、永远被卷走!"

《叶尔玛》是洛尔迦创作的有关自由的伟大三部曲中的第二部,创作于1934年。这里对男性深切的渴望与对母性的渴望交织在一起,对母性的渴望在剧情上变得至关重要。我们强调这个词,是因为我们相信——与人们对《叶尔玛》的普遍理解相反——在洛尔迦看来,不育只是一个重要的剧情手段。叶尔玛是一个因不育而受折磨的人。一个走向邪恶的人。她几乎在剧的一开始就自言自语地说道:"如果我继续这样下去,最终一定会变坏。"而事实上,她最终杀死了自己的丈夫。从来没有人怀疑过《叶尔玛》是一出关于不孕症的伟大戏剧。无疑,从剧情角度来看,的确如此。但我们是否尝试过将《叶尔玛》中的不孕症替换为其他的不幸或诅咒?叶尔玛是否具有某种受到排斥或被诅咒的特质?如果洛尔迦的其他角色让我们想起莎士比亚,那么叶尔玛——尽管我们也不知道为什么——让我们想起陀思妥耶夫斯基。叶尔玛冷淡,无法享受性爱;叶尔玛丑陋,没有男人;叶尔玛病弱;叶尔玛充满了淫欲和过剩的情色

（也就是说，与叶尔玛的本性截然相反，是纯粹的生物学上的本能）……我们能想象出多少个叶尔玛呢？她们都将成为叶尔玛。因为定义并影响着这个女人的不是不孕，而是她作为一个被边缘化的人的生存状况。可以说，存在着一种诅咒，让她脱离了自然生活的正常轨道，远离了生命的循环。自然不了解也不承认功能之外的美，而叶尔玛是一个美丽却无用的存在。她在身体、容貌和生活上的多余让她备受折磨。在本书中，我们一直在谈论多余的邪恶，多余的情欲。叶尔玛正是这种不会结果的情色的最高体现。如果说存在一种超出了生物和种族需要的多余的情色，那么在《叶尔玛》中，我们找到了一种更加难以解释的多余：连这些基本需求都无法满足的情色。叶尔玛同样可能是一个女同性恋者。如果在《叶尔玛》中将女主角的不孕换成其他任何形式的不幸或诅咒（例如，如果叶尔玛是一个女同性恋者），剧情本质上和其核心冲突并不会有太大的改变，甚至剧本的基本结构也会保持相同。因为叶尔玛所象征的是挫败的性欲，就像同性恋者的性欲挫败或是无法得到满足的性欲一样。（由此我们开始将这个角色与其创造者联系起来，这个角色可能会引导我们去寻找塑造了她的洛尔迦。）这意味着，叶尔玛的性冲突首先是性冲突，这个冲突的具体形式是次要的：不孕、性冷感、性别倒置等，只是洛尔迦选择了不孕，因此我们说，在叶尔玛身上，不孕只是在剧情上起到了很基础的作用。洛尔迦再次写下了性欲挫败的悲剧，这几乎是他所有作品中唯一且排他的主题。

这个主题与每个深刻体验过自己性欲的人都有非常直接的关系。（多余的性，正因为它是多余的，注定会遭遇一次又一次的挫败。）

因此，《叶尔玛》只是形式上的不孕悲剧。从根本上说，它是挫败的性欲的悲剧。但还不止如此。也许连费德里科自己都未曾注意到这一点，就像天才经常会忽视自己的天才之作一样。挫败的性欲主题也是偶然的，是剧情的需要，戏剧性的需要，戏剧化的需要。仅此而已。我们说叶尔玛饱受不孕的折磨，就像她可能被其他疾病困扰一样。叶尔玛就像是卡夫卡笔下的蜘蛛。她是被自然边缘化的存在；自然盲目创造的那些边缘生物。宇宙中所有事物都遵循一定的规律和经济性原则，即使这些规律本身可能没有目的或理由。但也存在一种突发的现象——在这个有序的宇宙中，偶尔会出现一个边缘化的生物，一个不必要的、多余的存在，这种存在不是在生命过程的最后阶段意外出现的，而是从一开始就存在。叶尔玛的出现就是这样的意外，她在自然的生育和繁衍循环中是多余的，是不按常规出现的。

这个存在首先经历了自己的无用、不适应所产生的焦虑，然后是自由带来的焦虑。这就是克尔凯郭尔所说的"自由的眩晕"。由于她不属于植物界的循环体系，她这个存在是多余的，但正因为是多余的，她才是自由的。自由和多余将不可避免地引导她走向邪恶，因为从一开始，她就被根除了善的根基。无用的焦虑、自由的焦虑、邪恶的焦虑,这三个相继出现的阶段严格地在《叶尔玛》的三幕中得到了体现。它们与剧作的三幕和女主角的状态几乎是一一对应的,于是悲剧始终紧紧围绕着女主角的心理和精神过程展开并推动情节的发展。因此,《叶尔玛》在形而上学上是一部完美的作品。(至于它在技巧上是否完美,这不是我们当下讨论的重点。)

在我们正在分析的第一幕中,叶尔玛只表达了感到无用的焦虑:

什么时候,我的孩子,你才会来呢?

随后,叶尔玛与一位老妇人交谈,尽管年岁已高,她仍然体现了生活与性的愉悦的多样性,渴望男人和作为一个育有子嗣的女性的快乐。但叶尔玛拒绝了单纯为享乐而享乐的生活,因为她被自己的无用所折磨。"我是为了他(为了孩子)才屈从于我的丈夫,我继续屈从是为了看看孩子是否会来,但决不是为了好玩。"她对老妇人说道。并且,她开始表达将在她心中滋长的恶的焦虑:"不,我不空虚,因为我正在被仇恨填满。"她再次拒绝了多余的情色,对自己的无用感到焦虑:"难道寻找男人就只是为了找到一个男人而已吗?"在这一至关重要的对话中——它本身和对剧情的推动都极为重要——老妇人开始在叶尔玛心中暗示自由的焦虑,也就是叶尔玛内心感受到的第二重焦虑:"上帝,不。我从来就不喜欢上帝。你们什么时候才会意识到他并不存在？应该由人来提供保护。"一个被抛弃的，需要帮助但自由的人。从老妇人的这些话开始，叶尔玛心中对自由的焦虑便萌芽了。

但在叶尔玛的身上也存在对男人的渴望，就像洛尔迦笔下所有的女主人公一样。这在某种程度上强化并赋予了叶尔玛这个遭受着三种焦虑的"处女"人性化的东西：

牧羊人，你为什么独自一人睡觉？
在我的羊毛毯子上，
你会睡得更香。

在第一幕的末尾，叶尔玛用毫不留情、极具戏剧性的方式表达了对无用的焦虑，她感受到自己从未能融入自然的秩序："但愿我能成为一个女人！"

在第二幕的开始伴随着第二个焦虑的阶段的出现：自由的焦虑。叶尔玛开始因为自己的多余而感到自由。她经历了"自由的眩晕"，做出了一些奇怪的事情，她打破了家庭生活的常规，摆脱了时间和习俗的束缚。洗衣妇们告诉我们："前天晚上，她就坐在椅子上，尽管很冷。"另一个洗衣妇暗示她对另一个男人维克多的逃避，对自由的追求。她说："但是，你们看到她和别的男人在一起吗？"奸淫，精神上的奸淫——尼采所说的，比另一种更为严重——在洛尔迦的作品中通过沉迷于性爱的意象得以体现，那意象就是大腿："一个女人看玫瑰和一个女人看一个男人的大腿是不一样的。"洗衣妇们你唱我和，通过对性的狂热赞美来强调这种奸淫的氛围："必须在床上呻吟。"在第二幕接下来的场景中，叶尔玛神秘地消失了很长时间。她已经进入了危险的自由世界。她开始带着疑虑踏进这个世界。当她的丈夫胡安告诉叶尔玛，每个男人都有自己的生活时，她已经确认了自己的独立和自由，回答道："每个女人也有她自己的生活。"在这次对话中，胡安以一个粗犷的农村男子的直率告诉了叶尔玛一个真相，这是关于女主角震撼人心的全部真相。这个被排除在外的存在，就像我们所猜测的，有点像卡夫卡笔下的怪物："问题是你不是一个真正的女人。"她在无用、自由和邪恶的交汇点上已经迷失了自我，回答说："我不知道我是谁。让我走，让我发泄。"在随后与玛丽亚的对话中，叶尔玛发现了自己正在经历的人格分裂过程。由深刻焦虑的体验引起的人格分裂最终导致了幻觉和邪恶："我最终会相信我自己就是我的孩子"，"我听到的脚步声在我耳中听起来像男人的脚步声"。当叶尔玛说："但是他们不知道，如果我愿意，我可以成为溪水，将他们带走。"这正是自由通往邪恶之路。随后，叶尔玛向维克多表达了她对自由隐秘的感受。她已经成为一个被连根拔起的存在："我会走得很远。"然后她说："大地很广阔。"在第二幕的尾声，神秘的、不可及的男子维克多离开了村子。叶尔玛前去寻找女巫。第二个循环——自由的焦虑——完成后，第三个循环——邪恶的焦虑——开始了，她将自己托付给了神秘主义，黑暗力量。

第三幕在占卜师多洛雷斯的家中拉开帷幕。多洛雷斯将恶的宗教与善的宗教混为一谈，她在咒语和魔法中毫无顾忌地祈求上帝："上帝就是上帝。"在墓地的夜间仪式之后，叶尔玛不知不觉地投身到了一个邪恶的信仰之中，她将所有的希望和焦虑都寄托在恶上，又一次体会到了对无用的焦虑："……街上的人、牛和石头在我眼里就像棉花一样。我在想：它们为什么会在那儿？"与此同时，她对自由的焦虑又回来了："我觉得我渴了，但我没有自由。"如果说叶尔玛认为她没有自由，那是因为她已经意识到了绝对的自由。但恶的焦虑、恶的召唤占据了上风。老妇人们告诉叶尔玛她的丈夫是个好人。她回答说："他是好人！那又怎样？我希望他是坏人。"接着她又说："……我，一个一直厌恶殷勤的女人的人，希望在那一刻变成一座火山。"她最终拒绝了她的丈夫："我不要他，我不要他。"仇恨和邪恶已经在她身上生根。之后，在与丈夫胡安的相遇中，叶尔玛意识到她是一个注定为恶的人："当我走向我的康乃馨时，我绊倒在墙上。哎呀！哎呀！正是在那堵墙上，我必须撞碎我的头。"恶已经在她口中起誓："诅咒我父亲，他给了我百孩之父的血液！诅咒我的母亲，她在墙上敲打着寻找他们！"紧接着她祈求："至少让我的声音自由，现在我正在进入井中最黑暗的地方。"叶尔玛已经成为一个被附身的人。她甚至用这样的誓言来表达对自己身体的绝望："诅咒这具身体！"

第二场将我们带到一个朝圣活动中，尽管看似是宗教的、充满虔诚的活动，但从布景和对话来看，实际上给人的感受更多是邪恶和不祥。如果说叶尔玛带着一丝宗教信仰的残余去找占卜师，这种做法实际上是对她信仰的一种歪曲。她的宗教信仰已经受到损伤，朝圣活动在某种意义上倒像是反向的施法仪式，就像拜访占卜师是反向的朝圣一样。玛丽亚对叶尔玛说："她有一个我也不知道是什么的想法，但肯定是个坏主意。"

洛尔迦那被诅咒的泛神论在参加朝圣的人们所戴的牛面具中得到体现，他本人在一个旁注中说这些面具有一种"纯粹的土地的意义"。孩子们在朝圣时喊道："恶魔和他的妻子！恶魔和他的妻子！"在这一场中，洛尔迦和叶尔玛并没有呼唤基督教的上帝，而是呼唤着更为阴暗的神祇。一股强烈的情色气息加强了这种感受，并且抹除了朝圣所有虔诚的意义。叶尔玛说她身上降下了"一个诅咒，一摊毒液洒在麦穗上"。在这一幕和整部剧的结尾，叶尔玛掐死了她的丈夫。她经历的悲剧循环至此完成。对邪恶的焦虑并没有将她从恶中带走，而是像克尔凯郭尔所说——他将恶称为"罪"——叶尔玛已经变成了恶本身，并促使恶被实现，需要恶被实现。在叶尔玛的身上，邪恶要求被实现。叶尔玛杀死了她的丈夫。从无用到自由，再到邪恶，这个过程已经完成。洛尔迦在这部作品中描绘了人类内在邪恶的心理演变之一，尽管我们不确定他是否有意为之。

《单身女子罗茜塔或花语》是洛尔迦于 1935 年创作的

作品，是一部在多个花园里歌唱、舞蹈的20世纪格拉纳达诗剧。尽管看似精致，但这部小型戏剧更接近洛尔迦的悲剧三部曲。《单身女子罗茜塔或花语》也是一部关于时间的戏剧，就像《就这样过了五年》一样。这两部作品都揭示了时间的陷阱，它总是诱使我们等待，而时间自己在不断流逝。那句充满安达卢西亚特色的"以后还有很多时间"，实际上是诱导人们虚度光阴的可悲的欺骗。想想看，多年以前，我们也一次次说过"以后还有很多时间"，而那些曾经是未来的时间就是现在，就是我们正在经历的，我们应该生活在当下而不是不断给自己设定新的、莫须有的期限，而后再慨叹未来："以后还有很多时间。"作为一个注重存在、活在当下、行动胜于观望的安达卢西亚人，洛尔迦感受到时间的紧迫性和生命的紧迫性，因为他内心有着死亡的紧迫意识。《单身女子罗茜塔或花语》中的主角像《就这样过了五年》的女主角一样虚度了她美好的光阴岁月。只不过在这部剧作中，它是与一个抽象的、象征的、形而上的时间玩耍，而在《单身女子罗茜塔或花语》中流逝的是真实的、历史的、可计量的时间。当然，对男性的渴望、女性对男性的理想化贯穿了整部作品。罗茜塔小姐，就像洛尔迦所有的女主角一样，充满了对男性气概的纯粹渴望。这是一个漫长的性呼唤。这里的呻吟是充满美感的，并不是戏剧性的或情色的，就像其他角色那样。罗茜塔小姐这样描绘她的表弟：

> 两只眼睛
> 让阴影变得苍白，
> 那睫毛是藤蔓，
> 黎明沉睡在其间。

除了对西班牙小镇生活批判性的讽刺之外，这部作品的一个旁线主题实际上是社会主题。在第三幕中，女管家对一个不公正和混乱的社会状态进行了诅咒："诅咒那些富人！愿他们连手指甲都不剩！"洛尔迦在这部剧中呈现的格拉纳达上层社会，决不会让我们继续给他贴上"安达卢西亚少爷"的标签。因此，社会问题——不公正、偏见、异化——得到了讽刺的处理，而时间的主题则以挽歌的形式表达，这两部分构成了这部剧的基础。但其核心是对男性的呼唤。而在这部剧中，这种呼唤是充满了忧郁的，而不是洛尔迦通常所呈现的戏剧性呼唤。罗茜塔小姐因此成为洛尔迦笔下又一位被神话化的男人所牺牲的洛尔迦式女英雄。

加西亚·洛尔迦在作品中对男性形象的神话化逐渐加强，直至《贝尔纳多·阿尔瓦之家》中的罗马人佩佩。他是整个悲剧的中心人物，对剧情至关重要，但他从未在舞台上出现过，观众也从未真正了解过他，尽管有一群女人为他痴狂，因他死去。在《贝尔纳多·阿尔瓦之家》中，男性的缺席是对他神话化的最高超的手法，这种缺席比任何实际的现身都更能增加他的神秘光环。女性理想化的性爱对象已经变得如此理想，甚至可以不出现、不露面。女性的性欲也通过这样的方式得到了升华。里尔克曾说过，唯一可能存在的伟大的爱就是受挫的爱。当爱在人类层面上失败时，它就可以转化为神圣的、超自然的、神秘的、神话般的爱。然而，洛尔迦的悲剧并不是将我们引向善的升华，而是引向了恶的升华。我们可以看到，在他的悲剧三部曲中，对恶的升华是逐步的、递进的。悲剧三部曲是自由与邪恶的三部曲：《血婚》中新娘导致了两个男人自相残杀，同归于尽；《叶尔玛》中女主角亲手杀死了自己的丈夫；《贝尔纳多·阿尔瓦之家》的女主角自杀了。杀害他人是从自由走向恶的端限，但更为极端的是自杀——对自己的生命的终结。从这个角度而言，如果自由是掌控自己的生命，那么掌控自己的死亡就是超越自由的一种行为：在生命的边界之外，挑战存在的本质，这是实现不可能之事唯一的可能。只有在这个深刻的意义上，我们才能并且应该说自杀是违背自然的。自杀是自然法则之外的行为，因为它不是生命的自然延续，而是个体超越自我存在的阴影和存在本质的行为。它是实现"不可能"的唯一方式，因为它涉及超越个人的自由选择的范畴。在这种意义上，自杀被称为"恶魔的极端"，因为它完全脱离了生命的常态。如果我们将恶魔定义为完全处于生命的范畴之外——既不对抗生命，也不随之流动——那么自杀就是恶魔般存在的极端，是邪恶的边界。这样，恶在费德里科·加西亚·洛尔迦的巅峰之作中就达到了完满，这部剧作延续并且终结了他的悲剧三部曲。就好像"恶"（Mal）这个词，诗人用大写首字母的词作结尾，这是诗人写下的最后一个词语，以此结束了他的创作。

《贝尔纳多·阿尔瓦之家》被称为"西班牙乡村妇女的悲剧"，这部剧作实际上是在1936年写成的，也就是作者去世的那一年。在外在结构上，该剧反映的是一个阶级的问题，这在西班牙，尤其是在南部，是一个传统的问题。贝尔纳多第一次出现在舞台上时就说："穷人就像动物一样；他们好像是由其他物质构成的。"对雄性的渴望，被饥渴的雌性追逐，强烈地渗透了整部作品，这是洛尔迦作品中永恒的氛围和动机（我们已经强调过这一点可能意味着什么）。贝尔纳多自己说："转头是为了寻找绒布的温暖。"整部作品都充满了一种封闭的小地狱一般的气氛，像是毒蛇的巢穴，人们在这里相互残杀。在贝尔纳多·阿尔瓦的家里居住着邪恶。贝尔纳多·阿尔瓦的一个女儿玛格达莱娜，在戏剧的一开始就释放出了殊死搏斗的信号："女人都该去死。"整部剧与萨特的《禁闭》非常相似。被封闭的环境所加剧的人类的无耻，达到了与存在主义哲学家相同的层次。洛尔迦可能比萨特提前许多年——事实上他确实提前了——得出了"他人即地狱"这一结论，只是他没有明确地阐述这一判断。

贝尔纳多·阿尔瓦的女儿们也经历了无所作为和自由的困扰。她们都感受到自己无用的生活，并时常会表达出来。自由的意识在阿黛拉身上逐渐成熟，她在第一幕中兴高采烈地打扮自己,特意向母鸡们展示——这是一个无意识的行为,也体现了她对自由的意识。随后,她高呼着要逃离:"我不能被困住。我想要出去!"阿黛拉表达的不仅仅是对幽闭的恐惧,更深刻的是她与无所作为的生活可能产生的接触:"我不想在这些房间里失去我的纯洁。"无所作为的困扰过渡到了自由的困扰。但在这种情况下,自由并非无所作为的结果——像《叶尔玛》中的那样——而是作为摆脱无所作为的解药。阿黛拉想要自由来实现自我,因为她的无所作为,作为女性的碌碌无为,让她倍感困扰。阿黛拉的悲剧色彩没有《叶尔玛》的悲剧色彩浓烈,或者说在另一个方面它不像《叶尔玛》中的悲剧性那样壮烈。在塑造叶尔玛这个角色时,洛尔迦强调了无所作为。而在塑造阿黛拉时,他强调了自由。叶尔玛因无所作为而走向邪恶。阿黛拉因自由而走向邪恶。而在阿黛拉身上,邪恶走得比叶尔玛更远——它走向了自杀——因为这正是三部曲戏剧性发展的必要要求,在此之后,洛尔迦触及了人类存在的最终邪恶。

第二幕开始于"贝尔纳多家内的一间白色房间"。"贝尔纳多的女儿们坐在低矮的椅子上,正在缝纫。玛格达莱娜在刺绣。蓬西娅与她们一起。"

克尔凯郭尔说过,焦虑更适合女性而不是男性,尽管"焦虑绝对不是一种不完美的迹象。如果要谈论不完美,那是另一件事:女性试图通过焦虑逃避自己,躲进另一个人中,一个男人的身边"。洛尔迦也许不知道克尔凯郭尔,但他深刻而直观地了解到女性的内心。因此，他在描述女性焦虑的强度和方向上与这位伟大的丹麦哲学家产生了共鸣。

在《贝尔纳多·阿尔瓦之家》第二幕刚刚开始时，即将结婚的大女儿安古斯蒂娅说了一句证实了我们将这部作品与《禁闭》相提并论的话："幸运的是，我很快就会离开这个地狱。"地狱。在这种情况下，这不仅仅是一种说辞。因为她的妹妹玛格达莱娜回应道，也同时揭示了这所房子永久封闭的可怕特征："也许你不会离开！"我们已经知道，事实上她无法离开这里。（在姐妹们的对话中，有一些俚语和口头语的表达方式，洛尔迦在其他作品中也使用过，这些表达方式无疑直接来自安达卢西亚的街头。）在这一幕中，我们看到阿黛拉已经被自由的焦虑所附体，她毫不畏惧地呼喊："我会随心所欲地运用我的身体！"同时，她也体验到了毫无价值感的焦虑，就在她对抗她的姐姐玛蒂里奥时，后者正在为阿黛拉的美丽身姿将不会为任何人所有而感到哀伤。阿黛拉尖叫："不会的！我的身体会属于我想要的人。"性自由的呼声——这是最伟大的自由，是实践中的自由——在阿黛拉身上回响起："我会越过我母亲，为了熄灭我双腿和嘴里燃起的火焰。"这是个体自由的形而上问题——源自自身的毫无价值感，然后反过来又针对它——以及女性自由的社会问题——在我们这个时代备受争议——都在阿黛拉和洛尔迦所有悲剧女性角色中得以体现。只把她们理解为发情的雌性是对她们极为低级的误解。（尽管如果没有发情起到的增强效果，我们也无法理解她们。）

阿黛拉是自由的化身。她时刻都在证实这一点："啊，谁能到田间走走！"通过蓬西娅之口，男性的神秘化被加剧，当她谈论到收割的人时："四五十个健壮的小伙子。真快乐！像烧焦的树木！大声叫喊着，扔着石头！"这是对男性自由的神秘化，尽管女性的内心也受到焦虑的影响，但在女性看来，它总是显得美妙、高贵。之后，当一个女人在一个晚上享受了所有男人——这种情况在洛尔迦的其他作品中也反复出现——与主人公的矜持形成鲜明对比，并以一种黑暗的方式激发了她们。此外，这也触及了女性贪婪的主题——不论是否为通奸——这在洛尔迦的作品中反复出现，它是对女性的贬低或是对掩盖的性欲夸张的表达。当阿梅莉亚天真地问这个事情是不是真的时，阿黛拉制止了她："但这是可能的！"在这里，她与自由进行了深刻的接触。她并不需要知道这种自由的极致是否确实发生过。因为她拥有更深层次的确信：这种极致和自由在自然界中是可能的。它们存在于自然界中，哪怕只是在潜在的状态下，等待着被实现。所有这些在收割的人经过村庄时达到了舞台的高潮。

后来发生了照片一事。罗马人佩佩给了他的女友安古斯蒂娅一张他的照片，但这张照片不见了，可能是姐妹中有人把照片偷走了，这惹怒了安古斯蒂娅。或者纯粹是出于性迷恋，或者两者兼而有之。当家里充满了是谁拿了照片的疑问时，阿黛拉喊道："肯定是某个人！除了我都有可能！"实际上，她已经拥有了这个男人的肉体和性爱。她不需要他的照片。她选择了现实，这就是自由，而其他人则满足于幻想，这就是心智上的异化。在照片一事的高潮部分，阿黛拉用通常用来代替第一人称的复数形式说："直到他们一次次地光着身子，把她们带到河边去。"在所有这些事面前，贝尔纳尔达代表了心智上的异化，不是外在和身体层面的意义，而是在消除意识、异化存在的深层意义上。我们已经在本书的其他章节说过，意识倾向于关闭潜意识，因为它知道或者猜到在潜意识中存在着邪恶，或者说邪恶正是人类存在的一个潜意识区域。但这种态度是异化的，因为它将大部分人束缚住了。也可以说，在这个意义上，善是一个自愿的行为。善始终是以恶为代价的。贝尔纳多·阿尔瓦代表了过度强调的、异化的、自愿的意识，远比西班牙历史上的宗教审判精神更甚，正如人们从一种纯粹"社会"的角度来理解这个角色一样。贝尔纳多说的一句话清楚地表明了我们的观点："有些事情不能想，也不应该想。"蓬西娅是那个充满着潜意识的阴影世界的表达者，这个世界充斥着贝尔纳多·阿尔瓦的房子。蓬西娅是贝尔纳多·阿尔瓦自己的潜意识。因此，她们之间的对话具有莎士比亚式的维度——是的，洛尔迦式的莎士比亚风格——除了在戏剧价值和情景方面的特点之外，这段对话像是一段独白。贝尔纳多是意识，蓬西娅是潜意识。蓬西娅说出了那些"不能也不应该想的事情"。贝尔纳多则选择关闭她的潜意识："我不想听你说。"

这一幕中以里波拉达女儿的情节收尾。村子里的一个未婚女子生了一个孩子，并将新生婴儿杀害以掩盖她的蒙羞。贝尔纳多要求为她准备"在她犯罪的地方燃起的火炭"。阿黛拉祈求给这个可怜的女人自由。这一情节用"虚假的地点"解决了母女之间的冲突。洛尔迦将问题转移到了村里的一个邻居身上，从而在辩证法上预先暗示了随后会发生的悲剧。这是他在戏剧和心理上逐渐升级的戏剧手法。

第三幕并未将我们从地狱般的封闭中解脱出来。我们再次置身于"贝尔纳多家内庭院里微微泛蓝的四面白墙"之间。此时已经是夜晚。布景应该是简单的、朴素的。门透过内部的灯光散发出微弱的光辉，照亮了舞台。

在第三幕的开头，充满强烈性欲的浪潮再次席卷而来，这次是公马的性欲引发的，他们将在黎明时把新的母马带到它面前。洛尔迦再次借助了动物的性欲来营造这种氛围，而这种气氛具有极其强烈的情感。兽性的暗示也出现在阿黛拉身上，就像洛尔迦的其他女主角一样："公马正站在院子的中央。白色的公马！庞大得令人惊叹，填满了所有黑暗的角落。"这一形象在性欲的展现上几乎可以与毕加索相提并论。洛尔迦——他的人物——总是活动在超越、偏离和夸大的性欲之中。他笔下的女主角们不为健康的、本能的性欲而战，而是追求过度的、黑暗的性欲。而超越是恶魔的表现方式，因此，它是多余的，也是反自然的。洛尔迦塑造的所有女性都受到诅咒，或者说，都是被诅咒的。而他自己，暗中是不是也是一个被放逐、被诅咒的人呢？

在阿黛拉身上，自由与邪恶已经合为一体："我喜欢看到一切静止多年的东西，充满了火光。"她在谈论星体时如是说。这种情节带有莎士比亚式的氛围。老夫人玛丽亚·何塞法抱着一只羊，展现了她暮年的疯狂的生育欲望。这位老妇人的形象凸显了女性生育力量的象征，而这种力量与贝尔纳多家的压抑和禁欲形成鲜明对比。老妇人突然将所有淫乱的思绪集中在那个作为悲剧核心的男性人物身上："佩佩·罗马诺是一个巨人。"诗人的泛性主义和暗示兽交的元素再次出现在玛丽亚·何塞法的台词中："为什么一只羊不能是一个孩子呢？"阿黛拉最终表达了她的存在焦虑，感到被遗弃："上帝一定把我独自留在黑暗中。"然后她立即展示了自由女性的第一个行动：折断了母亲的手杖。片刻之后，她将自杀。这一幕简短的场景中，所有焦虑的循环都被令人眼花缭乱地呈现了出来：无用——"上帝一定把我独自留下了"；自由——"我用这根掌控者的权杖来做这件事"；邪恶——阿黛拉上吊了。

19
安达卢西亚少爷

　　如果说我们在整本书中都在试图摧毁那个将洛尔迦描绘成一个神秘的安达卢西亚少爷的半身像,现在我们知道了,这个形象有多虚假,那么让我们来看看这种说法可能具有的真实性。这样可以确保我们的研究更加完整,洛尔迦的新形象——我们所理解的形象——也在学术上得以完善。

　　这位善变的"安达卢西亚少爷"写了许多散文。我们在此摘录他对加尔都西修道院的理解:"这里弥漫着几乎被淹没的痛苦和激情的气息。撒旦在寂静中窥视","这些人因为逃避自己的恶习和激情而退出了生活","在这里,他们的激情肯定以一种精致的方式再次绽放","那些战战兢兢、为生活所压迫的人进入修道院,却并没有在这里找到安慰","此外……我们又怎么知道我们的灵魂渴望什么呢?","我们的灵魂接纳了这些令人赞叹的激情,再也无法摆脱它们","眼泪流淌,嘴唇祷告,双手紧握,但都是徒劳；灵魂仍然热情洋溢，这些善良却不幸的好人，在这痛苦的荒漠中寻求上帝，他们应该明白，折磨肉体是徒劳的，当灵魂渴望别的事物的时候"，"所有人都这样看待修道院的寂静：充满和平与宁静。我却只看到不安、烦躁，像一颗巨大的心脏在这些回廊中跳动"，"这些人逃避肉体的诱惑，进入寂静和孤独，这是极大的春药的巨大噩梦"。

在这个"印象"中，洛尔迦展现出的不仅仅是作为一个"安达卢西亚少爷"对加尔都西的禁欲主义做出肤浅的回应。洛尔迦要的不是肉体的自由，而是灵魂的自由。对加尔都西修道院的寂静做出的庸俗回应必将是肉体的回应。但是洛尔迦告诉我们，"当灵魂渴望别的事物的时候，折磨肉体是徒劳的"。邪恶和自由存在于洛尔迦所谓的"灵魂"中，而我们称之为存在本身。正如奥尔特加所说，身体只是我们派去在自由或邪恶中实现自我的使者。洛尔迦这些散文中最不重要的部分，许多人可能会认为它是反宗教或者反教会的。重要的是他肯定了我们需要战胜的不是身体，而是别的东西，他称之为"灵魂"。这意味着洛尔迦承认邪恶根植于人类的核心。邪恶是构成性的。身体并不是邪恶，不仅不是邪恶，而且很多时候它会分散邪恶，让它在小小的肉体乐园里得到消遣，中和掉它。当我们抹去了身体时，这一点变得非常明显。在寂静和孤独中，远离世界，人类会产生一种焦虑，这是邪恶的焦虑（克尔凯郭尔更愿意称之为善的焦虑），它起源于我们对自由的认知，起源于自由的焦虑。这就是为什么洛尔迦说寂静和孤独是"伟大的春药"。它们之所以是，是因为它们让人在裸露中面对自己的焦虑，而这种焦虑会驱使人逃离，寻求庇护，投奔最为亲近的事物，投奔他身边唯一拥有的东西：他自己的身体。因此，身体不再是奥尔特加所说的忠实的执行者，而是焦虑将其推向了欲望的极致，甚至堕落。身体也变得邪恶。我认为我们不必费太多力气就可以从洛尔迦关于修行主义的言辞中得出这些推论。为了强调自然战胜加尔都西修道院所代表的世界，诗人在文章的末尾告诉我们："在一个小屋下，两只鸽子在咕咕叫。"

在《加尔都西修道院》一文中，我们发现了这段精彩的文字，描绘的是狗的嗥叫："它们痛苦地嗥叫，也许是反对它们的形态和生活。"洛尔迦消极的泛神论将狗视为对自身存在的一种反抗，类似于阿尔贝·加缪后来在《反抗者》中所见，"……狗在嗥叫时感到害怕，因为它们会竖起耳朵，颤抖，眯起眼睛，带有撒旦般的邪恶表情"（关键词已经出现）。自然的恐怖，存在的焦虑，我们称之为自由的焦虑，洛尔迦也在狗身上感知或投射出自己。洛尔迦明确地谈到了"焦虑"，然后是"黑暗的声音"，即邪恶的声音，那种被邪恶笼罩的感觉。但是诗人最终会说出全部真相："死亡到来，命令狗唱起它的歌。"就是这样。死亡贬低了整个生命，使其变得毫无价值，从而将其变得孤苦伶仃，焦虑也由此产生。正是死亡在狗的嗥叫中呼喊，就像在"安达卢西亚少爷"的所有作品中一样。深刻而焦虑的少爷，带有戏剧性和存在主义的安达卢西亚人。但这样的散文不正是一个被诅咒者的散文吗？研究这一点显然很有必要。仅仅指出洛尔迦奇怪地在他的文章中提及了一个被诅咒的军官的记忆就足够了："我内心里涌动着关于狗嚎叫的确信，这是疯狂又奇幻的洛特雷蒙伯爵所写的。"

在后文中，洛尔迦在谈到一位修道士的谈话时写道："与他们认为来自外部的隐形敌人进行残酷斗争，而没有注意到它隐藏在心灵深处。"接着是："……但从这种令人钦佩的神秘主义中产生了诱惑。"这是对他在《加尔都西修道院》中所写的内容的证实。这里最重要的并不是他反对教会的态度。我们关心的是他对邪恶本质的原则性表述。为什么从未有人仔细阅读过洛尔迦的这些文字呢？在这些坦白的陈述中，我们应该发现他真正的想法，尤其是当我们无法在他的其他更加晦涩的作品（它们秘密地揭示了这一点）中理解他的思想。

《做噩梦的少女》是一篇让人很容易联想到某些"被诅咒的"作家的散文："她走出了那所充满可怕的堕落和极度淫乱的房子。她被卷入了一种道德败坏和性堕落的外壳之中。她可能是一种奇异的动物，或者是撒旦般的雌雄同体。是没有灵魂的肉体，还是但丁式的水母。""她不停地咳嗽……以为自己闻到了硫黄的味道……在邪恶精灵的压力之下。""她是一个宫廷的宦官，充斥着腐化之气。如果她貌美，就会成为吕克莱西亚；但因为她可怕，她便成了贝尔切布。"毫无疑问，这篇文章属于洛尔迦的早期作品，也是本书开头提到的洛尔迦受到早期"被诅咒的"诗人影响的又一个例证，这一影响在我所知范围内从未被研究过。在《做噩梦的少女》中，费德里科将他在波德莱尔那里学到的关于邪恶的观念转移到了阿尔拜辛，这种看法和呈现的方式有些像小说，具有一定的"装饰性"——恐怖再也没有比这更具装饰性的了——这也是波德莱尔作品中常见的主题。当洛尔迦写下《做噩梦的少女》时，他才刚刚开始涉足邪恶。在《塔玛里特短歌》或者《叶尔玛》中，他为我们呈现的是经过深度洗练的内心体验的邪恶，对我们来说具有比这些学徒式的注释更大的价值和意义，尽管这些注释非常有趣，也值得一提。

在《浪漫花园》中，洛尔迦采用了充满社会意识的开头，这样的手法令人颇为惊讶。诗人为即将消失的宜人之地感到痛惜。但那位将其改造成菜园来喂养孩子的贫苦妇女对他说："看得出您吃得不错。"而洛尔迦，这位"安达卢西亚少爷"，却回答说："您知道我在说什么吗？花园消失了太好了。"然后他继续说："魏尔兰哭泣，爱德华·度布斯正在拉奏他的黑色小提琴……很快犁头将耕入花园那美妙的阴影之中……这是无法挽回的。"在这里，骚乱分子和社会反抗者与"安达卢西亚少爷"这个标签混合在一起，构成了年轻的洛尔迦挣扎的力量。在《八月正午》中，洛尔迦已经成为一位泛神论者，但尚未成为消极的泛神论者。他所写的与我们关于给大自然染色的多余情色的概念相符："大自然渴望着一场巨大的交合。"《另一个修道院》强调了在宗教生活中守贞的失败，而这一次是一座修道院。这让我们联想到了《吉卜赛修女》中的情节。显然，这篇散文比那首诗要早，可以说它是那首诗的散文式草稿。

《加利西亚的救济院》已经成为阴暗的西班牙的象征，此外，它也是充满社会煽动的一篇散文，让无论是支持还是反对洛尔迦的人都显得可笑："我为这扇门感到极大的同情，如此多不幸的人走过它……它的使命必须让人了解，它也渴望因悲伤而消亡，因为它已经被腐蚀、肮脏、破败不堪……或许有一天，对饥饿儿童和严重的社会不公感到怜悯，它会猛然倒塌在某个市政慈善委员会上，那里充斥着身披礼服的恶棍，压扁他们，制作出一份在西班牙如此亟需的美味煎蛋饼……一家看起来已经被遗弃的救济院是可怕的，尤其是那些病态而痛苦的儿童。它在心头引发了无尽的哭泣欲望和对平等的巨大渴望。在一条洁白的走廊上，一位衣着优雅的先生伴着修女们走来，他漠然地左右张望……孩子们恭敬地行礼，心怀敬畏。这就是视察者……"

关于洛尔迦是一个社交达人、友善至极的传说，他写给豪尔赫·纪廉的一封信中，也呈现了他内心真实的一面——"有你和另外几位（非常少数）朋友，我已心满意足"。在另一封同样写给纪廉的信中，洛尔迦写道："我写了一封关于诗歌的长信给你。我把它撕毁了。我明白我与其他诗人联系紧密，我的声音会是多么可怕……啊！多少陷阱啊！真可悲。但我必须保持沉默。开口将是一场丑闻。"这位安达卢西亚的贵族少爷并没有参与到在那些年流行的贵族诗歌的创作中。

在1928年从格拉纳达寄给塞巴斯蒂安·加斯奇的一封信中，洛尔迦写道："我受到了内心情感的严重摧残，我必须克服这些情感。"从这里开始，他的内心抱怨会经常出现。这位安达卢西亚的少爷内心深处经历了许多严峻的事情。在同一年的另一封写给加斯奇的信中，洛尔迦简洁地表达了一种诗学："我给你寄去了两首诗。希望你会喜欢它们。它们符合我的新的精神主义风格，是一种纯粹裸露的情感，脱离了逻辑控制，但是要注意！要注意！其中包含着极为强大的诗意逻辑。这不是超现实主义，注意！最明晰的意识照亮了它们……纯粹裸露的情感，脱离了逻辑控制。"这是"能力的贫乏"，是催生"魔灵"的挑衅，是潜意识的启示，他在著名的演讲《魔灵的理论与游戏》中曾谈到过。"但要注意！其中包含着极为强大的诗意逻辑。"这种黑暗与清晰的交替贯穿了他的所有作品。如果有什么能够描述这位诗人的创作动态的话，那就是他一步迈向阴影，再迈向光明。两步迈向黑暗，一步迈向明亮。他踏入最为黑暗的地方，但总能以"极为强大的诗意逻辑"来照亮自己。另一方面，"诗意逻辑"——我们很清楚——并不是逻辑。洛尔迦拒绝了超现实主义的影响。但超现实主义有两种方式：自愿的和自发的。通过自愿的超现实主义，可以呈现混乱的列举，这是列举中最不混乱的，因为只有通过思维联想才能发挥想象力，而意志必须打破这些联想，以实现表达上的混乱，打破思维的自然流畅。而自发的超现实主义是最真实的、最自然的，会引发更深层次的逻辑：例如梦境、妄想、潜意识中奇异的逻辑。实现真正的超现实主义，达到超现实的状态，接触潜意识，因此并不意味着摆脱逻辑，而是进入了更为深刻、因未知而神秘、因片段而富有启示性的逻辑之中。即使在疯狂的最极端，人类也被他们的逻辑主义所困。人类是一种逻辑的动物，人的逻辑性是固有的。只有在一套精神关系体系内，也就是理性内，我们才能自愿或无意中犯糊涂。人类已经超越了非理性。有一天，这个物种经历了质的飞跃，而这种飞跃永远不可能逆转。每一个思想都已经成为另一个思想的结果，无论是在思想的链条中引入的外部还是内部的变化，都会在这个链条中引发一个逻辑反应。思想的过程可能会被外部或内部的力量粗暴地打断，但这种断裂也是具有逻辑的：它是对变形刺激的精确回应。人类生活在自己思考的束缚下。这就是伟大的异化。因此，在最痛苦或悲剧性的情况下，在极端情况下，我们会说："不要思考，我希望不去思考。"就是思维不可避免地前进让我们无法承受。痛苦的思维比痛苦本身更为煎熬。我们可以说，绝大多数自杀都是对大脑的攻击，是对思维这个精准无误的指针的挑战。在经历一场不幸之后，折磨我们的是"无法停止思考它"。思维，带着其无情的逻辑，持续着对其进行加工。当不幸已经过去，当"一切都已经结束"时，我们需要停止的是什么呢？是关于那场不幸的思维。思维仍在持续，以其巨大的逻辑对所有刺激做出响应。因此，我们需要停止的正是思维，因为从逻辑上讲，思维仍在不断地反复考虑那个巨大的事件——这个已经在其中留下痕迹的想法。这是一场对逻辑的政变。自杀者需要切断、打断的并不是他们心跳的过程或分泌物的流动——尽管它们可能非常不健全或令人焦虑——而是他们思维的流动。因此，自杀是一种针对逻辑的行为，不仅在一般意义上违反了自然，而且在特定意义上，它是对逻辑思维的具体侵犯。当洛尔迦对塞巴斯蒂安·加斯奇谈到"纯粹裸露的情感，脱离了逻辑控制"时，他指的是个人浅薄的、外在的控制，这是局限性的，也是反诗意的。而他强调"极为强大的诗意逻辑"，并不是在修正或减轻之前的说法，而是在加深它。他想告诉我们，他只想遵循最内在、最深刻的逻辑，这个逻辑可能因为隐秘或鲜为人知而被称为神秘或诗意的。接着，洛尔迦以某种方式了解到，人永远无法摆脱逻辑的异化——就像超现实主义者所强调的那样，而他却拒绝了他们的观点——我们必须从这更深刻的逻辑中获得创造性的发现，这种逻辑如此深奥，以至于几乎看不出它是逻辑，那种永远不会产生在理性生物中所谓的无逻辑状态。生活在最终的逻辑中正是使洛尔迦成为真正的诗人，并使他的诗歌成为梦游诗的关键。在另一封写给加斯奇的信中，他承认："有些日子我禁锢了睡梦……"虽然后来他做出了对他的生活和写作在现实层面的肯定与抗议，但突然间他又出卖了自己："深渊和梦境在我生活的现实中让我害怕……在爱情中，在与他人的日常相遇中。那才是可怕又离奇的。"洛尔迦用大写字母写下了"我害怕"（TEMO）。这个坦率的自白是如此明确，我们不能用评论来干扰对它的解读。他对生活的态度是否为一个不拘一格的安达卢西亚贵族？尽管他自己不断地表演着不拘一格的假象——这也是他一直欺骗并继续欺骗那些容易受骗的人的方式——但真相显现在他的言辞中。这种生活中的虚伪，这种双重生活，这种表演艺术般的举止，在某种程度上也是被诅咒者的特征。奥尔特加指出了伟大的被诅咒的诗人——波德莱尔——和哲学中伟大的被诅咒者：克尔凯郭尔。如果克尔凯郭尔和波德莱尔表演了一场焦虑的虚伪——不是编造，而是夸大——洛尔迦也以相同的方式在快乐方面表演了虚伪和夸张。

这里还有一份写给塞巴斯蒂安·加斯奇的自白，让费德里科的这"社交达人"身份显得很苍白："我费尽全力与温泉小镇的这些人进行一次正常的交谈。"然而，他还是维持着这些"正常"的对话。他的表演艺术天赋欺骗了许多人，也使许多人受骗。但正如我们刚刚看到的，表演艺术是被诅咒者的特征，它本身是一种邪恶，是内在人格分裂的外在反映。当他向加斯奇解释他的画时，他给出了他所有创作的关键："有纯粹的奇迹，比如'克利奥帕特拉'，当那种我从未想过、从未梦见、从未期望的线条的和谐出现时，我真的打了个寒战。"（诗人自己强调了这一点。）当他天真地说"我厌恶梦境的艺术"时，毫无疑问，他指的是正统的超现实主义者。但同时，他也与自己的其他陈述，特别是与他所有作品相矛盾。这些创作者身上的矛盾比任何诗歌和诗学之间怪异的一致都更为自然。而这些清醒时的陈述本身已经可疑地暗示了梦游的状态。在他写给这位加泰罗尼亚评论家的最后一封信中(大约在1928年),他再次表露:"荒谬,如果它是活的,就是真理;定理,如果它是死的,就是谎言。"很明显,"活的"和"死的"的限定纯粹是约定俗成的。荒谬是生命;没有死去的荒谬。定理是抽象的;不是生命。它总是死的。这两种限定都是多余且重复的。这句话换种方式表达会更好:"荒谬是活的,定理是死的。"但洛尔迦总是会注意保持外表。他将理性的闹剧进行到底。然而,他的座右铭一直存在,我们很早就知道了。他对荒谬的坚持。(我们称为荒谬的那种隐秘逻辑。)"异乎寻常的、野蛮的安达卢西亚。"这里更多地指的不是"异乎寻常的、野蛮的安达卢西亚",而是他所生活和创作的梦境世界。他梦游,甚至自以为是清醒的。

1928年,在一封写给豪尔赫·萨拉梅亚的非常宝贵的信中,洛尔迦写道:"现在我有了一种诗,是撕开血管的诗,一种已经从现实中逃避出来的诗,充满了我对事物的热爱以及我对事物的揶揄。热爱死亡和嘲笑死亡。爱。我的心。就是这样。整天我都在进行着一种工厂般的诗歌创作。然后我投身于人类之事,纯粹的安达卢西亚人之事,狂欢、享受肉体和笑声的盛宴。""南方美丽的肉体在你践踏后向你致谢。尽管如此,我并不好,也不幸福。"撕开血管并逃离现实。这是一份珍贵的自白,可以解释他很大一部分作品。"我对事物的热爱和我对事物的揶揄。"他的泛神论，被轻佻的虚伪所削弱（我们再次强调，这不是虚构，而是夸张）。"热爱死亡和嘲笑死亡。"永远是双关的句子。永远是双重性，分裂和表演艺术。还有一句纯粹属于萨德侯爵的话："南方美丽的肉体在你践踏后向你致谢。"最后，他摘下了嘲笑和笑声的面具："尽管如此，我并不好，也不幸福。"我们早已知道这一点。

萨尔瓦多·达利写给洛尔迦的一封信中，画家对诗人说："上一季的马德里，你参与了你永远不应该参与的事情。"

这封洛尔迦写给豪尔赫·萨拉梅亚的信也非常有价值。我不知道洛尔迦与萨拉梅亚的通信是否被研究过。这可能是他所有信件中最具启示性的一部分："这些日子我用意志力解决了一生中最痛苦的状态之一。你无法想象整夜站在阳台上看着一个对我来说既空旷又空虚的格拉纳达，却得不到一点点安慰。然后……不断努力确保你的状态不会渗透到你的诗歌中，因为它会让你敞开最纯粹的一面，让那些永远不应该看到的人看到。因此，出于纪律，我进行了现在这些必要的学术活动，我在圣礼的象征前敞开了我的灵魂，将我的情色表达在《奉圣坛圣体的颂歌》中，我已经写到了一半。"除了向我们揭示了一个备受折磨的洛尔迦——我们可以想象得到——这封信也证实了我们关于他表演艺术的理论。（在我们已经解释过的基本含义上："不断努力确保你的状态不会渗透到你的诗歌中。"）双重性，恶意。克尔凯郭尔说恶魔是保留。有一些东西要对"那些永远不应该看到的人"保密。我们并不是那么关心这个"某物"的性质，我们关心的是它的存在事实。每个人都可以对此提出自己的假设。我只关心唯一不是假设的事实：洛尔迦这个人有一个秘密，一个深深的秘密。秘密——克尔凯郭尔的"保留"——总是分裂的根本原因。如果保留是恶魔，那么分裂就是这种邪恶的表现。

在他的双重性呈现出最高的张力时，洛尔迦进行了他的诗歌学习，他走到了与他的真实相对立的极端：他写了一首《奉圣坛圣体的颂歌》。我们此前分析过这首颂歌中体现的缺乏信仰，但现在诗人告诉我们，它没有其他价值，只是简单的学术作业、必要的纪律。那么他的颂歌就成了最大的伪装、最高的表演艺术。这难道不是邪恶吗？为了证实他的邪恶，这封无价之宝的信件的最后一段就在那里："我觉得这个'魔鬼'真的是个魔鬼。随着时间的推移，这部分变得越来越黑暗，更加玄奥，直到最后出现了敌人残酷而美丽的美、伤害人的美、对爱的敌对。"如果诗歌因其历史性的起源而具有魔性，那么这种魔性随后会在诗歌中自证，体现为对魔鬼的热诚，这是对被诅咒的诗人而言典型的固定模式。也就是说，不可告人的真相确实通过他的作品渗透了出来，甚至被赋予了特色。他写的作为纪律的东西，作为无辜的学术活动，已经变成了他最伟大的亵渎，被诅咒的诗歌。也许洛尔迦所有宏伟的唯美主义都有一种表演艺术的学术意愿，目的是掩饰一种注定会显露出来并增强学术性的、唯美主义的甚至是富有天才的真理。在另一封写给豪尔赫·萨拉梅亚的信的片段中，克尔凯郭尔的保留和邪恶又回来了："我想要并要求我的隐私。"如果这种对隐私的捍卫不是在一个扮演外向者角色的人身上发生，那就不会令人担忧。这里有虚伪，有双重性，有邪恶。

在 1929 年初写给卡洛斯·莫拉·林奇的信中，他写道："纽约让我觉得可怕，但正因如此我要去那里。我相信我会过得很愉快。"后来他会说："我在纽约，这是一个充满意想不到快乐的城市。"这些矛盾在关于摩天大楼之城的诗集中得到了解决，而且解决得非常出色。

洛尔迦的其余信件中充满了玩笑、贬低、矫揉造作的言辞，这让我们有权谈论他身上永不褪色的安达卢西亚少爷的底色。但我们已经看到，这种少爷气派——除了完全不涉及对洛尔迦本人的深刻考察外——是他的社交假象、有罪的表演艺术、最终的双重性的一部分。正如我们所说过的，这种假象、表演艺术和双重性并不在于绝对的虚伪，而在于个性中那一部分——最边缘的一部分——的夸张，作为对另一部分的掩盖，掩盖着那另一个部分，想要在暗处生活的那一半。

洛尔迦像克尔凯郭尔一样过度焦虑，这并不是因为洛尔迦不快乐，克尔凯郭尔并不焦虑。这种过度是源于人格的分裂。有一个自我在注视另一个自我。维克多·雨果曾说过："如果你知道有人在看着你，你会更有价值。"特别是如果你在注视自己。克尔凯郭尔对他的另一个自我的焦虑感到满意。奥尔特加用一种略带嘲笑丹麦乡村绅士的方式称克尔凯郭尔为哥本哈根的省城小绅士。克尔凯郭尔，焦虑的丹麦王子，驼背但是个天才。在自我审视中总会产生对所看到之物的过度关注。西班牙的乡村谚语说："主人的眼睛会让马变胖。"这句话可以概括为，眼睛会让主人变胖。克尔凯郭尔用来审视自己的眼睛让他的焦虑变得严重，过度发展成了他的另一个驼背，成了心理上的隆起。克尔凯郭尔发现了对他而言最重要的东西，这使他在人们面前取得了成功，也成了哥本哈根的怪人，那就是他的焦虑。这是必然的，他培养了这种焦虑。另一方面，他需要培养它来掩盖他的另一半，并不焦虑的那一半，在社交场合中会显得平庸的那一半。因此，自我分裂的自然产物在自觉的情况下被延续，因为这对他有利。

洛尔迦也是如此，他人格分裂，对自己的快乐感到满意，而这种满足又使他的快乐过分发展。洛尔迦这个格拉纳达的少爷，就像哥本哈根的绅士一样，当然我并不是试图将这两个名字进行刻意的对比，因为它们之间几乎没有什么相似之处。洛尔迦发现快乐是他社交的动力，就像克尔凯郭尔发现焦虑是他的动力一样。

因此，他们过度强调了自己的快乐。这种过度强调让他们得以隐藏希望保密的一面，也就是他们的另一半，那个不快乐的洛尔迦。因此，在两种情况下，掩饰、演戏既不是自发的，也不是蓄意的，而是恰恰相反。此外，值得一提的是，在这两种情况下，我们都可以看到自我分裂作为一种自恋的表现，这一点我们已经通过研究波德莱尔的例子进行过讨论，与此形成鲜明对照的是陀思妥耶夫斯基的自我分裂，那是一种痛苦的体验。在这两种情况下，虽然焦虑在起作用，但在其中一种情况下，它是一种展示，而在另一种情况下，它是一种隐藏。无论是克尔凯郭尔还是洛尔迦，他们都是自恋的——一个因为扭曲，一个因为儒雅——而陀思妥耶夫斯基则是反自恋的。

"我不是吉卜赛人。"洛尔迦对一名记者说。他接着说："我是安达卢西亚人，虽然所有的安达卢西亚人都有点像吉卜赛人。"这是矛盾的，关于他的吉卜赛血统是真是假，他既有一半的隐瞒，也有一半的展示。这是一种表演。他承认小时候常玩"做弥撒，建祭坛，搭建小剧场"的游戏。这显示了他对宗教神秘主义、戏剧以及礼仪所具有的代表性一面的倾向。人们常常谈论洛尔迦的戏剧天赋。我们在本书中说过，他的戏剧作品实际上是他悲剧情感的体现和演绎。但他从事戏剧的心理动机还有另一个方面：自我分裂、隐瞒、心理上的扮装和表演天性，后来在舞台世界中被"专业化"。萨特在《想象》一书中说，完美的模仿是一种附体：模仿者被被模仿者附体；完美的模仿者是一个被附体者。这种人格置换，这种心理和表演上的附体包含着魔鬼般的成分，这是不言而喻的。从这个意义上说，洛尔迦被他在戏剧中创造的女性角色所附体，他在舞台上模仿的女性也一样。他的文学模仿非常完美，有时甚至非常宏伟，因为洛尔迦让自己附体于一个正在发情的女性灵魂之中。

1928年，他向埃内斯托·吉梅内斯·卡瓦列罗这样解释他的理论观点："回归灵感。灵感，纯粹的本能，诗人唯一的理由。我无法忍受逻辑的诗歌。贡戈拉的教训已经足够了。我从内心深处充满了激情。"他甚至再也没有提到"诗歌逻辑"。在另一次访谈中，他表达了对被诅咒的种族的认同："犹太人、叙利亚人和黑人。尤其是黑人！他们凭借他们的悲伤成为那个美洲的精神中心。黑人与纯粹的人性以及另一种本质都如此接近。"1931年，阿拉伯学者吉尔·贝努梅亚提出了一种将安达卢西亚文化与非洲文化相联系的观点，他提到了两位伟大的格拉纳达人——加尼维特和洛尔迦，并指出洛尔迦也是受到相同图腾的影响的格拉纳达人。洛尔迦向贝努梅亚表达了他对被诅咒的种族的同情，这种同情让他将其部分归因于他的格拉纳达血统，他认为这种血统使他更加同情那些被迫害的群体，如吉卜赛人、黑人、犹太人和摩尔人。洛尔迦承认，尽管他之前说过吉卜赛文化在他的作品中只是一个主题和一本诗集的概念，但他深知自己身上对这种文化的倾向。他解释说，如果他要表达弗拉门戈的某种特质，那一定是通过索雷阿或是吉卜赛的塞吉里亚（siguiriya），即深邃、简练，安达卢西亚人的原始内核，那种更接近呐喊而非姿态的歌曲。

在关于他访问纽约的讲座和采访中，洛尔迦以散文形式阐述了后来他用诗歌表达的想法："哈莱姆，这个世界上最重要的黑人街区，那里最淫荡的东西带着一种使人不安的宗教的口音。"他的感受不再像初到纽约时那样模糊和矛盾。回程时，他发现了"他的"纽约："黑人。不是布朗克斯也不是布鲁克林……我所看到、漫步和梦想的,是大黑人区的哈莱姆。"这样的结果是不可避免的:"我想要创作一首关于北美黑人种族的诗,强调黑人在截然相反的世界里成为黑人的痛苦;成为所有白人发明和所有机器的奴隶。"而后是:"华尔街。因其冷漠和残酷令人印象深刻。"

1933 年,"安达卢西亚少爷""民俗学家"洛尔迦对一名记者说:"我的艺术不是民俗的。我从来没有认为它是民俗、民间的。《吉卜赛谣曲集》并不是一本民俗的诗集,尽管它的一些主题可能与民俗相关……但我的大部分作品不能算是民俗的,尽管它们在主题上可能看起来是,因为那是一门艺术,我不会说那是贵族的,但是是纯净的。"

这个过程中,我们逐渐远离了那个通过编排仆人的歌曲来创作虚假的民俗主义的绅士形象。

对另一位记者他说:"您作为一个优秀的加利西亚人,提出了一个像吉卜赛人一样的问题,而我,作为一个吉卜赛人,将以吉卜赛人的方式回答您。"这是又一个关于吉卜赛血统的充满矛盾却又极为坦白的表述。他对同一位记者说:"安达卢西亚和加利西亚之间的差异是如此深刻且值得尊重,然而,却存在着一种地下的潜意识流,一根精神纽带将这两个地方的人联系在一起:那就是我在我的演讲中所谈到的'魔灵'。"这些话进一步印证了我们的看法,即安达卢西亚和加利西亚是西班牙的两个魔幻之地。

关于圣诞颂歌,洛尔迦做出了这样的表态,从他的权威性来看,这证实了我们有关安达卢西亚天主教异教化的理论："这首异教徒的圣诞颂歌很有趣，揭示了安达卢西亚圣诞节的巴克斯式意义。"同时，他也被一些流行歌曲中的社会情感和内涵所打动：

> 在星星间的田野里，
> 农夫辛勤劳作。
> 而主人们过着美好的生活。

这是另一首猛烈的歌，像是来自安达卢西亚，可能被用作传单、宣言和动乱打出的旗帜：

> 我多么希望
> 命运会发生逆转：
> 穷人吃面包，
> 富人吃粪便。

在这里洛尔迦表达了对社会问题的关切，这种关切在他的艺术实践中已经明显地转化为行动主义。他在谈到为民众而创作的戏剧时说："我们已经注意到只有一个观众群体对我们并不忠诚：中间阶层，那些轻浮且物质至上的资产阶级。我们真正吸引的艺术受众，处在两个极端：受过良好教育的阶层，包括大学生或者拥有自发的智识和艺术修养的人，以及贫苦、粗糙、未受腐化的人民，他们是一片未被开发的、富饶的土地，能够感受所有痛苦的震颤和所有优雅的转变。"

这些来自1934年对何塞·R. 卢纳的回应以谜一般的词句开篇："大多数人，都有一种特殊的生活，他们用来当作名片。这就是公众所熟知的生活。""但大多数人也有另外一种生活，一种灰暗、隐藏、折磨人、邪恶的生活，他们试图将其像一个丑陋的罪过一样隐瞒。"这是对虚伪的谴责还是隐晦的自白？无论如何，这都表明了他对于自己的双重性、邪恶的保留和矫揉造作的认识。

在这些回应中，我们可以找到他的泛神论的起源。他讲述了小时候他是如何"给每件事物赋予它的个性"，有一天他清晰地听到了风声在杨树中呼唤他的名字："费……德……里……科……"然后那名记者说了一些与当时围绕这位诗人喧嚣的煽动性新闻报道完全不同的话："他与朋友们团结在一起，虽然朋友不多，但都是真诚的。从那时起，他的生活分为两部分：一部分是为朋友们而活，另一部分则是独自度过。"似乎这位名叫何塞·R. 卢纳的记者确实注意到了费德里科的两面性，他的表演才华（我相信无须解释，我一直在使用这个词，没有任何贬义，而是在其更深刻的含义上）。不能要求记者去寻找这种表演才华的关键，这可能是连诗人自己都不了解的微妙人格分裂的线索。无论如何，他的话非常有价值："这两种生活都有它们的好处。对朋友们来说，生活中的洛尔迦我们都知道：欢快、热闹、友善、有活力。但并不是所有人都知道的是，他自己也害怕的反面。一种悲剧性的精神漂浮在它上面。沉默着困扰着他的想法，比如关于死亡的想法，试图将他包裹起来。"诗人在恐惧中颤抖，如同一个热情洋溢的人。"这里既可能是记者的敏锐，也可能是洛尔迦本人的自我揭示，因为在那个时候，也就是1934年，也许他内心的自我开始浮现出来，无法掩饰，就像他的作品所表现出来的那样。诗人在这次无价的采访中宣称："我热爱这片土地。在我的所有情感中，我都感受到与它的紧密联系。我对于土地最早的记忆都带有土地的味道。土地、田野，在我的生活中创造了伟大的事物。土地上的生物、动物、农民，他们所具有的吸引力只有极少数人能够感受到。我现在用与我童年时代相同的心态去感受他们，否则，我就无法写出《血婚》。对这片土地的热爱让我认识到了艺术的第一层表现。这是一个值得一提的简短的故事。"诗人讲述了在1906年左右，看到巴黎世界博览会上获得殊荣的新型布拉万犁耕作时，偶然间目睹了一块古罗马镶嵌画被钢刀挖掘出土的情景："上面刻有一段铭文，我现在想不起来了，虽然我不知道为什么达芬尼斯和克洛伊的名字会浮现在我脑海中。这是我第一次感受到艺术的令人惊异，它与土地联系在一起。达芬尼斯和克洛伊的名字也带有土地和爱的味道。……我最初的情感与土地和农业劳作联系在一起。因此，在我的生活中存在着一个被精神分析家们称为'农业情结'的复杂心态。如果没有这份对土地的热爱，我就无法写出《血婚》。我也不会开始创作我的下一部作品《叶尔玛》。在土地中，我发现了一种深沉的贫瘠的吸引力。我热爱贫瘠胜过一切。"把洛尔迦的"农业情结"简单地解释为对乡村生活的向往是很粗暴的。无论是他本人还是精神分析家们所称的"农业情结"都正是我们所说的他的异教式或世俗的"方济各主义",尤其是他那反享乐主义、戏剧性的泛神论。可以通过古罗马镶嵌画的逸事以及他在作品中赋予"土地"这个词的意义来证明这一点。正如洛尔迦所说,这些作品涌现自土地:《血婚》《叶尔玛》以及后来的《贝尔纳多·阿尔瓦之家》。他不仅仅是一个将童年经历升华的乡村男孩。更重要的是,一个伟大的消极的泛神论者,曾经隐藏在这个乡村男孩的内心深处。

在这次非常重要的采访中,诗人还论及老人:"我不能忍受老人,也不是因为我害怕他们,而是因为他们让我感到不安。我无法与他们交谈。我不知道该对他们说些什么。"如果我们把这些说法颠倒过来看,就会发现洛尔迦之所以无法忍受老人,是因为他过于热爱年轻人。洛尔迦是一个泛神论者,而老人在任何泛神论中都没有容身之地,即使是像洛尔迦这样消极的泛神论者。洛尔迦看到死亡激发了生命、青春和美丽,使一切都充满了戏剧性和瞬间感。伟大的创作和戏剧性恰恰在于对比。但老人已经与死亡融为一体:没有对比,没有激发,没有美丽。谈到老人,诗人自然而然地谈到了死亡。"但一提到死亡,他的脸就变了样。"采访者说。然后洛尔迦说:"死亡……啊!……在每一件事情里都有死亡的启示。宁静、寂静、孤寂都是学问。死亡无处不在。她是统治者……在我们静止的时刻,有一种死亡的萌芽。当我们聚在一起,平静地交谈时,看着在场的人们的靴子,你会看到它们是静止的,可怕的静止。它们是没有动作的、沉默而阴暗的东西,此刻一点用处也没有,它们开始慢慢死去……靴子、脚,当它们静止时,带着那种只有脚才能获得的戏剧性宁静,人们会想:再过十年、二十年、四十年,它们的宁静将是绝对的。也许只有几分钟。也许一小时。死亡就在它们里面……我不能穿着鞋子躺在床上,像所有人在休息时经常做的那样。只要我一看到自己穿着鞋子的脚,死亡的感觉就会让我窒息。这样,脚踩在脚后跟上,鞋底朝着额头,让我想起了我小时候看到的死者的脚。他们都是这个姿势。脚是静止的,挨在一起,鞋子还没有穿过……这就是死亡。"在这之后,还有什么可以说的呢?这位伟大的乐观主义者?在这次极为重要的采访中,洛尔迦在谈论他在布宜诺斯艾利斯的海报时说:"就好像我不再是我。仿佛在我内心分裂出了一个敌对的我,嘲笑着我内向的羞怯,从所有这些海报上嘲笑着我。"连他自己也不知道这些话有多么准确。

我认为从未有人注意到这次在布宜诺斯艾利斯进行的新闻采访的巨大自白价值。这是了解我们所说的晚期洛尔迦的重要文献,也就是20世纪30年代的洛尔迦。

在另一次采访中(J. 查巴斯在1934年的采访),他再次谈到了观众的问题:"当然,观众喜欢。"他指的是他的流动"茅屋剧团"的演出。"我也喜欢观众,工人,乡村朴实的农民,甚至是最小的孩子,还有学生和在工作学习的人们。那些什么也没有的绅士和优雅的人，他们不太喜欢，我也不太在乎。他们来看我们的剧，然后走出来说了句："嗯，他们演得还不错。"他们什么也不懂。他们甚至不知道什么是伟大的西班牙戏剧。他们自称天主教徒和君主主义者，然后他们就安心了。我最喜欢的工作场所就是乡村。"在同一年阿拉多·普拉茨的采访中，洛尔迦如是说："但在这个世界上，我永远都是贫穷者的支持者。我永远都是那些一无所有，甚至无所作为的人的支持者。"然后他又说："我期待着戏剧迎来从天而降的光明，永远来自天堂。只要上面的人下到座位区，一切都会得到解决。"在谈到他的悲剧三部曲时，他提到了《洛特女儿们的悲剧》，毫无疑问就是之后的《贝尔纳多·阿尔瓦之家》。他还提到了其他剧目，所有这些都具有深远的意义：在另一次采访中，他说他已经完成了《所多玛的毁灭》。可惜我们对这个标题如此富有意义的作品一无所知。

在1935年普罗尔的一次采访中，他声称在他的气质中，戏剧性胜过抒情性，毫无疑问。显然，他已经意识到了他内在的悲剧性，这在以前可能被抒情性所掩盖。他再次展现出革命者的特质："有时，当我看到世界上发生的事情时，我会想：我为什么要写作？但是我们必须工作、工作。努力工作，帮助那些值得帮助的人。努力工作，尽管有时候人们会觉得自己的努力是徒劳的。工作是一种抗议的方式。因为一个人的冲动会让他在每天醒来时在一个充满了各种不公正和苦难的世界中呐喊：抗议！抗议！抗议！

此外，我计划写几部人道主义和社会主义类型的戏剧。其中一部戏剧是反战题材的。"在这次采访中，他谈到了一本诗集，其中将收录约三百首作品，标题为"迎接死亡"。这是对理解晚期洛尔迦具有重要意义的另一个标题。也许这就是后来我们所熟知的《塔玛里特短歌集》？无论如何，他已经成为一位关于死亡的诗人。

在《单身小姐罗茜塔或花语》首演时，洛尔迦发表了一些看法，谈到了"西班牙庸俗的悲剧，西班牙的假正经，女性在内心深处被迫抑制的渴望"。在《艺术家晚宴附注》中，《路易斯·贡戈拉》（1935）收录了洛尔迦的这句话："如果没有女佣，富有的孩子会怎样？女佣让他们接触到人民的真实和情感。"路易斯·贡戈拉已经说过洛尔迦被"生活的悲剧感"所困扰。

在格拉纳达的吉普斯孔文学协会举办的关于《吉卜赛谣曲集》的讲座中，洛尔迦否认了该作品的民俗风情："这本诗集几乎没有表达出我们看到的安达卢西亚，但表达了我们感受到的安达卢西亚。""只有一个真实的角色，那就是悲伤的渗透。"这场讲座是在 1936 年举行的。然而，如今，三十多年过去了，我们仍然坚持认为《吉卜赛谣曲集》是民俗风情的代表，忽略了它的本质，尤其是其中蕴含的悲伤，这是对普遍的焦虑本土化的叫法。在这场朗诵会讲座上，洛尔迦没有朗诵《不贞少妇》这首诗，因为他认为这是一首人为的诗歌。我们在对这首诗的研究中也看到了类似的情况，其中作者的主导地位变得如此模糊。相反，他认为写索莱达·蒙托娅的谣曲是"这部诗集中最具代表性的作品"。因为索莱达·蒙托娅是一个为忧伤所困扰的人，一个焦虑的人，一个被灵魂所囚禁的人，一个可怜的人。

在1936年与费利佩·莫拉莱斯的一次采访中，洛尔迦告诉他："我们不能讨论男人是否比女人更具启示性。不，我们不能讨论。"然后他说："当然，如果诗歌是关于爱情的，那么诗歌中存在一个性的问题；如果诗歌试图与深渊做斗争，那么就存在一个宇宙的问题。"紧接着，他表达了他对戏剧的激情和对反资产阶级的关切："为顶层写作是世界上最令人伤心的事情。"在下面这段宝贵的访谈材料中，他预见了所有先锋社会政治戏剧，比如贝克特和尤内斯库："现在我正在创作一部新的喜剧。它将不再像以前的喜剧那样。现在这是一部我无法写下任何东西的作品，连一行也不行，因为真相和谎言、饥饿和诗歌已经在空中飘荡。它们从我的文字里飞出来了。喜剧的真相是一个宗教和经济社会问题。世界在饥荒肆虐，各地的人民停滞不前。只要经济上的不平衡还存在，世界就无法思考。我已经见识过了。两个人沿着河岸走着。一个富裕，一个贫穷。一个肚子饱饱的，另一个却让空气中弥漫着他的哈欠。富人说："哦，看，水面上看起来有一条多美丽的小船啊！你瞧，你瞧，岸边的百合花开了。"而穷人在默默地祈祷："我饿了，我什么都看不到。我饿了，饿得要命。"当然。一旦饥荒消失，世界将会出现人类历史上最伟大的精神爆发。人们将永远无法想象在大革命的那一天会爆发多么巨大的欢乐。

你肯定觉得我现在正在以纯粹的社会主义者的口吻和你交谈，对吗？"在同一次采访中，他谈到对纽约的看法："纽约是可怕的。简直是个怪兽。我喜欢在街头游荡，迷失在其中；但我承认纽约是世界上最大的谎言。纽约是装满了机器的塞内加尔。英国人把一种没有根基的文明带到了那里。他们建起了一座又一座房子，但他们没有深入地下。他们向上生活，不停地向上……但就像我们在下层的美洲留下塞万提斯一样，英国人在上层的美洲却没有留下莎士比亚。"

洛尔迦进入晚期才与克维多相遇。这是不可避免的。关于他与洛佩的关系我们已经讨论了很多。但在克维多的作品中，有一个可能的被诅咒者，有一天他们注定要相遇："我们对克维多犯下了多么大的不公！他是西班牙最有趣的诗人。我与克维多的相识只有几年的时间。""克维多就是西班牙。"这是不可避免的。洛尔迦的诗歌传承自洛佩和贡戈拉。但他最终走向了克维多。洛佩和贡戈拉分别赋予了他动力和美感。然而，当他的本质逐渐显露时，他作为一个西班牙被诅咒者的焦虑和反叛变得更加浓烈，他找到了所有西班牙反叛者伟大的精神之父：克维多。后来，在已经完全"沉浸在克维多中"时，他对巴加里亚[1]说："在这个世界的戏剧性时刻，艺术家必须与他的人民一起哭泣和

---

[1] 路易斯·巴加里亚（Lluís Bagariai Bou，1882—1940），20世纪上半叶最重要的西班牙漫画家之一。

欢笑。必须放下百合花束，深陷泥泞，直至腰部，以帮助那些寻找百合花的人。"他告诉巴加里亚："乐观主义是那些只有一个维度的灵魂的特征；他们看不到我们周围的泪水之河。"再后来他说："当然，我不相信政治的界限。"他以反叛者的自信结束了与巴加里亚的这次采访；他指的是巴加里亚奇异的世界，那里充满了自由的动物，他建议他让它们远离城市，"因为它们会被戴上镣铐，被迫生活在死者腐烂的风中"。

对他的信件和谈话进行回顾后，除了那些洛尔迦表面上的喧闹快乐——就像我们已经知道的，那是一种闹剧和夸张——我们还剩下什么呢？这位多变的安达卢西亚少爷？

20
费德里科

然而，正如我们在本书开头所说的，维森特·阿莱杭德雷是为数不多真正了解和接近洛尔迦的人之一。他对洛尔迦的看法与我们的看法一致，当然也推翻了所有关于洛尔迦是民俗艺术家和美学家的肤浅的陈词滥调，甚至将他作品中的戏剧和悲剧解释为美学主义的说法。这种看法出自阿莱杭德雷在1937年，也就是洛尔迦去世的第二年撰写的散文《费德里科》，那时正值西班牙内战期间，这篇散文被收录在阿吉拉尔出版社出版的《加西亚·洛尔迦全集》中，同时也收录在阿莱杭德雷的著作《相遇》中："我曾经在最高的夜晚看到过他，突然间，站在一些神秘的栏杆旁，月亮投射下它的银光照在他的脸上；我感到他的手臂倚在空气中，他的脚却陷入了时间、世纪、遥远的西班牙大地的根源，直到我不知道他到底去了哪里，寻找着这种深刻的智慧，这种在他的眼中闪烁、在他的嘴唇上燃烧、在他愉快的眉毛中烧灼着的智慧。不，那时的他不是一个孩子。

多么古老，多么古老，多么'古老'，多么寓言般的神秘！请不要觉得这是不敬：只有一些已经变成石头雕像的老弗拉门戈歌手，或者一些老舞蹈家，才能与他相比。只有在夜晚的背景下才能模糊地看到的遥远的安达卢西亚山脉，能与他结下深厚的友谊。"阿莱杭德雷在这里以一种高超而富有诗意的方式，概括了洛尔迦所有的土地感，这正是我们在整个研究过程中一直强调的。他是唯一一个与洛尔迦同时代并且曾经真正地接近过费德里科·加西亚·洛尔迦的诗人，即使是相对地接近。他也在作品和洛尔迦的秘密中与他相伴。

但阿莱杭德雷随后说了一句话，说出了洛尔迦更内在的关键："他的欲望如火般炽热，仿佛就是为自由而生。"我们首先强调的是他对自由的深刻理解。这种自由的烦恼源于无谓的烦恼。无偿和自由在他身上交融在一起。他知道自己是自由的，因为他知道自己是无谓的，他将自己奉献给了多余的情色、多余的邪恶。或者他知道自己是无谓的、多余的，因为他知道自己是自由的，这是一种极度令人烦恼的自由，只能用于犯罪。（只有用于犯罪才能拥有自由；因为并不存在善的自由，我们已经看到，善是一个自愿的行为，它需要自愿的放弃，当然，这种行为值得称道。）费德里科·加西亚·洛尔迦是多余的人。因此，他也是自由的人，他拥有一种令人烦恼的自由。阿莱杭德雷证实了这一点："费德里科的一切都是灵感，他的生活与他的作品如此美丽地保持一致，这是自由的胜利，在他的生活和他的作品之间有着如此持续的、如此热烈和富有成果的精神与肉体的交流，使它们永远无法分割。"所有这些对我来说比我的老师赫拉尔多·迭戈的论点更有价值，他曾经告诉过我，费德里科的生活，他的内心世界，是他自己的保留，是他作品之外的一些东西，我们不应该涉足其中。但是我们从克尔凯郭尔那里知道，保留是恶鬼般的，另一方面，个人的保留也会在作品中鲜明地渗透出来。

阿莱杭德雷在他极具价值的文字中说，的确，有一个外在、明亮的费德里科，他还说道："但我有时喜欢独自回忆起另一个费德里科，他是一个不是所有人都能看到的形象：悲伤的、高贵的费德里科，一个孤独却充满激情的人，在他生活的狂热中几乎难以想象。我之前提到过他那颗夜晚的头颅，被月光浸泡，几乎变得像黄色的石头，像古老的痛苦一样石化来。"月亮似乎在问他："你疼吗，孩子？……大地使我疼痛，大地和人们，肉体和人类的灵魂，我的灵魂和别人的，他们和我是一体的。"除了这段具有启发性的内容之外，对我们来说，阿莱杭德雷最大的成功之处就是把费德里科看作月亮的孩子："你疼吗，孩子？"这个与月亮紧密相连的费德里科，是太阳之外的孩子。我们之前也说过，在阳光如此充沛的南部，洛尔迦却活在阴影之中。月亮的母性使他与所有的被诅咒者成了亲戚。但阿莱杭德雷接着说："在深夜的高处，漫步在城市中，或者在一个小酒馆里（就像他说的那样），在那里，他与他的朋友一起，置身于人群的阴影中，费德里科从一种遥远的快乐之地回到了这片看得见的土地和看得见的痛苦的现实中。诗人可能是一个没有肉体界限的存在。他突然而长久的沉默有点像河流的寂静，在这高处的时刻，他就像一条河一样黑暗、宽广，你可以感受到他在流动、流淌，他的身体和灵魂中涌动着血液、回忆、痛苦，其他心脏和其他生命的跳动，这一刻他们成了他，就像河流是所有赋予他形态的水，但没有边界。费德里科糟糕的时刻是诗人的时刻。"

阿莱杭德雷能够并且懂得在费德里科的糟糕时刻看到诗人，看到他伟大的时刻，看到他隐秘而真实的时刻。阿莱杭德雷的话可以打消我们的任何疑虑，关于格拉纳达的费德里科，他说："他的心当然不是快乐的。"他还说道："他可以拥有整个宇宙的快乐；但在他深深的内在，和所有伟大的诗人一样，他是不快乐的。"这种夸大的快乐、快乐的虚伪、个性的分裂，所有我们在洛尔迦身上研究过的东西，都在阿莱杭德雷的一句话中进行了总结。他甚至充满关心地反驳了那些对洛尔迦充满狂热的人，其中包括两人的一些同辈朋友："那些看到他像一只色彩斑斓的鸟在生活中飞来飞去的人并不了解他。他的心洋溢着热情，对于爱和痛苦的能力让他高贵的额头变得愈发崇高。他深深爱着，这是被一些肤浅的人所否认的品质。他因爱而饱受痛苦，也许没有人知道。我永远记得他在离开格拉纳达之前给我朗读的他的最后一首抒情诗，我们永远不能看到它完成的那一部作品。他为我朗读了他的《黑暗之爱的十四行诗》，这是激情、热情、幸福和痛苦的奇迹，是纯粹而炽热的爱的纪念碑,在这里,诗人的肉体、心灵和灵魂都处于毁灭的边缘。我自己也感到惊讶,不得不看着他,喊道:'费德里科,你的心啊!他一定曾经深爱过,也曾经承受了多少痛苦!'"

相信读过阿莱杭德雷的这篇纪念文,再读手中的这本书已经没什么必要了。我甚至不需要写这本书。阿莱杭德雷用简洁而友好的方式,用几句话说出了我一直试图通过理性分析的方式去解释的一切。也许我的作品只能作为一种坚持,因为另一方面,正如阿莱杭德雷所说的,"那些肤浅的人"也坚持着对我们这个世纪最伟大、最悲剧的西班牙诗人的无知。

在费德里科的绘画中,我们仍然可以发现一部作品的标题,它更多像是诗人的一个自白:"唯有神秘使我们活着。唯有神秘。"这句话完全可以用于他墓碑上不可能出现的铭文。

洛尔迦墓碑上的日期是1936年8月20日,在从格拉纳达到维斯纳的路上。(布伦南在他的作品《西班牙的面孔》中讲述了他在1950年于整个安达卢西亚进行的搜索,这次搜索旨在解开那次枪决的谜团。他相信找到了诗人的坟墓,就在维斯纳的惠灵顿公爵庄园旁边,但没有得到证实。让·夏布罗提出了另一种地理假设。有人认为洛尔迦并非在8月20日逝世,而是在8月18日。如今居住在哥伦比亚的建筑师阿尔弗雷多·奥尔加斯是最后一批于那个8月的中旬在格拉纳达见到洛尔迦的人之一,他在罗萨莱斯家中见到了洛尔迦。）安东尼奥·马查多在他悼念洛尔迦的诗中也将他与神秘联系在一起，并说道："今天如昨，吉卜赛人，我的死亡，多好，在这格拉纳达的空气中，只有你和我，我的格拉纳达！"

在本书的最后，我们必须以某位知名人士的观点来证明我们的分析方法。众所周知，19世纪法国著名评论家奥古斯丁·圣伯夫坚信，评价一部文学作品的最佳方式是尽可能收集关于作者的广泛信息，一旦熟悉了作者的个性，就将二者联系起来。马塞尔·普鲁斯特反驳这一理论。在《对峙圣伯夫》这篇直到1954年才出版的未发表的文章中，他指出每位作家都存在一个外在的自我，"在我们的习惯、社会、堕落中显露出来的那个"，但还有一个深层的自我，即"创作作品的自我"，并补充说只有通过仔细阅读那些展现出这个神秘自我的作品才能了解它。毫无疑问，我们赞同普鲁斯特——他本身也可能是一个隐秘的被诅咒的人，在分裂的自我和炫耀中被揭示——与圣伯夫的观点保持对立。然而，我们努力通过外在的自我从作品中找到深层的自我，它始终可以作为纯理论的说明，但我们并不会停留在此——这正是洛尔迦的几乎所有传记作者所做的，也是一般的传记作者所做的，他们通常从生活走向作品（当涉及作家时），将生活强加给已经完成的传记的一个草率的结论。而我们相信，通过从作品到生活的方式，我们可以摆脱这种决定论，因为作品并不是既定事实，而是永远会引来不同看法的文本材料。

我们已经以大致相同的方式为我们的方法进行了辩护，现在让我们转向一些能够阐明我们观点的有力证明。让我们从《圣经》开始。在《雅各书》中有一个众所周知的经典段落："上帝不能试探任何人，每个人都是被自己试探。"对我们来说，在这里我们发现了魔性的关键，它不是来自外部的邪恶，而是存在于人的内部。克尔凯郭尔在《焦虑的概念》中进一步阐释了这个想法："如果魔性是命运的偶然，那么它可以影响到所有人。"这两句话基本上将魔性与自然相结合，将魔性融入自然之中，融入人类和历史之中。克尔凯郭尔随后说："魔性的影响远比通常想象中的要大。""在每个人身上都能找到它的痕迹。"继而又说："魔性是在保留和无意中揭示出来的。"我们已经在讨论洛尔迦时研究过保留和无意中的揭示。克尔凯郭尔还表明，"魔性是消极的"。就像"过度敏感"可能是魔性的一个特征一样。最后，这位丹麦存在主义哲学家断言："魔性是善的焦虑。"他将邪恶理解为对善的自由的困扰。我们完全颠倒了这些术语的内涵。曾经经历过邪恶，作为自由的人会为善的困扰而焦虑，因为对他们来说，善是自愿的，是异化的。同样，魔性的焦虑也是善的焦虑。（这并不排除自由中邪恶的焦虑，因为克尔凯郭尔自己曾说："焦虑是自由的眩晕。"自由，对于我们而言源自无私，会产生眩晕，我们称之为邪恶，即魔性。因此，善的焦虑只是恶的焦虑的次要或后续效应。）无须强调所有这些与洛尔迦的心理动力学的关系，我们在这本书中已经反复强调了这一点。

奥尔特加在《论莱布尼茨的原则思想》中断言："对于动物来说，存在即感到危险。"我们关于无谓的焦虑的理论立即引发了危险的焦虑。当存在开始感到无谓时，自然会感到危险。因为它没有理由，也没有防御。危险的焦虑就是奥尔特加所说的"感到危险"，他将其直接与存在等同起来。这个将存在视为危险的理论之后验证了我们关于无谓的焦虑的想法。奥尔特加随后谈到了"在人类根本的存在和生活中存在的无情的悲剧成分，这种丧失了主人的狗的自觉，这种像迷失方向的动物一样不知道自己在哪里，也不知道应该做什么的心境"。在这里，奥尔特加通过隐喻表达了无谓的焦虑与危险的焦虑混为一谈的想法（对于我们而言，这可能是自卫本能的根源，引发了过度的好战性，这当然也是多余的邪恶）。

奥尔特加随后谈到了关于存在主义的"对焦虑的热衷"，他将这归功于海德格尔。这非常微妙，对存在主义者的焦虑他做了很细微的说明。无论如何，这是焦虑的过度发展，我们已经在克尔凯郭尔那里发现过了，与之相对应的是快乐的过度发展，在洛尔迦那里非常明显。洛尔迦自己是否也存在一种焦虑的过度发展，一种"对焦虑的热衷"？鉴于他是一个分裂的存在，对于我们而言，这些过度发展源于自我审视、分裂，可以承认在洛尔迦身上存在焦虑的这种过度发展或夸张，但只能看作一种关于根本焦虑的细微差别。在他的作品中无法划定焦虑的界限，也无法确定它何时开始过度发展。

奥尔特加在他的《安达卢西亚理论》中将我们对洛尔迦的自我分裂的理解扩展到整个安达卢西亚地区："安达卢西亚人热衷于扮演自己并成为自己的倾向揭示了一种令人惊讶的集体自恋。只有能够成为自己的观众的人才能模仿自己，只有习惯于审视自己、凝视自己并陶醉于自己的形象和存在的人才能做到这一点。这经常会让安达卢西亚人在强调自己的相貌和存在时显得做作，以至于他们有些过分强调自己的样子。另一方面，这也表明，他们是那些最了解自己的民族之一。"奥尔特加所说的所有这些完全适用于洛尔迦，而且由于这位哲学家将其应用于一整个种族和地区，反过来也能更好地解释费德里科身上的谜团。奥尔特加还强调了安达卢西亚的泛神论："因此，这个民族以一种与众不同且更本质的方式与他们的土地相联系，从属于这片土地，这种方式与其他任何一种都不同。"洛尔迦是如何在他负面的泛神论中成为反享乐主义者，这一点我们已经研究过了。（尽管奥尔特加并没有这样做。）

奥尔特加在他关于唐璜的一篇文章中说道："真正的悲剧不是基于偶然的不幸或个人的缺陷，而是源于与人类状况不可分割的本质的限制。"我们可以将这个观点应用到洛尔迦的剧作《叶尔玛》中。这部作品讲述的不仅是一个不孕女性的痛苦，这是一种"不幸的限制"，一种"偶然"；更重要的是，它揭示了一种普遍的苦难：无意义的痛苦。

在洛尔迦的作品中，我们可以用波德莱尔的方式谈论"对淤泥的怀旧"；淤泥在这里有两重含义：一是生命的起源，二是下水道。如果我们从"被诅咒"这一传统概念入手，忽略那些过于小说化、外在的、逸闻式的部分，并且更加关注洛尔迦隐藏的生平，我们会发现"洛尔迦，被诅咒的诗人"这个说法就不再显得牵强了。但最重要的是我们赋予它的意义，赋予"被诅咒"这个词的意义。这是一种心理上的、存在上的意义。对我而言，一个被诅咒的人并不是一个坏人——这是人们天真地理解"被诅咒"的方式——而是一个通过无谓的痛苦（与自由的痛苦交织在一起），对存在中的邪恶产生了深刻认识的人，这种认识引发了一系列从痛苦到邪恶的连续的过程。恶在这里不是恐惧它或者躲避它，甚至不是行使它，而是单纯地了解它。洛尔迦深刻地认识到这一点，因此他才能够写出这句我们在书中反复引用的诗句："生命不高贵，不美好，也不神圣。"

附录 1

译名对照表

（标记 * 的作品非洛尔迦所写）

序言

* 《加西亚·洛尔迦的性与死亡》（*Sexo y muerte en García Lorca*）

《黑暗之爱的十四行诗》（*Sonetos del amor oscuro*）：1936 年出版。

《青年文集》（*Juvenilia*）：洛尔迦早期作品集，包括《青年时期未发表的诗歌》（*Poesía inédita de juventud*）和《青年时期未发表的散文》（*Prosa inédita de juventud*）两卷，首次出版于 1994 年至 2004 年之间。

《诗集》（*Libro de poemas*）

《观众》（*El público*）：洛尔迦 1930 年创作的戏剧作品，1976 年未完成版本出版，1978 年进行首演。

《黑色痛苦谣》（"Romance de la pena negra"）：收录于 1928 年出版的《吉卜赛谣曲集》。

* 《恶之花》(*Les Fleurs du mal*)

* 《被诅咒的诗人》(*Les Poètes maudits*)

* 《异人们》(*Los raros*)

* 《我的秘密生活》(*Vida secreta de Salvador Dalí*)

《贝尔纳多·阿尔瓦之家》(*La casa de Bernarda Alba*)：洛尔迦于1936年西班牙内战爆发伊始创作的戏剧，1945年在阿根廷进行首演。

《叶尔玛》(*Yerma*)：洛尔迦于1934创作的戏剧，同年于马德里首演。

* 《太阳报》(*El Sol*)

作者前言

《沃尔特·惠特曼颂》("Oda a Walt Whitman")：收录于诗集《诗人在纽约》。

1

《诗人在纽约》(*Poeta en Nueva York*)：收录了洛尔迦在1929年至1930年于美国纽约逗留期间创作的诗歌，首次出版于1940年。

《吉卜赛谣曲集》(*Romancero gitano*)：收录了洛尔迦在1924年至1927年间创作的18首诗，出版于1928年。

* 《羊泉村》(*Fuenteovejuna*)

* 《人生如梦》(*La vida es sueño*)

* 《塞维利亚的爱情骗子》(*El burlador de Sevilla*)

《血婚》(Boda de sangre)：洛尔迦于1931年创作的戏剧，1933年于马德里首演。

＊《傻女人》(La dama boda)

《单身女子罗茜塔或花语》(Doña Rosita la soltera o el lenguaje de las flores)：洛尔迦于1935年创作的戏剧，同年于巴塞罗那首演，系洛尔迦生前创作的最后一部戏剧作品。

＊《费德里科其人》(Federico en persona)

2

《魔灵的理论与游戏》(Teoría y juego del duende)：1933年洛尔迦在阿根廷进行的一场演讲标题。西班牙文学研究专家克里斯托弗·毛雷尔（Christopher Maurer）在其1984年出版的费德里科·加西亚·洛尔迦两卷本演讲集中使用的标题版本，以及西班牙文学批评家米格尔·加西亚-波萨达（Miguel García-Posada）在1997年出版的《费德里科·加西亚·洛尔迦全集》中使用的演讲标题均为 Juego y teoría del duende（《魔灵的游戏与理论》）。

＊《赫内拉利费宫夜曲》(Nocturno del Generalife)

3

《诗集》(Libro de poemas)：1921年出版，收录了洛尔迦于1918年至1920年创作的诗歌。

《诗学：亲口对杰拉尔多·迭戈说》[Poética: De viva voz a G(erardo) D(iego)]

《蜗牛奇遇》("Los encuentros de un caracol aventurero")

《月亮谣》("Canción para la luna")

《序幕》("Prólogo")

《海》("Mar")

* 《世纪王子》(*El príncipe de este siglo*)

《秋韵》("Ritmo de otoño")

《公山羊》("El macho cabrío")

4

《深歌集》(*Poema del Cante Jondo*)：创作于 1921 年，最终于 1931 年出版。《深歌集》中的大部分作品为洛尔迦在与其音乐老师、作曲家曼努埃尔·德·法雅共同组织的深歌艺术节期间创作，与《组歌》(*Suites*，写于 1921 年至 1923 年间) 的风格形成鲜明对比。诗人在这部诗集中探寻了能够反映安达卢西亚本质的新方向。

* 《银儿与我》(*Platero y yo*)

《吉他》("La guitarra")

《意外》("Sorpresa")

《洞穴》("Cueva")

《队列》("Procesión")

《佩特内拉速写》("Gráfico de la Petenera")

《六弦》("Las seis cuerdas")

《佩特内拉之死》("Muerte de la Petenera")

《旋律》("Falseta")

《弗拉门戈肖像画》（"Viñetas flamencas"）

《歌厅咖啡馆》（"Café cantante"）

《死神怨》（"Lamentación de la muerte"）

《符咒》（"Conjuro"）

《纪念》（"Memento"）

《马拉加之歌》（"Malagueña"）

《科尔多瓦的街区》（"Barrio de Córdoba"）

《油灯》（"Candil"）

《国民警卫队中校之剧》（"Escena del teniente coronel de la Guardia Civil"）

《阿玛尔戈的对话》（"Diálogo del Amargo"）

《梦游人谣》（"Romance sonámbulo"）

《骑士之歌》（"Canción del jinete"）

《阿玛尔戈母亲之歌》（"Canción de la madre del Amargo"）

5

《最初的歌》（*Primeras canciones*）：写于1922年，直到1936年才出版，是洛尔迦生前出版的最后一本诗集。

《第一页》（"Primera página"）

《亚当》（"Adán"）

《歌》（"Canción"）

6

《塔玛里特短歌》(*Diván del Tamarit*)：洛尔迦的遗作，收录于 1940 年诗人离世后出版的全集。该诗集为抒情短诗，分为"卡西达"(*Casida*，即"小曲")和"加扎勒"(*Gacela*，即"歌")两部，用以向格拉纳达的阿拉伯诗人致敬。两种形式均为阿拉伯语诗歌中短小且押韵的固定形式。爱情和死亡构成了《塔玛里特短歌》的核心内容："加扎勒"可以被归为爱情主题；"卡西达"则以死亡为主题。

7

《歌集》(*Canciones*)：出版于 1927 年，诗人标注的创作时间为 1921—1924 年，但在之后的编校中，诗人对原先的版本进行了大量修订。

《公蜥蜴在哭叫》("El lagarto está llorando")

《三幅带影子的肖像》("Tres retratos con sombra")

《巴科》("Baco")

《魏尔伦》("Verlane")

《维纳斯》("Venus")

《胡安·拉蒙·希梅内斯》("Juan Ramón Jiménez")

《那喀索斯》("Narciso")

《不男不女者之歌》("Canción del mariquita")

《沃尔特·惠特曼颂》("Oda a Walt Whitman")

《露西亚·马丁内斯》("Lucía Martínez")

《做弥撒的处女》（"La soltera en misa"）

《最初的愿望短歌》（"Cancioncilla del primer deseo"）

* 《威廉·威尔逊》（*William Wilson*）

《格拉纳达，1850 年》（"Granada y 1850"）

《前奏曲》（"Preludio"）

《另一种方式》（"De otro modo"）

《枯橙树之歌》（"Canción del naranjo seco"）

9

《月亮，月亮》（"Romance de la luna, luna"）

《漂亮姑娘和风》（"Preciosa y el aire"）

《械斗》（"Reyerta"）

* 《想象》（*Lo imaginario*）

《不贞少妇》（"La casada infiel"）

《黑色痛苦谣》（"Romance de la pena negra"）

《圣米迦勒》（"San Miguel"）

《圣拉斐尔》（"San Rafael"）

《圣加百列》（"San Gabriel"）

《安东尼奥在去塞维利亚的路上被抓》（"Prendimiento de Antoñito el Camborio en el camino de Sevilla"）

《绰号坎波里奥的小安东尼奥之死》（"Muerte de Antoñito el Camborio"）

* 《漫画马德里》（*Madrid Cómico*）

《殉情者》（"Muerto de amor"）

《被传讯者谣》("Romance del emplazado")

《西班牙宪警谣》("Romance de la Guardia Civil española")

《历史谣曲三首》("Tres romances históricos")

《圣奥拉娅的苦难》("Martirio de Santa Olalla")

《讽唐·佩德罗骑士》("Burla de Don Pedro a caballo")

《他玛和暗嫩》("Thamar y Amnón")

11

《加西亚·洛尔迦全集》(*Obras completas*)

《象征的幻想》("Fantasía simbólica")

《格拉纳达》("Granada")

《格拉纳达的圣周》("Semana Santa en Granada")

《圣露西亚和圣拉撒路》("Santa Lucía y San Lázaro")

《公鸡的故事》("Historia de este gallo")

《施洗礼者的斩首》("Degollación del Bautista")

《在亚历山大港的自杀》("Suicidio en Alejandría")

《潜水的泳者》("Nadadora sumergida")

《被鹧鸪杀害的情侣》("Amantes asesinados por una perdiz")

《母鸡》("La gallina")

《诗歌的想象、灵感与逃避》(*Imaginación, inspiración y evasión de la poesía*)

《提线木偶》(*Títeres de Cachiporra*)

《玛丽亚娜·皮内达》(*Mariana Pineda*):该剧写于

1923年至1925年之间，1927年6月在巴塞罗那戈雅剧院（Teatro Goya）首演。戏剧讲述了玛丽安娜·德·皮内达·穆尼奥斯的生平，她反对费迪南德七世，在1831年因叛国罪被公开处决，之后成为格拉纳达的民间传说。

《戏剧随谈》（Charla sobre teatro）：1935年2月2日洛尔迦的演讲标题。

12

《诗人在纽约》

《黑人》（"Los negros"）

《黑人的准则与天堂》（"Norma y paraíso de los negros"）

《哈莱姆国王颂》（"Oda al rey de Harlem"）

《街与梦》（"Calles y sueños"）

《死神舞》（"Danza de la muerte"）

《呕吐人群之景》（"Paisaje de la multitud que vomita"）

《树枝之歌》（"Casida de los ramos"）

《撒尿人群之景》（"Paisaje de la multitud que orina"）

《哈德逊的圣诞节》（"Navidad en el Hudson"）

《不眠之城》（"Ciudad sin sueño"）

《纽约的盲目全景》（"Panorama ciego de Nueva York"）

《基督降生》（"Nacimiento de Cristo"）

《黎明》（"La aurora"）

《伊登梅尔湖的诗篇》（"Poemas del lago Edem Mills"）

《伊登湖的双重诗篇》（"Poema doble del lago Edem"）

《引向死亡》("Introducción a la muerte")

《在佛蒙特孤独的诗篇》("Poemas de la soledad en Vermont")

《死亡》("Muerte")

《月亮和昆虫的全景》("Luna y panorama de los insectos")

《办公室与控诉》("Oficina y denuncia")

《向罗马呐喊》("Grito hacia Roma")

*《诗人的日记和大海》(*Diario de poeta y mar*)

《逃离纽约》("Huida de Nueva York")

13

*《田源牧人》(*Corydon*)

*《所多玛与蛾摩拉》(*Sodoma y Gomorra*)

《致伊格纳西奥·桑切斯·梅希亚斯的挽歌》(*Llanto por Ignacio Sánchez Mejías*)：为纪念出生于塞维利亚的西班牙著名斗牛士伊格纳西奥·桑切斯·梅希亚斯而创作。这位伟大的斗牛士在1934年的一场斗牛中不幸被公牛刺伤身亡，诗作出版于1935年。

《抵刺和死亡》("La cogida y la muerte")

《溅出的血》("La sangre derramada")

《消逝的灵魂》("Alma ausente")

15

《塔玛里特短歌》(*Diván del Tamarit*)

《意外的爱》("Gacela del amor imprevisto")

《黑暗之爱的十四行诗》(*Sonetos del amor oscuro*)

《可怕的存在》("Gacela de la terrible presencia")

《绝望的爱》("Gacela del amor desesperado")

《死孩子》("Gacela del niño muerto")

《苦涩之根》("Gacela de la raíz amarga")

《爱的回忆》("Gacela del recuerdo de amor")

《黑暗的死亡》("Gacela de la muerte oscura")

《奇妙的爱》("Gacela del amor maravilloso")

《逃离之歌》("Gacela de la huida")

《早上的集市》("Gacela del mercado matutino")

"卡西达"组诗("Casidas")

《被水所伤的男孩》("Casida del herido por el agua")

《哭泣》("Casida del llanto")

《树枝》("Casida de los ramos")

《斜躺的亡女》("Casida de la muerte tendida")

《野外的梦》("Casida del sueño al aire libre")

《不可能的手》("Casida de la mano imposible")

《黑鸽子之歌》("Casida de las palomas oscuras")

16

《玫瑰的祈祷》("La oración de las rosas")

《这是序篇》("Éste es el prólogo")

《混乱》("Confusión")

《萨尔瓦多·达利的颂歌》("Oda a Salvador Dalí"):洛尔迦创作的最长的诗歌,1926 年发表。

《美人鱼和海军士兵》("La sirena y el carabinero")

《奉圣坛圣体的颂歌》("Oda al Santísimo Sacramento del Altar")

《纸牌和伤口》("Naipe y herida")

《诗人请求爱人给他写信》("El poeta pide a su amor que le escriba")

《小小的死亡之歌》("Canción de la muerte pequeña")

《大地与月亮》("Tierra y luna")

17

《蝴蝶的魔咒》(*El maleficio de la mariposa*):洛尔迦创作的第一部戏剧,1920 年 3 月在马德里首演。

＊《黑豹》(*La pantera*)

《唐·克里斯托比塔和罗茜塔的悲喜剧》(*Tragicomedia de don Cristobita y la señá Rosita*):又叫作《提线木偶剧》(*Los títeres de cachiporr*)。

《少女、水手与学生》("La doncella, el marinero y el

estudiante"）：洛尔迦创作的短剧。

《奇美拉》（"Quimera"）

《了不起的女鞋匠》（*La zapatera prodigiosa*）

《唐·佩琳普林与贝丽莎在花园里的爱情》（*Amor de don Perlimplín con Belisa en su jardín*）

《唐·佩琳普林》（"Don Perlimplín"）

《唐·克里斯托瓦尔的木偶戏》（*Retablillo de Don Cristóbal*）

18

《就这样过了五年》（*Así que pasen cinco años*）

《观众》（*El público*）

《血婚》（*Bodas de sangre*）

《叶尔玛》（*Yerma*）

《单身女子罗茜塔或花语》（*Doña Rosita la soltera o el lenguaje de las flores*）

《贝尔纳多·阿尔瓦之家》（*La casa de Bernarda Alba*）

＊《禁闭》（*A puerta cerrada*）

19

《加尔都西修道院》（"El convento"）

＊《反抗者》（*El hombre rebelde*）

《做噩梦的少女》（"Canéfora de pesadilla"）

《浪漫花园》（"Jardín romántico"）

《八月正午》（"Mediodía de agosto"）

《另一个修道院》（"Otro convento"）

《吉卜赛修女》（"La monja gitana"）

《加利西亚的救济院》（"Un hospicio de Galicia"）

《洛特女儿们的悲剧》（"El drama de las hijas de Loth"）

《所多玛的毁灭》（*La destrucción de Sodoma*）

*《艺术家晚宴附注》（*Apostillas a una cena de artistas*）

*《路易斯·贡戈拉》（*Luis Góngora*）

20

*《费德里科》（*Federico*）

《加西亚·洛尔迦全集》（*Obras completas*）

*《相遇》（*Los encuentros*）

*《西班牙的面孔》（*The face in Spain*）

*《对峙圣伯夫》（*Contre Sainte-Beuve*）

*《焦虑的概念》（*El concepto de la angustia*）

*《论莱布尼茨的原则思想》（*La idea de principio en Leibniz*）

*《安达卢西亚理论》（*Teoría de Andalucía*）

附录 2
洛尔迦主要作品

（按时间顺序）

诗歌

1920 《组歌》(Suites)

1921 《诗集》(Libro de poemas)

1921 《深歌集》(Poema del cante jondo)

1922 《最初的歌》(Primeras canciones)

1927 《歌集》(Canciones)

1928 《吉卜赛谣曲集》(Romancero gitano)

1929 《诗人在纽约》(Poeta en Nueva York)

1935 《致伊格纳西奥·桑切斯·梅希亚斯的挽歌》(Llanto por Ignacio Sánchez Mejías)

1935 《六首加利西亚之诗》(Seis poemas galegos)

1936 《塔玛里特短歌》(Diván del Tamarit)

1936 《黑暗之爱的十四行诗》(Sonetos del amor oscuro)

戏剧

1921《蝴蝶的魔咒》(El maleficio de la mariposa)

1923《给罗勒浇水的女孩和爱提问的王子》(La niña que riega la albahaca y el príncipe preguntón)

1923《喜剧演员罗拉》(Lola la comedianta)

1927《玛丽亚娜·皮内达》(Mariana Pineda)

1928《短剧》(Teatro breve)

1929《月球之旅》(Viaje a la luna)

1930《了不起的女鞋匠》(La zapatera prodigiosa)

1930《观众》(El público)

1931《唐·克里斯托瓦尔的木偶戏》(Retablillo de Don Cristóbal)

1931《唐·克里斯托瓦尔和罗茜塔的悲喜剧》(Tragedia de Don Cristóbal y la Señá Rosita)

1931《就这样过了五年》(Así que pasen cinco años)

1933《血婚》Bodas de sangre)

1933《花园中的唐·珀林普林与贝利萨之恋》(Amor de Don Perlimplín con Belisa en su jardín)

1934《叶尔玛》(Yerma)

1935《单身女子罗茜塔或花语》(Doña Rosita la soltera o el lenguaje de las flores)

1936《贝尔纳多·阿尔瓦之家》(La casa de Bernarda Alba)

1936《我表妹奥里莉亚的梦想》(*Los sueños de mi prima Aurelia*)

1936《所多玛的毁灭》(*La destrucción de Sodoma*)

1936《无题喜剧》(*Comedia sin título*)

散文与故事

1918《印象与风景》("Impresiones y paisajes")

1926《路易斯·德·贡戈拉的诗学形象》("La imagen poética de Luís de Góngora")

1927《施洗礼者的斩首》("Degollación del Bautista")

1927《无辜者的斩首》("Degollación de los inocentes")

1927《在亚历山大港的自杀》("Suicidio en Alejandría")

1927《圣露西亚和圣拉撒路》("Santa Lucía y San Lázaro")

1927《潜水的泳者》("Nadadora sumergida")

1927《被鹧鸪杀害的情侣》("Amantes asesinados por una perdiz")

1927《母鸡》("La gallina")

1928《儿童摇篮曲》("Las nanas infantiles")

1936《格拉纳达的圣周》("Semana Santa en Granada")

讲座

1929《诗歌的想象、灵感与逃避》("Imaginación, inspiración y evasión de la poesía")

1933《魔灵的理论与游戏》("Teoría y juego del duende")

1935《戏剧随谈》("Charlas sobre teatro")

1936《致敬路易斯·塞尔努达》("En homenaje a Luis Cernuda")

@ Herederos de Francisco Umbral, 2007
@ del prólogo, Javier Villán, 2012
@ Editorial Planeta, S. A., 2012, 2016
Simplified Chinese Edition Copyright © 2024 by NJUP
江苏省版权局著作权合同登记　图字：10-2020-79号

图书在版编目(CIP)数据

洛尔迦，被诅咒的诗人／（西）弗朗西斯科·翁布拉尔著；李卓群译. 一南京：南京大学出版社，2024.5
ISBN 978-7-305-27712-2

Ⅰ.①洛…　Ⅱ.①弗…②李…　Ⅲ.①洛尔迦-传记
Ⅳ.①K835.515.6

中国国家版本馆 CIP 数据核字（2024）第032823号

出版发行　南京大学出版社
社　　址　南京市汉口路22号　　邮　编　210093

LUOERJIA, BEI ZUZHOU DE SHIREN
书　　名　洛尔迦，被诅咒的诗人
著　　者　（西班牙）弗朗西斯科·翁布拉尔
译　　者　李卓群
责任编辑　刘慧宁

照　　排　南京紫藤制版印务中心
印　　刷　南京爱德印刷有限公司
开　　本　880 mm×1230 mm　1/32　印张10.5　字数219千
版　　次　2024年5月第1版　2024年5月第1次印刷
ISBN 978-7-305-27712-2
定　　价　78.00元

网　　址：http://www.njupco.com
官方微博：http://weibo.com/njupco
官方微信：njupress
销售咨询：025-83594756

＊　版权所有，侵权必究
＊　凡购买南大版图书，如有印装质量问题，请与所购
　　图书销售部门联系调换